BILLIG REISEN

Wie man zum Discountpreis um die Welt fliegt

Luca Pferdmenges
& Jan Daumin

IMPRESSUM

Jan Daumin & Luca Pferdmenges

Wolfsgrube 5, 90518 Altdorf

info@jandaumin.com

thegermantravelguy@gmail.com

ISBN: 9798356032769

Für die unzähligen Leute, die uns ständig fragen, wie man unseren Lifestyle lebt.

Vorwort

Strandurlaub auf den Malediven. Am nächsten Tag zu einer Wüsten-Safari in die Vereinigten Arabischen Emirate aufbrechen. Ein Luxus-Resort im französischen Überseegebiet beziehen, nachdem man drei Tage mit Eingeborenen im Dschungel gelebt hat. In Belarus mit regierungskritischen Demonstranten sprechen und wenige Zeit später in Pakistan die Party seines Lebens feiern. In Afghanistan beinahe einem Bombenanschlag im Park zum Opfer fallen, in Indonesien auf eine exklusive Rooftop-Party eingeladen werden und sich in Nicaragua verlaufen.

Hört sich unrealistisch und utopisch an? All diese Dinge (und unzählige weitere) haben wir auf unseren Reisen schon erlebt.

Wie? Das wird in diesem Buch erklärt.

Und das Beste: *Es ist abnormal billig!*

Nach den Auswirkungen der Corona-Pandemie, sowie international verhängten Beschränkungen, ist es umso wichtiger, beim Reisen genau zu wissen was man tut. Unsere Tipps zum billigen Reisen lassen sich natürlich weiterhin anwenden. Zudem sind wir zuversichtlich, dass sich die Reisebranche erholen wird und es bald wieder normal weitergehen kann, wie vor der Pandemie.

In 4 Teilen werden wir dir erklären, wie man für kleines Geld Großes erleben kann. Zuerst wirst du lernen, die günstigsten Flüge zu finden. Du wirst lernen, dass es keine Seltenheit ist, für 10€ und weniger international zu fliegen. Anschließend schauen wir uns an, wie wir auf dem Boden günstig reisen können. Billige Bahntickets zu finden ist da nur der Anfang. Im dritten Teil des Buches geht es um

Schlafmöglichkeiten. Es wird nicht nur gezeigt, wie du für 20€ und weniger in einem einem 5 Sterne Hotel schlafen kannst, sondern auch, wie du Hostels buchst, Couchsurfing nutzt und, wenn nötig, gratis übernachtest. Im finalen Teil behandeln wir praktische Reisetipps, allgemeines Wissen, mögliche Anreize und Ideen, so wie das Thema Reflexion und Verarbeitung des Erlebten.

Herzlich Willkommen in einer Welt der großen Emotionen, ultragünstigen Langstreckenflügen, wahnsinnigen Resorts, billigen Transportmöglichkeiten, abnormen Partys, digitalen Nomaden, gratis Unterkünften, und riesigen Erlebnissen fürs Leben.

Willkommen in unserer Welt!

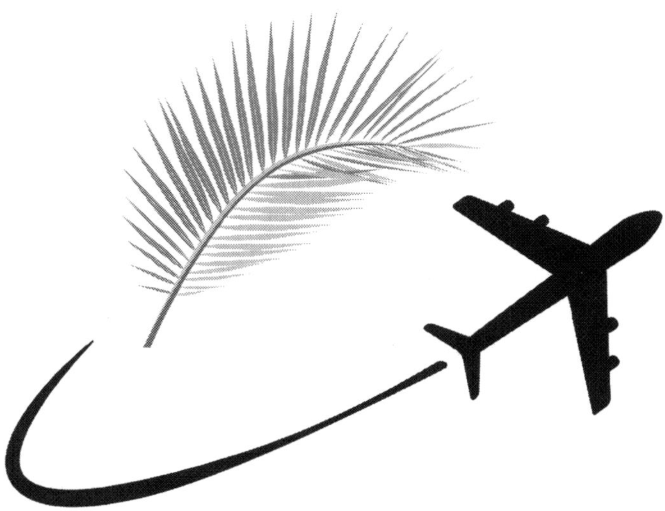

Inhaltsverzeichnis

Teil 1: Günstig Fliegen

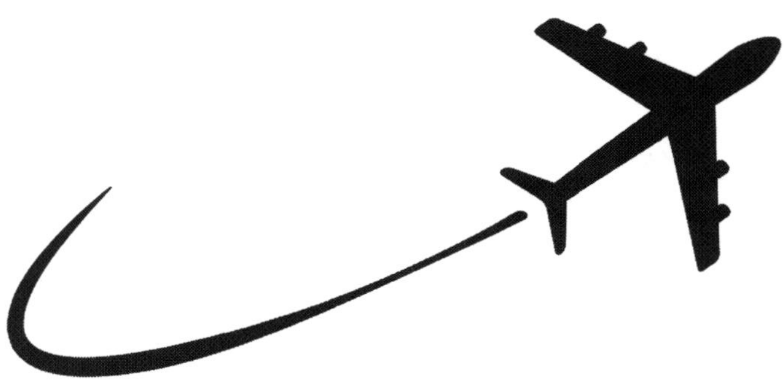

Einführung

Wo sind denn jetzt die günstigen Flüge? So einfach ist die Antwort leider nicht. Die Themen, wie man günstig reist, wie man günstige Flüge findet, wann man buchen sollte und was zu beachten ist, sind außerordentlich komplex. Dennoch haben wir uns bemüht, eine strukturierte Übersicht zu erstellen, wie man am besten vorgeht. Wie in der Einleitung bereits besprochen, sind unsere Methoden ohne jegliche Erfahrung für Laien zugänglich, ebenso können erfahrene Vielreisende noch etwas dazulernen.

Auf den folgenden Seiten dreht sich alles um das Thema günstige Flüge und wie man sie findet. Hier eine kleine Geschichte von dem Tag, als ich zum ersten Mal einen Flug gebucht habe: Ich wollte nach Polen. Lublin. Dort fand im Jahr 2017 die europäische Jonglier-Convention, kurz EJC, statt. Wir (Luca Pferdmenges & Jan Daumin) sind selbst Jongleure und leben von unseren Auftritten. Dabei verknüpfen wir unsere Jonglage mit LED-Programmierungen zur Musik, so wie mit Elementen aus den Bereichen Tanz, Modern Circus und Visual Performance. Wenn du Lust hast, kannst du unsere Namen googeln und dir einen Einblick verschaffen! :D

Auch wenn wir im Grunde weltweit auftreten, verdienen wir nicht unbedingt mehr als jemand, der einen „normalen" Beruf ausübt. Manchmal, wenn wir zu Shows eingeflogen werden, bekommen wir die Anreise gestellt. Ebenso oft sind wir jedoch privat unterwegs und müssen uns folglich selbst um unsere Flüge kümmern. Dementsprechend sind wir auf günstige Verbindungen angewiesen. Mit der Zeit haben wir viele Tricks gelernt, wie man diese Verbindungen findet. Das Beste daran: Unsere Tipps, die dabei helfen, günstige Flüge zu finden, sind für jedermann anwendbar! Im Jahr 2017 habe ich meine erste Flugbuchung getätigt und ich hätte nicht

unwissender sein können.
Jedenfalls musste ich es nach Lublin schaffen und unerfahren wie ich war, folgte ich gängigen Werbesprüchen wie „fluege.de – Finde den billigsten Flug!"

Dass ich auf der Seite „fluege.de" nicht die billigsten Flüge finde, sondern mit überteuerten Full-Cost-Angeboten abgespeist werde, erfuhr ich natürlich erst Monate später. Aber ich habe es erfahren und das ist der Grund, warum wir heute hier sind.

Merke: *Hinterfrage Werbeangebote und lies das Kleingedruckte!*

Ich habe also den viel zu teuren Flug nach Lublin gebucht, ohne, dass ich mir bewusst war, in eine miese Falle getappt zu sein. Einige Zeit später begann dann unsere intensive Recherche in der Luftfahrtindustrie.

Wie oft habe ich schon E-Mails von Drittanbietern erhalten, welche mir einen Reisegutschein im Wert von 35€ geschenkt haben? Zu oft.
Erst wenn man das Kleingedruckte in Schriftgröße sieben betrachtet, fällt einem auf, dass der Gutschein erst ab einer Mindestbestellhöhe von 550€ einlösbar ist. Unser Gehirn reagiert bekanntermaßen besonders auf Worte wie Gutschein, Rabatt, Aktion usw. Wer schon einmal im Supermarkt der um 15% reduzierten Mogelpackung zum Opfer gefallen ist, weiß, wovon ich spreche. Zwar sind wir bei unseren alltäglichen Einkäufen schon darauf programmiert, wirklich dreiste Maschen zu identifizieren, jedoch ist es in der Flug- und Reiseindustrie um einiges unübersichtlicher. Und trotzdem bleibt es das exakt gleiche Konzept. Ich frage mich häufig, warum Leute so wenig Zeit in die Planung des nächsten Urlaubs investieren und direkt beim ersten Angebot zuschlagen. Für die Unternehmen ist es ein einfaches Spiel. Denn wenn sogar die Masche im Supermarkt funktioniert, besteht fast schon eine Garantie, dass die Masse die Preis-Scams in der Welt des Urlaubs nicht aufdeckt.

Bevor wir also zu konkreten Such-Tricks kommen, muss man sich zuerst verinnerlichen: Nicht alles, was in der Werbung steht, stimmt auch zwangsläufig! Im Laufe des Buches werden wir jedoch auch von seriösen Drittanbietern und Unternehmen erfahren, die in der Tat praktische Gutscheine, Angebote oder günstige Pauschalreisen anbieten.

Merke: *Ohne Erfahrung verläuft man sich schnell im Dschungel der*

Drittanbieter. Wir werden dir dabei helfen, dich im Dschungel zurechtzufinden.

Welche Seiten verwendet man?

Wichtig: Wir haben keine Partnerschaft in irgendeiner Form mit Betreibern der genannten Websites. All unsere Meinungen sind tatsächlich unsere. Wir werden euch viele Fakten und Meinungen offenlegen, die ihr selbst auf Richtigkeit prüfen könnt.

Die erste Frage, die man sich vor einer Planungs-Session stellen muss, ist, welche Internetseite man benutzt, um eine Buchung durchzuführen. Mit dem nächsten Satz lassen sich unter Umständen schon unzählige Euros sparen, vorausgesetzt du verwendest die Website noch nicht:

„ *skyscanner.com* " ist in 95% der Fälle die zuverlässigste und beste Website, um Flüge zu buchen. Es ist dabei egal, ob du skyscanner.de, skyscanner.com oder skyscanner.net im Browser eingibst.

Das nächste Kapitel unseres Buches beschäftigt sich mit der Nutzung von Skyscanner. Die Website bildet das Fundament unserer Tricks und hat uns schon mehrfach um den gesamten Globus gebracht. Das Gute ist, Skyscanner ist international und nicht beschränkt auf bestimmte Regionen oder Staaten. Das bedeutet, es ist egal, ob man von Köln nach Berlin oder von Dubai nach Singapur will. Skyscanner ist weltweit die beste Anlaufstelle für das Buchen günstiger Flüge. Interessant ist auch, dass noch kaum jemand von der Website gehört hat, außer man ist schon ein bisschen erfahrener, was Reisen anbelangt. Die Seite bietet unzählige Möglichkeiten und Such-Tricks, die alle anderen Suchmaschinen kombiniert nicht aufweisen können.

Allein im Jahre 2018 sind Jan und ich als Duo mehr als 250.000 Kilometer um die ganze Welt geflogen, was ohne die Website skyscanner.com nahezu unmöglich gewesen wäre. Wie gesagt, ich selber wusste lange Zeit nicht, dass die Seite existiert. Es war immer noch das Jahr 2017 und ich plante, im Folgejahr endlich auf die IJC, die israelische Jonglierconvention, zu fahren. Die IJC ist die zweitgrößte Jonglierconvention der Welt, mit ca. 2000 jährlichen Teilnehmern. Ja, Jonglieren ist noch nicht die Trendsportart Nummer 1...
Jedenfalls sollte endlich ein Traum von mir in Erfüllung gehen, ich wollte auf die IJC. Dort zeltet man in einem Nationalpark unter der Sonne des Nahen Ostens, während man mit arabisch/israelischen

kulinarischen Köstlichkeiten nur so bombardiert wird. Ich saß also zu Hause vor meinem Laptop und habe planlos die Suchalgorithmen der Fluganbieter bedient. Aus der Werbung kannte ich zuvor die Website fluege.de, welche mir billige Flüge versprach. So romantisch die Werbung klingt, so toll die Werbung auch inszeniert und geplant war, günstig waren die Ergebnisse nicht. Jedenfalls weiß ich heutzutage, dass die Ergebnisse nicht günstig waren. Ich vergewisserte mich, welcher der von mir aus am wenigsten weit entfernte Flughafen war – Düsseldorf (DUS). Ich gab also als Abflughafen Düsseldorf (DUS), und als Zielflughafen Tel Aviv (TLV) ein. Es folgte das Datum, an dem die IJC begann, so wie der Abreisetermin einige Tage, nachdem die Convention enden sollte. Ich kannte die Erzählungen von meinen Freunden, wie teuer denn das Fliegen sei und wie unwahrscheinlich es sei, günstig nach Israel zu reisen. Voller Erwartung, aber auch Ängstlichkeit, starrte ich auf den Bildschirm. Langsam bewegte ich die Maus gen „Suchen" und tätigte den Mausklick. Es dauerte einige Sekunden, bis die ersten Ergebnisse empor traten. Auch wenn es heute für mich unvorstellbar klingt, zierte ein breites Grinsen mein Gesicht. Voller Freude triumphierte ich durchs Zimmer; der Traum der IJC könnte Wirklichkeit werden. Dabei war das Ergebnis aus heutiger Perspektive alles andere als ein Triumph: 203€ One Way. Heutzutage klassifiziere ich 203€ Flüge nach Israel getrost als „Griff in die Tonne". Stattdessen zahle ich in der Regel ein Zwanzigstel des Preises. Ja, richtig gehört. Ein Zwanzigstel. Ich war zwar nie die hellste Kerze auf der Torte im Bereich der Mathematik, doch 203 geteilt durch 20 sind doch ca. 10€, oder? Ja. Meistens bezahle ich übrigens 7€ mit Ryanair nach Eilat, eine Stadt im Süden Israels. Von dort aus investiert man nur 15€ und 4 Stunden in einen Bus Richtung Norden und man ist so mit insgesamt 22€ an seiner Destination, bzw. an jedem beliebigen Punkt in Israel. Ja. Von Deutschland nach Israel für 7€, nichts Unnormales.

Zurück zu meinem alten Ich: Ich habe also den 203€ Flug gefunden, was im Rahmen meines finanziell Möglichen lag. Voller Stolz berichtete ich einem Jonglier-Freund, dass ich unter Umständen auf die IJC fliege. Auf seine Frage, wie viel der Flug kostete, entgegnete ich lachend „203 Euro pro Strecke". Ohne, dass er vom Fliegen besonders Ahnung hatte, sollte er mein zukünftiges Handeln enorm beeinflussen. Anstatt mir zu gratulieren, zerschmetterte er mein Weltbild binnen Sekunden. Auch wenn ich mich an seine genauen Worte nicht erinnere, sagte er etwas wie: „Das geht glaube ich auch noch günstiger. Es gibt so eine Plattform namens www.skyscanner.com, ich habe mich damit aber noch nie beschäftigt". Voller Planungswahn stürzte ich mich in die Tiefen des Internets und begann meine Recherchen in der Reisewelt. Tatsächlich sollte Skyscanner die beste Suchmaschine bleiben, die ich bis heute gefunden habe. Es ist wie ein magischer Schlüssel zu unendlich vielen Toren. Die Reiseagenturen und im Prinzip die gesamte Flugbranche verstecken ihn, damit sie ihre teuren Preise aufrechterhalten können. Du solltest dir selbst auf die Schulter klopfen, wenn du dieses Buch gerade liest. Wenn du es von einem Freund empfohlen bekommen hast, danke ihm und zeige es weiteren Freunden. Nur so können wir gemeinsam die besten Preise der Flugindustrie zumindest ein Stück weit zugänglicher zu machen. Ich übergebe dir hiermit den magischen Schlüssel zu den unendlich vielen Toren. Dir ganz persönlich, du sollst ihn nutzen.

Ob du es glaubst oder nicht, indem du dieses Buch liest, erhältst du die Fähigkeit nie wieder zu viel für deine Reisen zahlen zu müssen, selbst wenn du eng begrenzte Zeitfenster hast oder bloß ein Wochenende verreist. Doch jetzt habe ich erstmal genug geschwafelt, kommen wir zum praktischen Teil!

Wenn du gerade Internetzugang hast, ruf die Website skyscanner.com *jetzt* auf und verschaffe dir selbst einen Überblick. Das hilft dir, alle folgenden Tricks und Hacks besser zu verarbeiten. Wir werden teilweise Illustrationen einfügen, um es noch einfacher für dich zu halten. Die meisten schaffen es, sich schnell in die Website einzuarbeiten, da sie sehr simpel zu bedienen ist.

Dein persönliches Abenteuer geht jetzt los!

Merke: *Skyscanner ist die wichtigste Website für günstige Flüge. Zu 95% ist es unmöglich, günstigere Angebote zu finden.*

Warum nicht zu 100%? Dazu werden wir später noch kommen. Es gibt nämlich eine geringe Anzahl bestimmter Flüge, die man nicht oder nur sehr schwer auf skyscanner.com findet. Das hört sich alles sehr kompliziert an, ist es allerdings nicht.

Skyscanner

In diesem Kapitel erfährst du grundlegende Techniken und Tools, die dann im Verlauf des Buches noch tiefer erläutert werden. Wichtig ist, dass du die nachfolgenden Seiten genau verstehst, weil im Grunde alles darauf aufbaut.

Wie suche ich auf Skyscanner?

Hier sehen wir die Startseite, die erscheint, sobald man skyscanner.com öffnet. Sollte es durch Updates minimale Veränderungen geben, versuche kurz abzugleichen, wo du was finden kannst. Grundsätzlich ist Skyscanner aber ein stabiles Suchtool und wird nicht verändert.

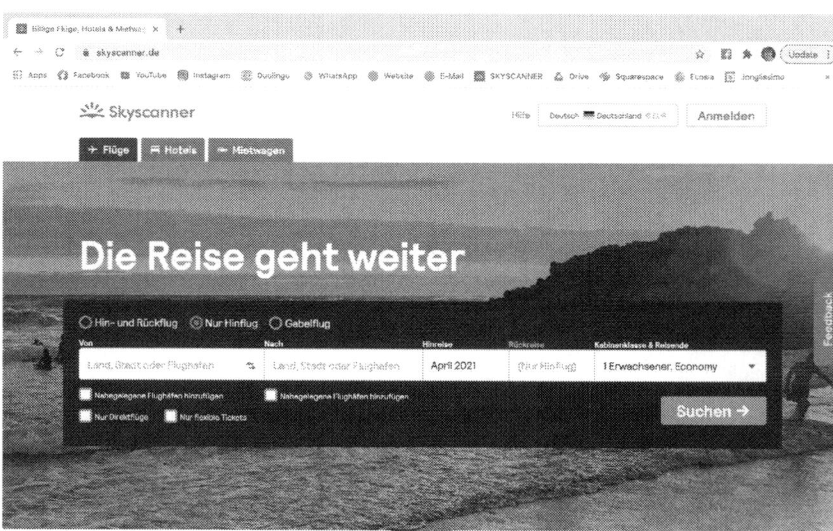

Die blauen Tabs oben auf der Seite zeigen dir, dass du „Flüge“,

„Hotels“ und „Mietwagen“ finden und buchen kannst. In diesem Teil geht es aber erstmal nur um Flüge. Wenn also der Tab „Flüge“ noch nicht ausgewählt sein sollte, tippe auf ihn und du siehst das Flugsuchtool vor dir. Es sieht auf den ersten Blick aus, wie jede andere Suchmaschine auch, oder?

In der ersten Zeile finden wir die Auswahlmöglichkeiten „Hin- und Rückflug“, „Nur Hinflug“ und „Gabelflug“. In den meisten Fällen buchen wir unsere Flüge einzeln und nicht zusammen. Für unsere Tricks ist es daher wichtig immer zu verifizieren, dass das Feld „Nur Hinflug“ ausgewählt ist. Warum es sich nur manchmal lohnt, Hin- und Rückflug zusammen zu buchen, erfährst du später im Kapitel. Die meisten Menschen glauben nämlich, dass es eine gute Idee sei, beide Flüge für eine Destination immer zusammen zu buchen. Das weiß natürlich auch die Branche, weshalb oftmals Hin- und Rückflug im Doppel deutlich teurer sein können. Zusätzlich ist man nicht selten an eine Fluggesellschaft gebunden, was es selbstverständlich schwer macht, immer die individuell günstigsten Angebote zu finden. Merke dir für jetzt einfach, dass es oft sinnvoll sein kann, Flüge einzeln zu buchen.

Darunter findest du die üblichen Angaben „Von“, „Nach“, sowie das Datum. Bei „Von“ kannst du einen Abflugort eingeben. Ich verwende bewusst das Wort „Ort“ und nicht Abflughafen. Denn hier kommt die erste Raffinesse von Skyscanner zum Vorschein: Man kann nicht nur einen Flughafen eingeben, sondern auch eine Stadt und tatsächlich auch das gesamte Land. Du kannst dir jetzt vorstellen, wie sehr das die Chancen erhöht, günstige Flüge zu finden. Anstatt von „Wien (VIE)“ aus zu suchen, kann man also „Österreich“ eingeben. Skyscanner durchsucht dann nicht nur den Wiener Flughafen, sondern alle österreichischen Airports. Dazu später mehr.

Tatsächlich kannst du auch im Feld „Nach“ großräumiger suchen. So kann man auch dort einen Flughafen, eine Stadt oder ein Land einfügen. Doch hiermit nicht genug. Das zweite und vielleicht wichtigste Element Skyscanners, das Fundament unserer Hacks, sozusagen der Boden für die Schwarzwälder Kirschtorte, besteht darin, dass man nach „Alle Orte“ suchen kann.

Dafür tippe einmal auf das Auswahlfeld unter „Nach“ und es erscheint das blaue Feld „Du kannst dich nicht entscheiden wohin? Hier klicken, um alle Orte zu durchsuchen“. Wähle das Feld aus und es ist „Alle Orte“ als Destination eingetragen. Skyscanner wird dann alle verfügbaren Preise anzeigen, ohne, dass du auf einen Flughafen, eine Stadt oder gar ein Land beschränkt bist. Wie wir dieses Tool klug nutzen können, sehen wir weiter hinten in diesem Teil des Buches.

Übrigens: Skyscanner hat dieselben Funktionen, egal in welchem Land du suchst. Ebenso ist die Sprache frei wählbar, was bedeutet, dass du auch deinen vietnamesischen Freunden von der Website erzählen kannst! Skyscanner ist auf 28 Sprachen verfügbar (Stand Oktober 2022), von portugiesisch bis indonesisch ist alles dabei.

Warum das so wichtig sein kann, weiß jeder, der schonmal Nah- oder Fernverkehr im Ausland buchen musste. Selbst, wenn man die gesamte Reise zuhause plant, sind landespezifische Suchmaschinen oft nur in der jeweiligen Amtssprache verfügbar. Wenngleich man europäische Sprachen in der Regel noch zumindest bruchweise entziffern kann, wird es besonders schwer, wenn man die Schrift nicht lesen kann. Konkrete Beispiele hierfür sind Busunternehmen im osteuropäischen Raum, zum Beispiel in Bulgarien. Grundsätzlich gilt, je touristischer eine Stadt, desto höher ist die Wahrscheinlichkeit, zumindest englischsprachige Websites zu finden.

Doch Achtung: Je touristischer eine Stadt, desto häufiger gibt es natürlich auch preislich höhere Angebote von Drittanbietern. Beliebtes Beispiel ist hier die sagenumwobene „Transsibirische Eisenbahn". Während man von deutschen Drittanbietern bequem Tickets beziehen kann, kann es sich lohnen, auf der tatsächlichen Seite der Eisenbahn (rzd.ru) oder, da die Seite oft nicht ordentlich funktioniert, zumindest bei „transsiberianexpress.net" zu buchen. Dort sind die Tickets in der Regel maßgeblich günstiger! Wir investieren also mehr Aufwand in unsere Planung, um günstigere Preise zu erhalten.

Mehr zur Lokallogistik erfährst du in Teil 2 des Buches.

Merke: *Je mehr Aufwand du in eine Planung steckst, desto günstiger wirst du reisen können.*

Für uns heißt es aber erstmal, dass wir auf Skyscanner Flüge in vielen Sprachen finden können, und das, unserer Erfahrung nach, ohne preisliche Einschränkungen oder Verluste. Um die Sprache zu ändern, tippe einmal auf das Feld mit der momentan ausgewählten Flagge, so wie der ausgewählten Währung (oben rechts zwischen „Hilfe" und „Anmelden").
Dann erscheint folgendes Pop-up:

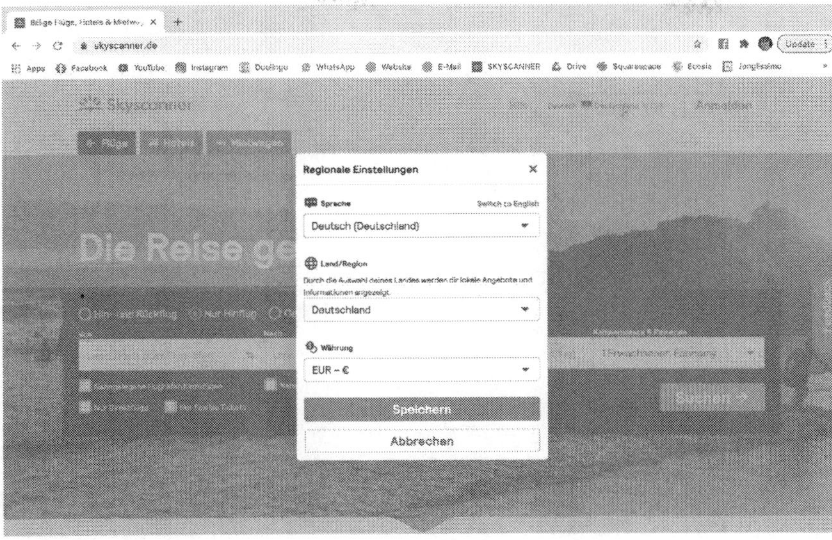

Dort kannst du nun logischerweise deine gewünschte Sprache einstellen, auch allerdings die Währung, in der du die Ergebnisse angezeigt bekommen möchtest. Genau wie die Sprache haben auch die verschiedenen Währungen keine funktionalen Einschränkungen. Sie dienen lediglich der besseren Orientierung, solltest du eine andere Währung gewohnt sein.

<u>Merke:</u> *Skyscanner ist auf sehr vielen Sprachen verfügbar, eine Funktion, die viele als oft weniger wichtig einstufen, als sie tatsächlich ist. Auch die Währung ist verstellbar. Du kannst unseres Wissens nach aus jedem Land Flüge buchen, die du über Skyscanner findest.*

Deine erste Flugsuche

Wir begeben uns nun zum konkret anwendbaren Teil unseres Buches. Während du bisher lediglich ein paar Einblicke in die verschiedenen Vorteile Skyscanners bekommen hast, kannst du ab jetzt jeden Schritt auf der Website prüfen, verbessern und anwenden. Ich spreche bewusst von „verbessern", da sich zum Beispiel Algorithmen verändern können. Des Weiteren sind wir nicht allwissend und vielleicht findest ja gerade du eine nie gesehene Methode, preiswert zu reisen. Behalte also im Hinterkopf, dass die Tipps aus diesem Buch nicht als feste, unveränderliche Regeln verstanden werden sollen, vielmehr geht es darum, die grundlegenden Strukturen der Algorithmen darzulegen und klare Methoden zu lehren, die man im Grunde immer anwenden kann. Sollte es in Zukunft die Plattform Skyscanner nicht mehr geben, kann man mit unserem Bausatz also trotzdem beträchtlich viel Geld sparen. Es ist ein Wissen, welches nie an eine Suchmaschine gebunden ist. Wenn du das Buch wirklich aufmerksam liest und unseren Tipps folgst, kannst du durchaus auch eigene Regeln aufstellen. Wir stellen dir unser gesamtes Wissen zur Verfügung, damit du es nutzen und erweitern kannst. Wir arbeiten in diesem Buch jedoch nur mit skyscanner.com, einfach, weil es die beste Suchmaschine für unsere Bedürfnisse ist, die es bis dato auf dem Markt gibt. Von Zeit zu Zeit posten wir Updates über Suchmaschinen und Angebote auf Instagram oder anderen sozialen Netzwerken, folge uns also dort, um im Falle gravierender Veränderungen (welche sehr unwahrscheinlich sind) korrekt über diese informiert zu werden.

Instagram: @thegermantravelguy @jandaumin

Damit du dich ein bisschen an die neue Suchmaschine gewöhnst, führen wir nun gemeinsam stichprobenartig ein paar Flugsuchen durch. Du hast gelernt, in welche Felder du welche Informationen eintragen musst, um Ergebnisse zu erhalten. Wenn du dir unsicher bist, blättere einfach einige Seiten zurück und wiederhole die Anleitungen. Auch für mich hat es einige Stunden gedauert, bis ich mich an Skyscanner gewöhnt hatte. Es ist wie ein etwas komplexeres Videobearbeitungsprogramm, in dem die besten Funktionen nur durch Erläuterung klar werden.

Behalte immer im Hinterkopf, dass je großflächiger du suchst, desto höher deine Chancen sind, günstige Tickets zu finden. Das bedeutet, wir geben eher von „Deutschland" ein als von „Frankfurt (FRA)". Dadurch werden auch Flüge berücksichtigt, welche von nahegelegenen Flughäfen wie Stuttgart, Hahn oder Köln/Bonn abheben, aber auch von Flughäfen, welche weiter entfernt sind. Somit können wir die Stadt finden, wo der Abflug am günstigsten ist.

Lass uns das einmal prüfen. Öffne skyscanner.com und gib als Abflughafen „Hamburg (HAM)" ein. Wir wollen nach Jordanien und stellen als Zielflughafen „Amman (AMM)" ein. Als Abreisetag nehmen wir den 25. Tag des nächsten Monats. Wenn heute also der 5.1. ist, geben wir das Datum 25.2. ein. Du kannst natürlich auch jedes andere Datum auswählen, ich möchte nur das Konzept verdeutlichen. Bevor du auf „Suchen" klickst, stelle sicher, dass du „Nur Hinflug" ausgewählt hast. Wie bereits besprochen, suchen wir unsere Flüge grundsätzlich erstmal immer einzeln. Klicke jetzt auf „Suchen"!
Bei mir erschien das Ergebnis „ab 315 Euro", was selbstverständlich viel zu teuer ist, zumindest für mich. Jetzt gilt es, den Preis mit allen Mitteln zu verringern. Um dir die verschiedenen Herangehensweisen zu erläutern, verändern wir jetzt Stück für Stück die Parameter. Der erste Schritt ist die Flugsuche aus Deutschland, betrachtet als gesamtes Land. Du musst dafür nicht zurück, verändere einfach deine Suche in der Zeile über den Ergebnissen: Gib in das Feld
„Von" „Deutschland" ein und suche erneut. Womöglich bist du schon jetzt überrascht. Bei mir stand nun „ab 96 Euro". Das sind 219€ weniger als unsere vorherige Suche. Und dennoch, die Einstellungen sind vergleichsweise noch sehr präzise und 96€ für einen Flug nach Jordanien ist nicht besonders billig. Den nächsten Parameter, den wir gemeinsam verändern, ist der Zielflughafen. Anstatt Amman (AMM) auszuwählen, fokussiere dich auch hier auf das gesamte Land, bei uns ist das Jordanien. In meiner Suche ist bei diesem Parameter der Preis nicht gesunken, weil der günstigste Flug tatsächlich nach Amman geht. Je nach Land ist dies allerdings auch ein entscheidender Schritt.

Sogar beim Beispiel Jordanien:

Ich weiß, dass es eine saisonale Ryanair-Verbindung von Köln (CGN) – Aqaba (AQJ) gibt, welche man nicht selten für weniger als 20€ buchen kann. Alternativ kann man neuerdings auch von Memmingen direkt nach Amman für <25€ fliegen. Aqaba ist eine Stadt im Süden Jordaniens. Mit dem Wissen, dass Amman vier Autostunden von Aqaba entfernt ist, buchen viele dann lieber eine teurere Verbindung direkt nach Amman, unter anderem auch, weil sie unsicher sind, wie gut die Infrastruktur ausgebaut ist. Das ist ein Fehler! Abgesehen davon, dass Aqaba eine coole Stadt ist, kann man täglich preiswerte Busse nach Amman nehmen, quer durch Jordanien fahren und die Landschaft erleben. Selbst wenn man nur nach Amman möchte, bleibt es oft effizienter, erst nach Aqaba zu fliegen. Man spart unter Umständen hunderte Euros. Vorausgesetzt man hat keine Probleme mit längeren Strecken und man ist nicht stark körperlich beeinträchtigt, könnte man seine Zeit sogar im Bus produktiv nutzen und beispielsweise arbeiten. Produktivität ist meistens an keinen Ort gebunden, weshalb wir dies nicht entscheidend berücksichtigen. Selbstverständlich muss man aber auch erstmal die Zeit aufbringen können, zum Beispiel im Bus zu sitzen. Wir gehen aber jetzt davon aus, dass man diese Zeit hat, weil man zum Beispiel in den Ferien reist, oder geschäftlich von überall aus arbeiten kann. Flexibilität ist tatsächlich einer der wertvollsten Faktoren, wenn es um das Reisen geht. Je flexibler man ist, desto günstiger kann man reisen.

Vielleicht wird dir langsam klar, worauf unsere Tricks abzielen und warum man sie überall anwenden kann. Das Wichtigste beim Planen einer Reise ist das Auskundschaften verschiedener Möglichkeiten, eben, dass man sich loslöst von einem Airport, einem Bahnhof oder einer Stadt.

Wir haben also nun die Parameter „Abflughafen" und „Zielflughafen" generalisiert – anstatt von Hamburg, haben wir von Deutschland aus gesucht; anstatt nach Amman, haben wir nach Jordanien gesucht.

Bevor wir zu zeitlichen Möglichkeiten kommen, Geld zu sparen, stelle ich dir eine kleine Denkaufgabe:

Angenommen, das günstigste Ergebnis ist nicht zufriedenstellend und du suchst nach einer Alternative, ohne (!) die Reisezeit zu verändern. Wie würdest du vorgehen? Mache dir dazu kurz Gedanken und lies dann weiter.

Also, wir haben eine relativ unveränderliche Reisezeit und die

Ergebnisse sind noch zu teuer. Hier kommt ein altes Schulfach ins Spiel: Erdkunde. Geographische Kenntnisse sind eine goldene Brücke zwischen purer Verzweiflung und den perfekten (P)reisen. Unzählige Male saß ich vor meinem Laptop und war aussichtslos verzweifelt, weil eine Planung an einer Stelle nicht funktioniert. Als ich unsere großen „Blumen der Blamage"-Reisen (im Verlauf des Buches BDB-Reisen genannt) geplant habe, kam dieses Gefühl fast täglich. Wirklich depressiv wird es dann, wenn man beispielsweise ein Land nicht besuchen kann, worauf man sich sehr gefreut hat. Selbstverständlich kann man solche Fälle nicht immer vermeiden, doch glücklicherweise klappt es häufiger, als man denkt. Der Schlüssel liegt darin, sich in einem separaten Tab immer, wirklich immer, eine Karte offen zu halten. Eine Karte kann wahre Wunder bewirken. Vor allem in Europa ist es nämlich sehr einfach, international per Landweg ein- und auszureisen. Wenn man zum Beispiel nahe der niederländischen Grenze wohnt, kann man bei Skyscanner auch einfach mal „Niederlande", „Belgien" oder gar „Luxemburg" eintragen und schauen, was passiert. Ich habe immer das, zugegebenermaßen etwas saloppe Mindset „Da kommt man schon irgendwie hin". Es hat sich zu oft bewährt, als dass ich es ablegen könnte. Vor einigen Monaten wollten wir eine spontane Wochenendreise machen. Wir haben nur folgende Flüge gebucht:

Von Berlin (SXF) nach Thessaloniki (SKG)
und zurück von Niš (INI) in Serbien nach Berlin (SXF)

Man muss kein geographisches Genie sein, um zu realisieren, dass das eine recht vage Planung war, angesichts dessen, dass wir wirklich nur die Flüge gebucht hatten. Unsere Vorstellung war es, sich „irgendwie" mit Bussen von Griechenland aus fortzubewegen und dann von Serbien aus zurückzufliegen. Die Zeitplanung war wahrlich knapp und wir waren uns unsicher, ob man so einfach über Nordmazedonien nach Serbien reisen kann (Kosovo-Konflikt und so). Unsere Hoffnung wurde zerschmettert, als wir im Flugzeug saßen und aufgrund eines starken Unwetters den Airport Athen (ATH) anfliegen mussten. Athen ist nochmal weitere 5 Stunden weiter südlich gelegen, das Todesurteil für unsere Reise, dachten wir. Doch indem wir an den Busbahnhöfen direkt nachgefragt hatten, wann wo wohin welche Busse fahren, haben wir die Hoffnung nicht aufgegeben und standen plötzlich ungeplant in Sofia, Bulgarien. Sofia ist ein ziemlicher Hub, was internationale Busverbindungen angeht und so haben wir es am letzten Tag, entgegen aller Erwartungen, doch noch rechtzeitig nach

Niš geschafft. Dieses Beispiel zeigt, dass man im Notfall selbst in kürzester Zeit innerhalb Europas internationale Grenzen mit öffentlichen Verkehrsmitteln passieren kann. Wenn man ein grundsätzlich gutes Geographiewissen hat, fällt es natürlich nochmal leichter, internationale Trips zu planen. Damals zum Beispiel habe ich mir immer schon in der Schule Gedanken und Skizzen gemacht, über welche (Um-)Wege man von A nach B kommen könnte. Dabei saß ich im Unterricht und bin im Kopf Möglichkeiten durchgegangen, wie man an welchen Ort günstig reisen könnte. Nachmittags habe ich meine spontanen Ideen abgeglichen und nach Möglichkeiten gesucht, diese zu realisieren. Eine Karte ist dazu essenziell. Auch wenn ich mit hoher Wahrscheinlichkeit alle Länder der Erde auf einem Globus zuordnen kann, ist eine Karte immer der beste Weg. Zu oft vergisst man einen Nachbarstaat, der vielleicht der nächste Punkt der Reise sein könnte...

Zurück zu unserer Reise nach Jordanien:
Nun ist es im internationalen Vergleich leider nicht immer einfach, per Landweg Ländergrenzen zu kreuzen. Wenn du dir unsicher bist, hinterfrage immer deine Lösungsansätze und führe Recherchen auf Google durch. Hole dir dabei verschiedene Meinungen ein, die möglichst aktuell sind. Eine gute Adresse ist schon hier das Auswärtige Amt (auswaertigesamt.de), welches später im Buch noch wichtig werden wird. Das Auswärtige Amt verrät zum Beispiel auch, dass eine Grenzüberquerung zwischen Jordanien und Israel ohne große Probleme möglich ist. Die Lösung der vorhin gestellten Aufgabe ist also, international zu denken.

International denken!

Wenn du denkst, dass gar nichts mehr geht, versuche eben einen günstigen Flug nach Israel zu finden, und reise per Landweg nach Jordanien ein (wie eben besprochen geht das nicht selten schon für 7€)! Oder fliege von einem anderen europäischen Land nach Jordanien. Wenn du alle Möglichkeiten mit den bereits gelernten Skyscanner-Parametern (d.h. alles immer möglichst generalisiert suchen) kombinierst und viel Zeit investierst, stehen die Chancen mehr als positiv, eine viel günstigere Alternative zu finden.

ACHTUNG: Lies dir Grenzübertrittsbestimmungen lieber viermal durch und überlege, ob der Aufwand es dir wert ist. In der Regel ist es wie gesagt kein Problem, doch eine Einreise auf dem Landweg kann auch andere negative Auswirkungen haben. Wenn du zum Beispiel aus Israel nach Jordanien einreist, bekommst du einen Stempel von der jordanischen Seite, aus welchem abzulesen ist, dass du aus Israel eingereist bist. Während die israelischen Grenzbehörden auf Stempel verzichten, hast du mit der Einreise in Jordanien quasi auch automatisch einen Stempel aus Israel. Und dieser kann eben leider der Grund sein, warum du dann in andere arabische Staaten mit deinem Reisepass nicht mehr einreisen darfst. Wenn du nach Jordanien per Luftweg einreist, hast du dieses Problem nicht. Verifiziere also Einreisebestimmungen und mögliche Konsequenzen mehrmals.

Merke: *Halte dir in einem separaten Tab immer eine Karte offen, um mögliche Landwege in Betracht zu ziehen. Verifiziere hierzu die Einreisebestimmungen, die du auf der Seite des Auswärtigen Amtes und anderen Quellen findest.*

Flugpreisentwicklungen

Nach diesem kurzen Exkurs in die Lokallogistik, welche Jan ausführlicher im zweiten Teil des Buches behandelt, fokussieren wir uns nun, wie angekündigt, darauf, wie man mit dem Verändern zeitlicher Variablen noch günstiger Reisen kann. Darüber kursieren im Internet wirklich unzählige Mythen und Theorien. Manche behaupten, man müsse immer dienstags buchen, während andere meinen, dass Last-Minute Schnäppchen die besten Angebote seien. Weder der Dienstag-Mythos noch die Last-Minute-Angebote sind wirklich wahr. Das liegt daran, dass es weniger darauf ankommt, an welchem Tag man bucht, sondern eher *für* welchen Tag. Demzufolge ist das Last-Minute-Schnäppchen näher an der Realität, als die Regel, dienstags zu buchen. Doch Fakt ist: Last Minute zahlt man zu 98% einen höheren Preis, als wenn man überlegt und gezielt im Voraus die Flüge kauft. Auch darüber gibt es unzählige Theorien, wie viele Wochen vor der Reise man buchen soll. Während viele Senioren schon ein Jahr vor der Reise zuschlagen, warten manche Spontan- Banausen nicht selten bis wenige Tage vor der Reise, ehe sie die Flüge buchen.

Auch hier sind beide Verhaltensweisen nicht wirtschaftlich. Beide Herangehensweisen sind nicht optimal und garantieren im Grunde hohe Preise. Ich behaupte, dass es schwer ist, jemanden zu finden, der durchschnittlich so günstig reist wie wir. Auch, wenn wir gerade mal keine Reisen planen, behalten wir stets die Entwicklungen von Flugpreisen im Blick. Wenn wir gefragt werden, können wir mittlerweile relativ genau Preise zu bestimmten Routen und Daten nennen, und das sogar ohne eine Suchmaschine zu benutzen. Es hört sich extrem unnütz an und oft ist es das auch. Nun kannst du jedoch von uns profitieren. Um die große Spannung vorwegzunehmen, der ideale Buchungszeitraum ist acht Wochen vor der Reise. Die

Faustformel besagt also, dass du grundsätzlich so lange warten sollst, bis es nur noch acht Wochen bis zur Reise sind. Dies ist aber nur eine Faustformel und so können manche Strecken auch sieben oder zehn Wochen vorher die besten Preise aufbringen. Besonders für europäische Flüge gilt die Regel jedoch mehr und mehr ohne Ausnahmen. Wenn man beispielsweise von Köln (CGN) nach London (STN) fliegen möchte, habe ich es erst sehr selten erlebt, dass acht Wochen vor Abflug nicht der günstigste Zeitraum war, zu buchen. In der Regel sind es Ryanair-Flüge für 11€, welche um +/– 5€ variieren können.

Viele Menschen schrecken nun zurück, da zwei Monate (8 Wochen) nicht besonders viel Planungszeit bedeutet. Einerseits kann man dies dadurch relativieren, dass man für kleinere Trips (z.B. ein Wochenende in London, Mailand oder Paris) kaum Planungsaufwand benötigt und gar ein paar Tage ausreichen würden. Wenn man jedoch mehr Zeit braucht, weil man beispielsweise eine größere Reise plant, international und mit vielen Zwischenstopps, kann man nur schwer gegen die Einwände argumentieren. Dann gilt es abzuwägen, ob man das Risiko eingeht, mit der Buchung zu warten oder eben direkt bucht und damit womöglich mehr zahlt. Als ich die 4. Staffel unserer YouTube-Serie „Blumen der Blamage" geplant habe, habe ich ca. 3,5 Monate im Voraus gebucht. Die Daten standen fest und ich hatte zuvor einen günstigen Flug nach Guadeloupe, einer französischen Insel in der Karibik, von Paris aus gefunden. Diesen wollte ich nicht „verschwenden", und entschloss mich zu buchen. Infolgedessen hätte ich warten können, um einen günstigeren Flug aus der Karibik nach Europa zu finden. Ich wollte aber alles fix machen und buchte binnen weniger Tage. Zu meinem Glück sind innerkaribische Fluglinien sehr konstant, was ihre Preise angeht. „LIAT" und „Air Antilles" sind zum Beispiel Airlines, die karibische Flüge fast immer zum gleichen Preis anbieten. LIAT hat leichte finanzielle Probleme (Stand 2020), was in Zukunft vielleicht Air Antilles die Überhand geben könnte. Jedenfalls buchte ich unsere zweiwöchige Reise durch die Karibik, inklusive der Regenwald-Insel „The Nature Island" Dominica. Wie gesagt sind die Flugpreise dort relativ konstant, was mir also keine Einschränkungen in der Planung gab. Bei transatlantischen Flügen sieht es ein bisschen anders aus. Ich wollte allerdings die erste Planungsphase (das Buchen der Flüge) fertigstellen und zahlte 130€ von der Insel Martinique (FDF) nach Paris (ORY). 130€ für einen transatlantischen Flug ist nicht gerade teuer, also war ich zufrieden, wenngleich die 8-Wochen-Regel nicht erfüllt war. Später hat sich herausgestellt, dass ich den gleichen Flug nochmal deutlich günstiger hätte buchen können, wenn ich ein paar Wochen länger gewartet hätte. Die Faustformel behielt wieder Recht und ich konnte den gleichen Flug der Airline „LEVEL" später für 100€ und dann sogar 93€ finden. 93€ für einen neunstündigen transatlantischen Flug ist wahrlich günstig. Doch ich hatte bereits gebucht und somit den Risikozuschlag von ca. 40€ verloren.

Das bedeutet, meistens lohnt es sich, die Faustformel der acht Wochen einzuhalten. Dennoch war ich zufrieden gebucht zu haben, da ich danach meine komplette Energie auf die letztendlichen Aktivitäten und Challenges während der Reise legen konnte. Es ist also immer ein Risikospiel, eine enge Gratwanderung zwischen den günstigsten Preisen und der Sicherheit, die Reise durchführen zu können. Überlege immer genau, wie viel Risiko du bereit bist einzugehen, um auf eine Verringerung der Flugpreise zu hoffen. Solltest du ein bestimmtes Land auf einer längeren Reise unbedingt besuchen wollen, buche lieber gleich. Wenn du ein Risikogänger bist oder dir ein bestimmter Stop grundsätzlich egal ist, warte einfach ab und nähere dich den acht Wochen. Solltest du die Flugpreise täglich prüfen und merken, dass diese langsam, aber sicher steigen, empfehle ich dir, schnellstmöglich zuzuschlagen. Zwar besteht auch hier dir Möglichkeit, dass ein plötzliches Sinken der Preise auftritt, die Wahrscheinlichkeit ist allerdings eher klein, besonders auf nicht rein europäischen Routen.

Was passiert, wenn es bereits weniger als acht Wochen bis zur geplanten Reise sind? Auch dann brauchst du dir keine Sorgen machen, denn auch noch ca. sechs Wochen vorher sind die Flugpreise vergleichsweise niedrig. In einem solchen Fall solltest du dich allerdings alsbaldig vor deinen Laptop setzen und die Planung erstellen. Mit jedem Tag, an dem du die Angebote nicht wahrnimmst, verlierst du wertvolle Zeit und möglicherweise viel Geld. Beeile dich also, die Flüge für deine Reise zu buchen, da die Preise ab jetzt grundsätzlich nur noch bergauf gehen.

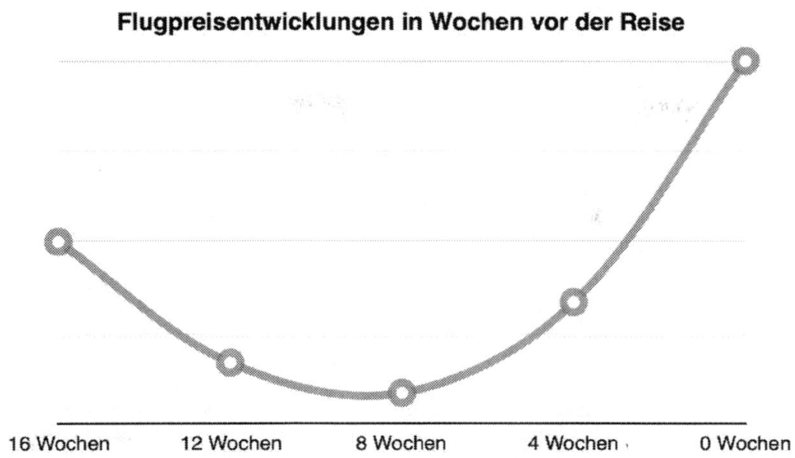

Das obige Diagramm zeigt nochmal deutlich die Entwicklungen von Flugpreisen, abhängig davon, wie lange im Voraus man die Flüge bucht. Es handelt sich um eine vereinfachte Grafik, die natürlich nicht auf alle Strecken und Flüge zutrifft. Besonders Langstreckenflüge sind anfällig dafür, weiter im Voraus besonders günstig zu sein. In den meisten Fällen lässt sich das Diagramm aber als gutes Werkzeug verwenden, um Flugpreisentwicklungen zu prognostizieren. Bemerkenswert ist, dass vier Wochen und zwölf Wochen vor der Reise, nicht den gleichen y-Wert besitzen. Das bedeutet, nachdem die acht Wochen erreicht sind, steigen die Flugpreise schneller als sie vorher gefallen sind. Mach dir dies einmal klar.

Ausnahmen bestätigen bekanntermaßen die Regel. Die Fluggesellschaft „TUI Belgium" beispielsweise bietet seit kurzer Zeit sehr billige transatlantische Flüge zu karibischen Destinationen an – auch sehr spontan. Nicht selten kann man noch am selben Tag für etwa 170€ one way nach Kuba, in die Dominikanische Republik oder nach Jamaica fliegen. Maximal billig ist das nicht – das Zeit-Leistungs-Verhältnis ist jedoch unschlagbar.

Merke: *Der günstigste Zeitraum zum Buchen von Flügen ist acht Wochen vor der Reise.*

Den billigsten Flug finden

Um nun also zu unserem Anfangsbeispiel zurückzukehren, nehmen wir einmal an, wir wollen zwei Wochen in Jordanien verbringen. Wir haben 2 Wochen Urlaub und wollen diese möglichst voll ausnutzen. Das bedeutet, wir haben einen Reisezeitraum von zwei Wochen. Hypothetisch nehmen wir einmal an, dass wir die Faustformel der acht Wochen sehr ernst nehmen. Wenn wir also heute noch acht Wochen zählen, bevor wir fliegen wollen, ist der Zenit der Bestpreise erreicht. Wenn wir also am 05. Mai fliegen wollen, sollten wir etwa am 08. März buchen. Sollte dir irgendetwas nicht klar genug ist, lies dir den Text nochmal langsam durch. Auch hier kannst du wieder deine eigenen Daten eintragen, mein Beispiel ist rein zufällig gewählt. Ab dem 05.05. haben wir dann einen Reisezeitraum von zwei Wochen. In anderen Worten haben wir die Flexibilität von zwei Wochen.

Übrigens: Wir haben gelernt, dass das erste hypothetische Beispiel der Jordanienreise vom Anfang des Kapitels nicht optimal war, da man weniger als acht Wochen im Voraus gebucht hatte. Wir lassen es jetzt außen vor und konzentrieren uns auf eine Idealvariante, die es anzustreben gilt. Nichtsdestotrotz kannst du dich am ersten Beispiel probieren und versuchen, es noch spontan günstig nach Jordanien zu schaffen. (Der Termin war der 25. des Folgemonats. Gib dir auch dort zwei Wochen Flexibilität und versuche, unsere kommenden Tricks anzuwenden!)

Wir haben also aus unseren Fehlern gelernt und buchen jetzt acht Wochen im Voraus, für den hypothetischen 05.05., genau zwei Monate von heute. Ab dann haben wir einen Zeitraum von zwei Wochen, indem wir uns möglichst lang in Jordanien aufhalten möchten. Wie gehen wir jetzt vor? Sollen wir 14 Tabs öffnen und jeden Tag einzeln suchen? – Nein, es geht einfacher, da wir Skyscanner benutzen.

Als ich die Funktionen Skyscanners vorgestellt habe, haben wir besprochen, dass man alle Parameter weitgehend generalisieren kann. Wir haben bereits die Länder als verallgemeinerte Abflugs- und Zielorte eingetragen. Jetzt wird auch noch die genaue Zeit über Bord geschmissen. Ab jetzt fokussieren wir uns auf eine Funktion, die es in dieser Präzision nur bei Skyscanner gibt:

Ja, man kann nach den günstigsten Flügen in einem gesamten Monat suchen! Und damit nicht genug, man kann sogar den günstigsten Monat herausfiltern. Diese beiden nützlichen Funktionen helfen uns dabei, den besten Tag für die Reise nach Jordanien zu finden. Wir geben also logischerweise die nötigen Daten oben ein und suchen den bestimmten Monat, auf den es ankommt.

Im Übrigen kann man alle Parameter miteinander beliebig kombinieren. Du kannst z.B. konkret von Flughafen A nach Flughafen B suchen und dir trotzdem den günstigsten Monat anzeigen lassen. Oder du suchst von Land A nach Stadt B und lässt dir die Ergebnisse für Dezember anzeigen – alles ist möglich.

Eine Funktion jedoch vermisse ich auf Skyscanner, die es (Stand 2022) einwandfrei nur auf der offiziellen Seite der Fluggesellschaft Ryanair gibt. Es handelt sich um das Auswählen eines Datumsbereichs, was ich mir von Skyscanner noch wünschen würde. Bei Ryanair kann man einen exakten Datumsbereich, z.B. vom 24. August – 16. September, auswählen und sich die günstigsten Flüge suchen lassen. Dort ist jedoch dann das Problem, dass man nur auf Ryanair beschränkt ist, ganz abgesehen davon, dass es noch keine Langstreckenflüge gibt. Also bleiben wir vorerst auf skyscanner.com, auch wenn ich später noch auf individuelle Seiten der

Fluggesellschaften eingehen werde.

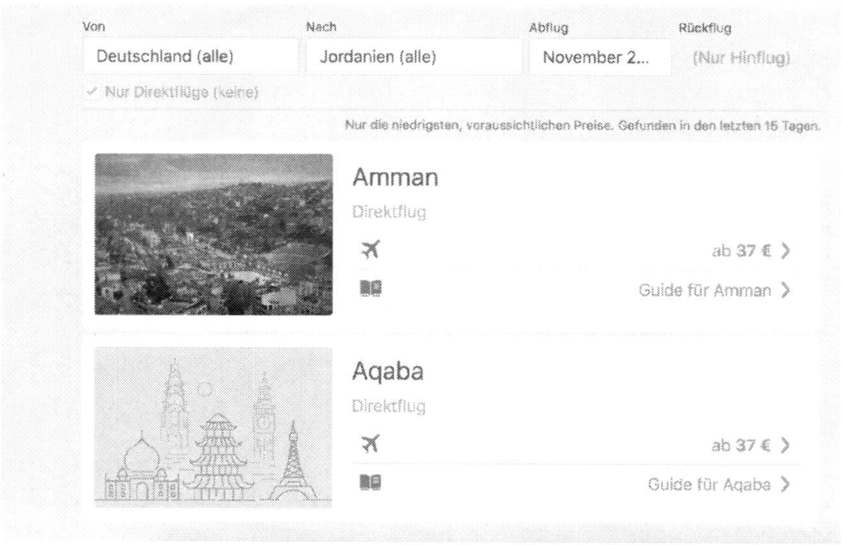

Bei mir wurde jetzt das günstigste Ergebnis als 37€ für Flüge von Deutschland nach Jordanien im November angezeigt. Nicht unfassbar günstig, aber dennoch preiswert für einen Direktflug von Deutschland nach Amman oder Aqaba. Zufälligerweise waren jetzt beide Städte gleich günstig. Um jetzt das genaue Datum zu sehen, an welchem die Flüge am günstigsten sind, tippen wir einmal auf das Angebot oder die Stadt, die uns am ehesten zusagt. Dieses ist immer mit „ab x€" gekennzeichnet. Die zugehörige Zielstadt steht groß daneben. Die meisten Städte haben auf Skyscanner ein „Profilbild", welches sich von Zeit zu Zeit ändert. Dies ist aber nicht bei jeder Stadt der Fall, hier zum Beispiel bei Aqaba. Ich nehme einmal an, wir wollen nach Amman. Demnach klicke ich auf das obere „ab 37€" und es erscheint die folgende Seite.

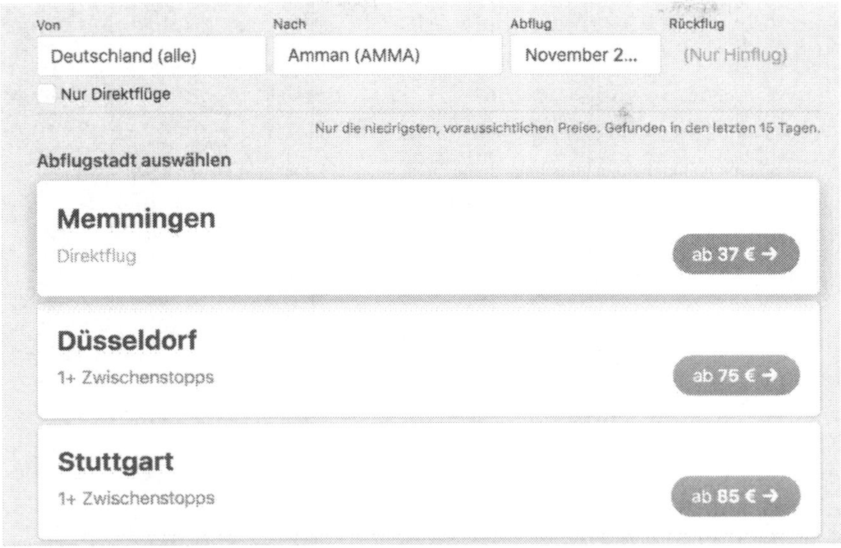

Hier muss man nun die genaue Abflugstadt auswählen. Bei diesen Schritten gibt es immer ein Wechselspiel zwischen nötigem Aufwand und Preis. Man muss die richtige Balance zwischen Komfort und Kosten finden: Wenn ich zum Beispiel in Berlin wohne und einen günstigen Flug für 15€ von München nach Destination Y gefunden habe, muss ich erst überlegen, ob sich der Aufwand lohnt, erst nach München zu fahren. Sollte es am selben Tag einen Flug von Berlin zur selben Destination für 30€ geben, sollte man von Berlin aus fliegen. Es geht darum, die Differenz zwischen beiden Angeboten zu ermitteln, in diesem Fall sind es 15€. Nun muss man diesen Preis gegenüberstellen mit dem Preis, den der Zug/Bus/Sprit nach München kostet. Aller Wahrscheinlichkeit nach kostet jede der drei Varianten mehr als 15€, ganz abgesehen vom großen Zeitaufwand. Das Resultat ist, dass es sich nicht lohnt, den günstigsten Flug wahrzunehmen, auch wenn es verlockend wirkt. Beim Suchen von Angeboten ist es enorm wichtig, dass du einen klaren Kopf behältst. Auf abgelegene Flughäfen weltweit werden wir zum Ende des ersten Teils des Buches zu sprechen kommen, ein meiner Meinung nach witziges Kapitel. Behalte nur im Hinterkopf, dass der Transport zum Flughafen nicht selten teurer ist als der eigentliche Flug.

Angesichts der großen Differenz zwischen Memmingen und Düsseldorf in unserem Beispiel, wählen wir Memmingen aus, auch wenn er einer der abgelegensten Flughäfen Deutschlands ist.

Memmingen wird teilweise als „Munich West“ angepriesen, eher ein flacher Witz als ein geographisch fundiertes Statement, wenn man bedenkt, dass der Flughafen ganze 116km entfernt von München sein Unwesen treibt. Tatsächlich liegt der „Flughafen Munich West“ näher am Bodensee als an München. Munich West... Jedenfalls tippen wir auf das grün markierte Kästchen mit dem günstigsten Angebot, in dem Falle „ab 37€“.

Wir gelangen zur nächsten Seite.

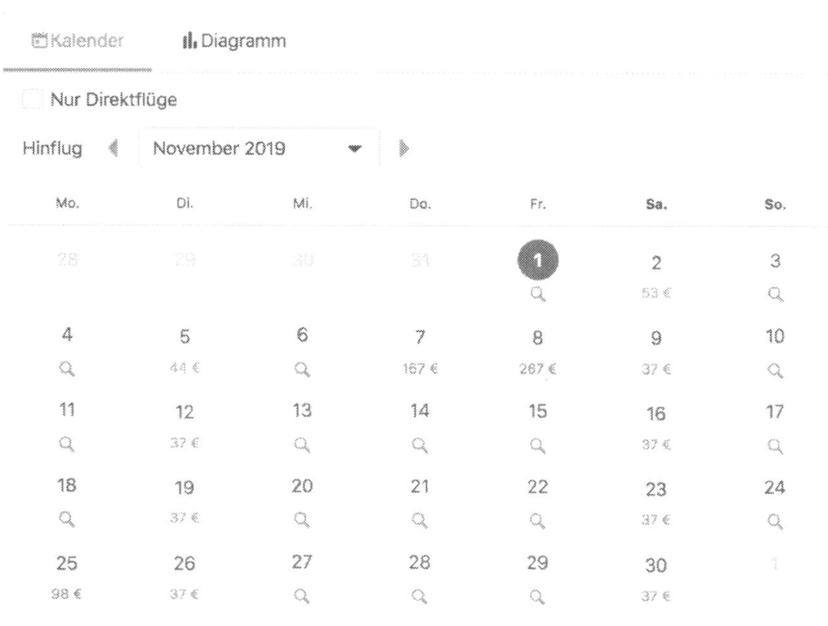

Solltest du ein wenig den Überblick verlieren, mach dir keine Sorgen. Nach 10 Flugsuchen kennst du alle diese Seiten auswendig. Auf der nun folgenden Seite befindet sich eine kalendarische Übersicht der günstigsten Tage für Flüge von Memmingen nach Amman im November. Erinnere dich, wir hatten Ergebnisse für den gesamten Monat November angefordert. Nachdem wir eben die genauen Abflug- und Ankunftsstädte definiert haben (Memmingen und Amman), konkretisieren wir nun das Datum. Wie bei den Städten, versuchen wir auch hier ökonomisch zu denken und versuchen immer das günstigste Angebot zu finden. Skyscanner hilft uns bereits dabei, eine grundsätzliche Struktur erkennen zu können. Dabei gilt:

Grüner Preis: Günstig
Gelber Preis: Mittel
Roter Preis: Viel zu teuer!

Beachte allerdings, dass alle Angaben relativ sind. Ein grüner Preis muss nicht zwangsläufig bedeuten, dass es tatsächlich ein preiswerter Flug ist. Ich nutze die Grafik jedoch gerne, um eine Struktur zu ermitteln. In unserem Beispiel können wir direkt ablesen (oder eben nicht, weil auch beim Drucken des Buches aufs Budget geachtet wurde), dass die günstigsten Flüge dienstags und samstags abfliegen. Ohne nachzuforschen liegt dies wahrscheinlich daran, dass nur an diesen Tagen Billigfluggesellschaften nach Amman fliegen. Memmingen ist kein besonders großer Airport. Dementsprechend sind die meisten Tage sogar leer, was du an dem Symbol der Lupe erkennen kannst. Bei großen Airports wie Frankfurt (FRA) wirst du, je nach ausgewählter Destination, selten freie Felder sehen. Die Lupe bedeutet übrigens, dass du nach Alternativverbindungen mit vielen Zwischenhalten schauen kannst. Diese sind in der Regel von viel zu langer Dauer und maßlos teuer. In 95% der Fälle kannst du eine „Lupe" also getrost als unbrauchbar abstempeln. Die einzige Ausnahme ist, wenn du Flüge zwischen zwei maximal „wenig eingesuchten" Destinationen suchst - zum Beispiel von Nepal nach Luxemburg. Dann nämlich muss Skyscanner die besten Routen erst einmal zusammentragen.

Nach den neusten Skyscanner-Updates gibt es das Symbol der Lupe nicht mehr. Stattdessen wird ein „–" angezeigt.

Auf gutbedienten Strecken (zum Beispiel London nach Köln) interessieren wir uns nur für die mit Preisen vermerkten Daten, da diese wirklich nützliche Ergebnisse liefern.

Ich behaupte einfach mal, das beste Datum für uns ist Samstag, der 9. November. Es ist grün gekennzeichnet und der vorhin angekündigte Tiefpreis von 37€ ist angegeben. Nun wählen wir den Tag im Kalender aus. Unter dem Kalender ist der Tag dann eingestellt und wir können das grüne Feld „Flüge anzeigen" auswählen.

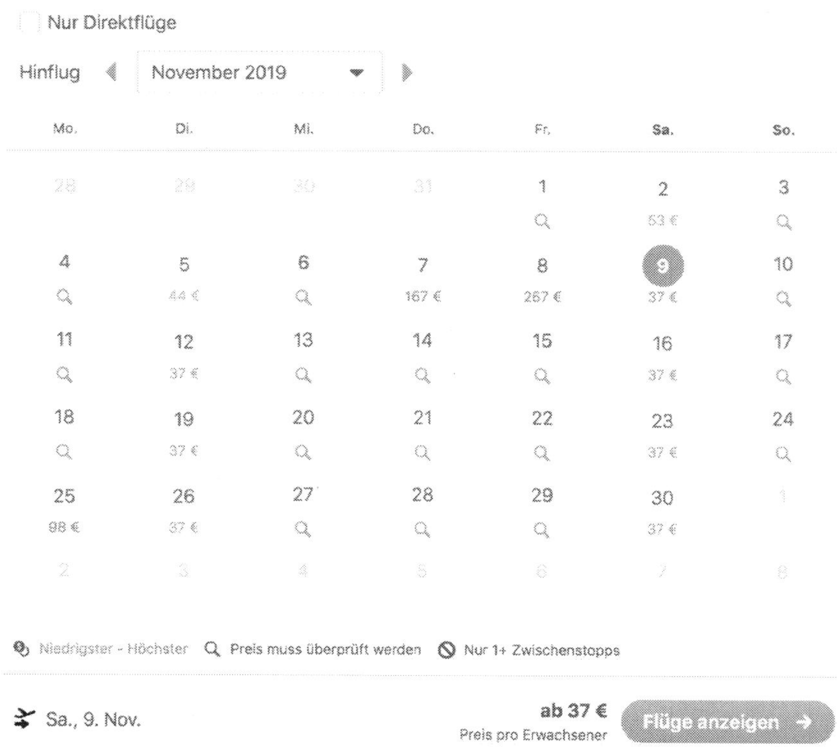

Wenn dir irgendetwas zu schnell ging, geh zur unklaren Textstelle zurück und lies dir alles noch einmal langsam durch!

Kurze Revision bis zum jetzigen Zeitpunkt:

- Wir haben Skyscanner geöffnet und nur den Hinflug eingestellt
- Wir öffnen eine Karte in einem separaten Tab
- Wir haben alle Parameter generalisiert, um möglichst großflächige Ergebnisse zu erhalten (Land anstatt Airport, ganzer Monat anstatt Datum)
- Nach und nach konkretisieren wir die Orte und Tage, wie es Skyscanner von uns verlangt. Dabei behalten wir stets den nötigen Aufwand im Auge und versuchen die günstigste Alternative zu wahrzunehmen
- Wir prüfen Angebote mit Start- und Zielpunkten in Nachbarländern (falls möglich), sollten wir noch nicht zufrieden sein
- Dazu fokussieren wir die Einreisebestimmungen des Auswärtigen Amtes und sind uns aller dargelegten Konsequenzen bewusst

- Wir kontrollieren auch, wo sich die von uns ausgewählten Airports befinden und vergleichen diese mit dem nötigen Aufwand und Aufpreis, um sie zu erreichen.

Nachdem wir auf das grüne Feld „Flüge anzeigen" geklickt haben, erscheint die finale Seite. Wenn alles gut läuft, haben wir nun unseren idealen Flug gefunden. Dabei ist immer sicherzustellen, dass die mittlere Spalte mit der Beschreibung „Billigster Flug" ausgewählt ist. Somit siehst du nun die niedrigsten Preise als erste Ergebnisse. Der erste Flug ist mit hoher Wahrscheinlichkeit der, den du letztendlich auch buchen solltest.

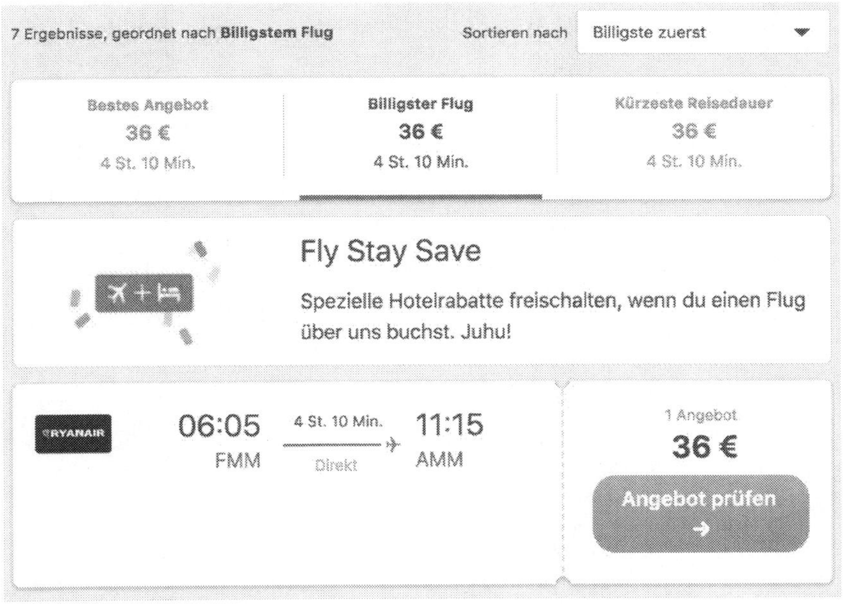

Du siehst alle wichtigen Daten auf einen Blick:

- Den Preis (ganz rechts, über „Angebot prüfen")
- Die Abflugzeit in Ortszeit (links)
- Die Ankunftszeit in Ortszeit (rechts)
- Den genauen Abflughafen (3 Buchstaben links, Bsp. „FMM")
- Den genauen Zielflughafen (3 Buchstaben rechts Bsp. „AMM")
- Die gesamte Reisedauer (in Std. und Min. zwischen den Ortszeiten) Die Anzahl der Umstiege (Mitte)

- Die Fluggesellschaft(en) (ganz links, teilweise mit Logo)

Um dich nicht mit dem genauen Abflug- und Zielflughafen zu verwirren, google einmal das Kürzel und schaue nach, um welchen Airport es sich genau handelt. Besonders bei großen Städten wie London (5 Flughäfen) ist dies ein wichtiger Schritt gegen komplette Verwirrung.

Die Ortszeit bezeichnet die lokale Zeit am jeweiligen Ort. Wenn du hypothetisch um 06:00 Uhr einen Flug von Berlin wahrnimmst, ist die Ortszeit in Berlin 06:00 Uhr. Wenn du dann in New York um 09:00 Uhr ankommst, ist 09:00 Uhr die tatsächliche, lokale Zeit in New York. Logisch, in drei Stunden kann man nicht nach New York fliegen. Lass dich also nie verwirren mit Zeitangaben. Dort wo du abfliegst oder ankommst, wird die Zeit gemessen – wenn du in New York ankommst, kann dir die Zeit in Deutschland egal sein.

Die Angaben über die Fluggesellschaft sind für uns nahezu irrelevant. Es gelten internationale Standards. Jede Airline, die diese wirklich hohen Standards nicht erfüllt, wird auf die „schwarze Liste" gesetzt und darf nicht in Europa, und nahezu nirgendwo anders landen. Mache dir also um die Sicherheit keine Sorgen, allgemein gilt: Alle Fluggesellschaften sind etwa gleich sicher. Die Pilotenausbildung zum Beispiel ist von internationalen Richtlinien geprägt, an die sich alle Airlines halten müssen.

Die Reisedauer solltest du beachten, allerdings nicht als zu wichtig klassifizieren. Wie bereits gezeigt ist Flexibilität eines der wichtigsten Attribute. Wenn du allerdings beispielsweise 15€ mehr zahlen könntest, um 4 Umstiege zu vermeiden, zahle lieber die 15€. Bedenke, dass du dich während der Reise auch verpflegen musst. Ein Aspekt, der leider viel zu häufig vernachlässigt wird. Auch hier gilt, mache dir eine klare Übersicht und hinterfrage alle Kosten erneut. Besonders vorsichtig solltest du sein, wenn ein „Flughafenwechsel" angezeigt ist. Ein Flughafenwechsel ist selbsterklärend, er ist allerdings immer auf eine Stadt begrenzt. Dies kann zum Beispiel sein, dass du vom Airport Istanbul Sabiha Gokcen (SAW) zum Flughafen Istanbul (IST) gelangen musst. Hierbei solltest du dich dann um die Lokallogistik kümmern und die benötigte Zeit – und Umsteigezeit – im Blick behalten. Beliebte Städte mit Flughafenwechsel sind London, Paris, Istanbul, Berlin, Mailand so wie alle anderen Städte, die grundsätzlich von mehr als einem Flughafen bedient werden. Auch hierzu solltest du im Zweifel das dreistellige Flughafenkürzel googeln und auf einer Karte abgleichen. Nicht selten gibt es aber auch Flughafentransfers, die regelmäßig zwischen den verschiedenen Flughäfen verkehren (z.B. in Mailand und London). Prüfe hierzu verschiedene Quellen aus dem Internet, oft genügt auch die offizielle Internetseite des Flughafens.

Wie genau der Buchungsprozess vonstattengeht und über welche Seiten wir den Flug buchen, schauen wir uns in der letzten Sektion des ersten Teils an. Du kennst nämlich noch bei Weitem nicht alle Tricks, um die wirklich günstigsten Flüge zu finden. Auch, wenn du jetzt schon zufrieden bist, lies weiter! Dies war bisher nur eine kleine Einführung in die Suchmaschine Skyscanner mit ihren gröbsten Funktionen. Du kennst nun sozusagen die Spitze des Eisbergs.
Nun kannst du entweder zurückgehen, um alle Schritte nochmal anzuwenden und zu verinnerlichen, oder du liest weiter. Alles, was jetzt folgt, baut grundsätzlich auf dem groben Verständnis der Funktionen Skyscanners auf.

Kurzstrecke vs. Langstrecke

Ich hatte bereits am Anfang des Buches kurz erwähnt, dass es manchmal sinnvoll sein kann, Hin- und Rückflug zusammen zu buchen. Gleichzeitig habe ich behauptet, man müsse die Flüge fast immer einzeln buchen. Wie passt das zusammen?

Nun, dazu müssen wir verstehen, dass es grundsätzlich zwei verschiedene Arten von Flügen gibt: Kurz- und Langstreckenflüge. Ebenso gibt es verschiedene Fluggesellschaften, also jene, die sich eher auf Kurzstreckenflüge konzentrieren (z.B. easyJet, Ryanair und Wizz Air) und jene, die sich eher auf Langstreckenflüge spezialisieren (z.B. Air France und Air China). Während Ryanair beispielsweise keinen einzigen Langstreckenflug anbietet (Stand 2022), ist Air China für seine Angebote auf weite Distanzen bekannt. Nun sind Langstreckenflüge logischerweise für alle Beteiligten deutlich teurer. Dadurch, dass Ryanair nur Kurzstrecke fliegt, und das mit einer vereinheitlichten Flotte (nur Flugzeuge des Typs Boeing 737-800 – und seit kurzem 737 Max), haben sie die Möglichkeit, die Preise deutlich zu drosseln. Hinzu kommt, dass die Passagierdichte (z.B. aufgrund der engen Sitzreihen) besonders hoch ist.

Sie können also die benötigten Einnahmen durch mehr Passagiere dividieren. Außerdem belegt Ryanair meist die günstigsten „Slots" an einem nicht selten abgelegenen Airport. All dies sind Gründe, wie die Fluggesellschaft, und andere Billig-Carrier, es schaffen, solch enorm günstige Preise anzubieten.

Als Folge lässt sich verallgemeinern, dass jeder Flug individuell günstiger wird.

Bei Langstreckenflügen ist das im Moment noch schwer möglich. Meist bieten die „abgelegenen" und günstigen Airports gar keine Langstreckenverbindungen an. Man kann sich mit reiner Logik herleiten, dass ein Slot am Frankfurter Flughafen für eine Fluggesellschaft deutlich mehr kostet als ein Slot am Flughafen Friedrichshafen. Ein Slot ist übrigens ein Zeitfenster, in welchem ein Flugzeug starten oder landen kann und darf. Auch hier sind logischerweise Slots um 05:00 Uhr nachts günstiger als um 15:00 Uhr nachmittags. Auch kann man mit einer Boeing 737-800 eher keine wirklichen Langstreckenflüge anbieten (auch, wenn welche in Planung sind), ergo man braucht größere Flugzeuge. Mit einem A380 kann man übertrieben gesagt auch nicht in Friedrichshafen landen. Auch das treibt die Preise in die Höhe. Es spielen noch unfassbar viele andere Faktoren in die Preisgestaltung ein, für uns ist das erstmal irrelevant. Wir merken uns, Langstreckenflüge von Kurzstreckenflügen zu differenzieren. Als Langstreckenflüge gelten allgemein Flüge ab einer Distanz von 3.500 Kilometern. Innerhalb von Europa, Nordafrika und dem (nahen) Nahen Osten ist also alles noch Kurzstrecke!

Nun kann man nicht pauschal sagen, dass man Langstreckenflüge eher zusammen buchen sollte und Kurzstreckenflüge einzeln. Tatsächlich ist die Chance aber recht hoch, dass dies sinnvoll sein kann. Warum?

Wir haben gelernt, dass die Kurzstreckenflüge individuell im Trend immer günstiger werden. Bei Langstreckenflügen ist dieser Trend stark verlangsamt. Hier greift eine neue Taktik ein, nämlich die, spezielle Angebote wahrzunehmen. Es gibt nämlich teilweise (und nicht selten) Aktionen von speziellen Fluggesellschaften oder Preis- Booms; Zeiträume, in denen manche Verbindungen auf Langstrecke eben besonders günstig sind. Diese sind dann meist im Doppelpack günstiger, als wenn man beide Flüge einzeln bucht. Bekannte Fluggesellschaften mit Langstrecken-Preis-Booms sind z.B. Air China, China Eastern und Tap Air Portugal. Diese Verbindungen können wir auf Skyscanner finden, wenn wir Hin- und Rückflug zusammensuchen.

Merke: *Kurz- und Langstreckenflüge sind voneinander zu differenzieren. Oft ist es günstiger, bei Langstreckenverbindungen Hin- und Rückflug zusammen zu buchen. Auf Kurzstrecke sollte man immer einzeln buchen.*

Exkurs: *Zusatzleistungen auf Langstreckenverbindungen*

Ein interessantes Thema am Rande, welches ich nicht außen vor lassen möchte. Im Zuge der Preis-Booms von Fluglinien auf Langstrecke kann man manchmal von inbegriffenen Zusatzleistungen

Gebrauch machen. Besonders chinesische Fluggesellschaften sind in diesem Punkt dem restlichen Markt gegenüber weit voraus. So kann man beispielsweise, auf einer internationalen Route über Peking, ein gratis Hotel in Anspruch nehmen und eine gratis (!) Stadtbesichtigung, inklusive Tour Guide, ist auch enthalten. Alles wird von der Fluggesellschaft übernommen. Peking ist also als Transitstadt mehr als geeignet, wenn man auch während der eigentlichen Reise die Stadt für einen oder zwei Tage erkunden will. Natürlich ist dies nicht immer enthalten, doch ich war selbst überrascht, wie oft man solche Angebote ohne Aufpreis wahrnehmen kann. Doch auch in anderen Städten, zum Beispiel in Doha (als Transit von Qatar Airways) kann man ähnliche Ergebnisse finden. Warum es diese kostenlosen „Nettigkeiten" gibt, will ich nicht zu begründen versuchen. Offiziell heißt es, man wolle den Tourismus ankurbeln und den Gästen ein einmaliges Erlebnis bieten. Was auch immer, man sollte solche Angebote wertschätzen. Wenn du dir unsicher bist, lies einfach auf der Website der jeweiligen Fluggesellschaft nach, nachdem du den passenden Transitflug über Skyscanner gefunden hast. Im Zweifelsfall kannst du auch die Fluggesellschaft direkt kontaktieren und Antworten erhalten. Mache diese Zusatzleistungen aber nach Möglichkeit nicht für eine Reise ausschlaggebend. Wenn die Verbindung außerordentlich günstig ist, schlag lieber gleich zu und hoffe auf einen „netten Bonus" anstatt wertvolle Zeit zu verschwenden! Hier eine Checkliste von Fluggesellschaften, bei denen du je nach Verbindung nachlesen solltest, ob die Möglichkeit zur kostenfreien Aufwertung deines Transits besteht:

- Air China
- China Eastern
- China Southern
- Qatar Airways
- Turkish Airlines
- viele weitere!

Unter folgendem Link befindet sich ein YouTube-Video, welches Schritt für Schritt erklärt, wie man von Turkish Airlines während eines Layovers in Istanbul (IST) ein gratis Hotel erhält, unabhängig davon in welcher Klasse man fliegt.

https://www.youtube.com/watch?v=O6HpD_-JbnY

Exkurs Ende.

Hin- und Rückflug

Im Folgenden werden wir uns anschauen, wie wir am effektivsten und einfachsten das eben erwähnte „Doppelpack“ finden. Auch dazu bleiben wir selbstverständlich auf der Seite Skyscanner.
Wir öffnen skyscanner.com erneut und wählen, im Gegensatz zu allen vorherigen Suchen, in der Zeile über den Abflug- und Ankunftsorten „Hin- und Rückflug“ aus. Im Grunde läuft nun alles wie vorher, bloß im Doppelpack: Wir geben den gewünschten Startpunkt ein, am besten wieder möglichst generalisiert, also zum Beispiel das Land Deutschland. Um die Funktion zu verdeutlichen, wählen wir nun den „Zielpunkt“ „Alle Orte“ aus. Das nötige Feld dazu erhalten wir, wenn wir einmal auf das Kästchen unter „Nach“ klicken. Es erscheint der Text „Du kannst dich nicht entscheiden wohin? Hier klicken, um alle Orte zu durchsuchen“. Wir klicken einmal darauf und als Destination ist nun „Alle Orte“ ausgewählt.

Als „Hinreise“ stellen wir, wie bereits zuvor gemacht, möglichst grobe Zeiträume ein (am besten „Günstigster Monat“), um alle Ergebnisse zu erhalten. Da wir jetzt auch einen passenden Rückflug finden wollen, machen wir das Gleiche mit dem Feld „Rückreise“. Soweit alles logisch.

Übrigens, man kann auch die Anzahl der reisenden Personen ganz rechts variieren. Diese Informationen werden dann später bei der Buchung auf der jeweiligen Seite automatisch eingestellt. Für uns belassen wir es erstmal bei „1 Erwachsener, Economy“. Nachdem alle Daten eingetragen wurden, klicken wir auf „Suchen“, das grüne Feld mit dem Pfeil, unten rechts.

Bisher hat sich offensichtlich wenig bis nichts zu unseren vorherigen Suchen verändert. Auf der Seite, die uns nun angezeigt wird, sehen wir alle Ergebnisse, angegeben in Preisen für Hin- und Rückflug. Falls du es nicht glauben kannst, es stimmt. Sollte jetzt bei dir beispielsweise stehen „Italien ab 11€", ist es tatsächlich der Flugpreis für beide Flüge. Somit ist der Regionalverkehr der DB zum Flughafen unter Umständen teurer als beide Flüge zusammen. Bizarr, aber wahr! Du kannst dich nun einmal umschauen, in welchem Budget deine favorisierten Destinationen so liegen. Vielleicht warst du ja schon einmal im Ausland und kannst nun staunen, wie viel du mit ein bisschen Glück hättest sparen können.

Eine Anmerkung, um es nochmal deutlich zu machen: Nur, weil der Preis für den „günstigsten Monat" hier angegeben ist, heißt es nicht, dass man nicht noch preiswerter zur jeweiligen Destination reisen kann. Wie bereits besprochen ist es von viel größerer Bedeutung *wann* man bucht. Die Ergebnisse könnten also schon morgen stark verändert sein, positiv oder negativ. Hinzu kommt, dass wir sehr bald einige Methoden kennenlernen, um den „offiziellen" Preis zu umgehen/ minimieren. Und das völlig legal, nur mit Hilfe von Veränderungen in den Suchkriterien.

Zurück also zu unseren Hin- und Rückflug-Ergebnissen. Wir wählen, wie gewohnt, unser passendes Land aus, dann die Stadt, die Abflugstadt, genau wie Skyscanner uns leitet.
Dann kommen wir bereits zur kalendarischen Übersicht aller Flüge, wieder farblich nach Preisen markiert. Wundere dich nicht, wir haben plötzlich zwei Kalender. Ist ja auch schlüssig, da wir zwei Flüge suchen. Skyscanner bietet uns hier die Möglichkeit, sich unabhängig voneinander in beiden Kalendern zu bewegen. Oft ist man nämlich auf anderen Seiten daran gebunden, *nacheinander* Hin- und Rückflug auszuwählen, was zur Folge hat, dass man manche Rückflüge nie zu Gesicht bekommt – erneut zeigt sich die Qualität Skyscanners.
Wir können also nun unseren gewünschten Hinflug und Rückflug unabhängig voneinander auswählen. Logisch wie es klingt, mache dir klar, dass du keinen Rückflug zeitlich vor dem Hinflug auswählst, auch wenn sich eine solche Kombination nur über Umwege buchen lässt. Während einer Reiseplanung fokussiert man sich eher auf komplexe Probleme und missachtet dabei leicht solche viel zu simplen Denkfehler.

Im folgenden Screenshot habe ich einmal Hin- und Rückflüge von Stuttgart nach Bologna gesucht.

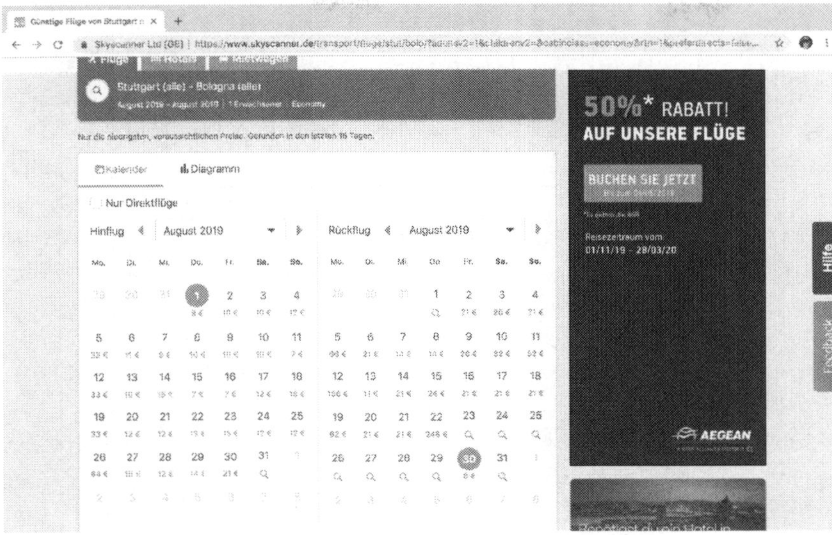

Eigentlich ziemlich verblüffend, wie konstant niedrig die Preise in beide Richtungen sind, vor allem von Stuttgart aus. Ebenso verblüffend sollte sein, dass ein 21€ Flug als rot gekennzeichnet ist und somit unserer Übersicht nach „viel zu teuer" sei. Auch hier empfiehlt es sich, alle Ergebnisse anzusehen, um solche Flüge klar zu erkennen. Denn 21€ ist zwar tatsächlich kein Bestpreis nach Italien, aber nun wirklich nicht zu teuer. Lies also gründlich und bedacht alles durch!

Interessant ist, wenn du einen bestimmten Hinflug im ersten Kalender auswählst, kann es sein, dass sich die Ergebnisse im zweiten Fenster verändern. Das liegt unter anderem daran, dass eine Doppelbuchung (Hin- und Rückflug) fast immer an einen bestimmten Airport gebunden ist. Wenn du also hin von A nach B fliegst, kannst du zurück nicht von B nach C. Es werden, sofern du als Abflughafen „A" ausgewählt hast, auch nur Flüge zurück nach „A" angezeigt. Das ist einer der Faktoren, die unsere allgemeinen Möglichkeiten, günstig zu reisen, stark einschränken. Wir hatten ja bereits besprochen, wann es sinnvoll sein kann, Hin- und Rückflug zusammen zu buchen – auf Langstrecke. Jetzt ist Italien natürlich keine Langstrecke, sodass wir hier deutlich sehen können, dass es nicht besonders sinnvoll wäre, hier das Doppel zu buchen.

Dennoch werde ich diese Beispiel-Suche kurz vollenden, weil ich sie griffiger und leichter zu verstehen finde als eine Flugsuche in ein weit entferntes Land, wenn dann noch Zwischenstopps dazu kommen.

Auch bei Langstreckenverbindungen, die du zusammensuchst, solltest du immer prüfen, ob es nicht klüger ist, einzeln zu buchen. Wenn sich die Ergebnisse im zweiten Kalender verändern, ist das ein Indiz dafür, dass es noch Möglichkeiten gibt, zu sparen. Wenn du dich für eine Buchung im Doppel entscheidest, solltest du auch jeden möglichen Tag im Kalender nacheinander auswählen, um zu schauen, welche Ergebnisse dir für den Rückflug angezeigt werden. Versuche also, alle Kombinationen auszuprobieren, auch wenn es manchmal ein bisschen zeitaufwändiger ist.

Wenn wir also endlich unseren jeweils besten Hin- und Rückflug gefunden und ausgewählt haben, klicken wir unter dem Kalender auf das grüne Feld „Flüge anzeigen", genau wie beim Suchen eines Einzelfluges. Wir können jetzt übrigens nochmal zusätzlich den Gesamtpreis für beide Flüge verifizieren. Dieser steht unmittelbar links neben dem grünen Feld.

Sobald wir uns auf der finalen Seite befinden, wo die tatsächlichen Flüge mit allen Daten angegeben sind, stellen wir sicher, dass wieder die mittlere Spalte „Billigster Flug" ausgewählt ist, um keine Schnäppchen zu übersehen.

Nun sind alle Ergebnisse mit allen Daten, nach Preisen geordnet, aufgelistet. Der einzige Unterschied besteht darin, dass jetzt zwei Flüge, eben Hin- und Rückflug, in einem „Angebots-Päckchen" zu finden sind. Demzufolge ist der Preis rechts auch der Gesamtpreis für beide Flüge. Alle Daten sind nach demselben Schema angegeben, wie es auch die Ergebnisse der Einzelsuche sind. Du solltest dich also nun gut zurechtfinden können. Wenn du unsicher bist, gehe zurück und ließ dich erneut in die Materie ein. Wie bereits angekündigt, werden wir zum Ende des Kapitels auf den tatsächlichen Ablauf der Buchung zu sprechen kommen. Für jetzt reicht es, dass wir günstige Flüge *finden* lernen. Im Übrigen funktionieren andere genannte Tricks (wie z.B. das Eingeben eines Nachbarlandes) selbstverständlich auch beim Suchen beider Flüge zusammen!

Meta-Suchmaschine vs. Reisebüro

In den letzten Jahren hat sich das Business rund um Reiseplanung extrem gewandelt. Während es früher ganz normal war, sich aus dem Haus zu begeben, um dem Reisebüro einen Besuch abzustatten, lassen sich heute alle Buchungen für die Urlaubsreise komplett selbstständig durchführen. In der Tat gibt es aber auch heute noch viele Leute, die den Weg ins Reisebüro antreten. Warum ist dies so? Im Folgenden werden die Vorteile des Reisebüros kurz zusammengefasst:

- „Man braucht sich um nichts kümmern" → Abgabe der Verantwortung an den Angestellten des Reisebüros
- Wenn etwas schiefläuft, kann ich meine Ansprüche gegenüber dem Reisebüro einfordern und der Mitarbeiter hat den Stress, nicht ich!
- Manchmal bekommen Reisebüros durch spezielle Kooperationen z.B. mit Hotels limitierte Deals oder Rabatte eingeräumt
- Es macht Spaß und ist bequem, sich beraten zu lassen.

Dieser Service hat natürlich seinen Preis. Es ist zu beobachten, dass sich die Strategien hier deutlich verändert haben und selbst Hotels mittlerweile mehr und mehr auf Kooperationen mit Internetsuchmaschinen wie booking.com oder Trivago setzen, da die Marge dieser Drittanbieter deutlich geringer ist und somit der Verbraucher von günstigeren Preisen profitiert. Dies wiederum verschafft dem Anbieter einen deutlichen Vorteil gegenüber der Konkurrenz. Durch den Fortschritt der Technik ist es heute ein Leichtes, innerhalb von ein paar Klicks komplette Urlaubsreisen zu buchen, ohne die physische Hilfe einer anderen Person in Anspruch zu nehmen, die letztendlich genau dies macht, was wir auch können – auf Metasuchmaschinen nach Angeboten suchen.

Trotzdem stellt sich, nachdem wir eine grundsätzliche Einführung in das Suchen günstiger Flüge erhalten haben, recht schnell die Frage: Warum kann man nicht einfach ins nächste Reisebüro fahren und sich dieselben Ergebnisse liefern lassen?

Nun, die Antwort liegt in gewissen Maßen in der eigentlichen Frage. Selbstverständlich sind Reisebüros kommerzielle Einrichtungen, sie versuchen also Gewinne zu erzielen. Damit sich das Betreiben lohnt, müssen die Preise natürlich in die Höhe getrieben werden. Hinzu kommt, dass sehr oft Partnerschaften zwischen bestimmten Reisebüros und Fluglinien bestehen. Diese tragen logischerweise dazu bei, dass nur bestimmte Angebote von bestimmten Airlines angezeigt werden. Eine andere „Einschränkung" ist auch noch zu erwähnen: Reisebüros bieten meist Pauschalreisen und „Komplettpakete" an. Dabei werben sie mit Features, z.B. dass der „Zug zum Flug" inklusive sei. In den allermeisten Fällen ist es sehr viel teurer, als wenn man einfach ein Bahn-Ticket im Voraus bucht. Oft fehlt nämlich die genaue Entschlüsselung, wie sich der Finalpreis zusammensetzt. Dadurch können Reisebüros (oder auch Internetseiten, die Pauschalreisen anbieten) größere Gewinne generieren.

Auf der anderen Seite muss man natürlich auch erwähnen, dass ein großer Aufwand gespart wird, wenn man sich für eine Pauschalreise entscheidet. Tatsächlich ist dann für alles gesorgt und man kann in keine fiesen Fallen mehr tappen.

Oft wird als Argument angeführt, man müsse Reisebüros unterstützen, damit man deren Existenz nicht gefährde. Tatsächlich ist es der exakt gleiche Überlebenskampf wie der der klassischen Buchhandlungen. Wenn man also die lokalen Geschäfte unterstützen will, sollte man eben in der Buchhandlung oder im Reisebüro kaufen. Das Problem ist, der technische Fortschritt ist eben stärker als das, was die klassischen Geschäfte leisten können. Dementsprechend baut die Nutzung der Reisebüros, so wie der Buchhandlungen, immer weiter ab. Es ist einfach viel bequemer im Internet von zuhause aus zu buchen.

Unsere Meinung dazu:

Auch wenn es hart klingt, technischer Fortschritt ist lobenswert und nicht zu umgehen. Man findet eben bessere Alternativen, anstatt alte mit Druck zu erhalten. Würdest du jemanden bezahlen, der dir beim Fahrkartenautomaten der Deutschen Bahn deinen Zielbahnhof eingibt? – eher nicht. Es ist schlicht und ergreifend unnötig, weil man es selbst machen könnte. Genauso verhält es sich beim Buchen einer Reise. Man braucht niemanden, der einen Flug sucht, wenn man weiß, wie es geht. Mehr Aufwand geht damit selbstverständlich einher, rein finanziell ist es aber maximal unlogisch ins Reisebüro zu gehen.

Solltest du aber zur Gruppe der Menschen gehören, die gerne ein bisschen mehr zahlen, damit für alles gesorgt ist, scheue dich nicht, ein Reisebüro aufzusuchen. Dort hat man nicht selten auch Versicherungen inbegriffen, die man in Anspruch nehmen kann. Allgemein ist es „sicherer" über ein Reisebüro zu reisen, weil eben wie beschrieben alles inklusive ist. Wir gehen in diesem Buch aber nicht darauf ein, weil wir ja möglichst *günstig* reisen wollen.

Merke: *Reisebüros sind kommerzielle Einrichtungen, die Profit erzielen wollen. Demzufolge ist es immer teurer, als wenn man sich selbst um die Planung kümmert. Der höhere Preis in Reisebüros wird vor allem durch Rücktrittsversicherungen und anderen Serviceleistungen legitimiert. Diese braucht man aber so gut wie nie, weshalb wir uns nicht weiter damit befassen.*

Pauschalreisen

Es gibt jedoch ein paar Internetseiten, die wirklich günstige Pauschalreisen anbieten. Eine davon ist z.B. Urlaubsguru.de.
Urlaubsguru bietet uns die Möglichkeit, alle enthaltenen Kosten aufgelistet einzusehen. Außerdem sind viele Angebote wirklich unschlagbar günstig.

Hier ein Beispiel:

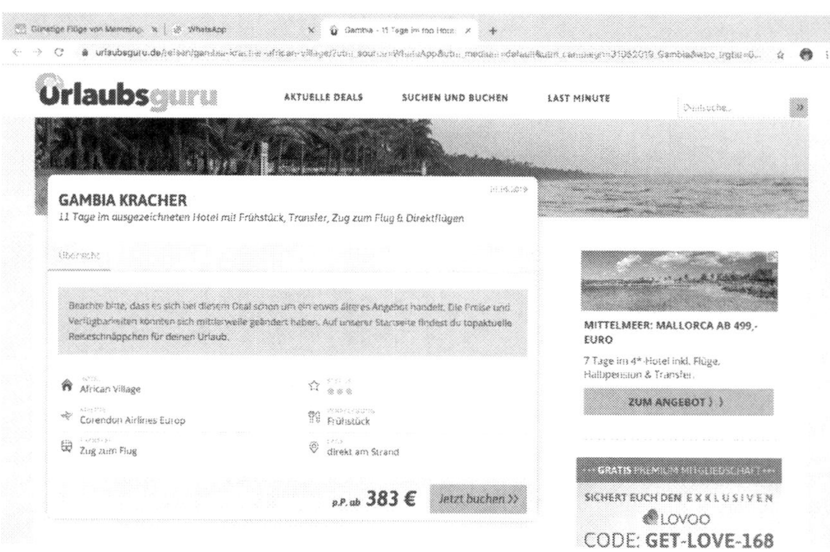

Dieser Preis für 11 Tage in einem 3-Sterne-Hotel inklusive Frühstück, inklusive aller Flüge (nach Gambia!) und sogar inklusive der Airport-Shuttles (welche manchmal wirklich teuer sein können) ist ein unfassbar starkes Angebot.
Wo ist der Haken?

Grundsätzlich gibt es keinen, außer, dass man an bestimmte Zeiträume gebunden ist. Im Klartext bedeutet das, die Reisezeiträume sind oftmals nicht während der Ferien, sondern eher günstig, genau dann, wann niemand normalerweise verreist. Dennoch, es lohnt sich solche Angebote im Blick zu halten, da nicht selten auch Wochenendtrips oder Ferienangebote angezeigt werden.

Mein Tipp für dich: Rufe die Seite urlaubsguru.de jetzt auf und registriere dich für den kostenfreien Newsletter. Dadurch erhältst du in Form von E-Mails oder Push-Benachrichtigungen die neusten und günstigsten Angebote für fast alle Länder. Übrigens kann man auch seine Präferenzen einstellen, wenn du also beispielsweise nur in Europa bleiben willst. Noch einmal, der Newsletter ist *völlig kostenlos* und meines Erachtens nach sehr zuverlässig. Um sich zu registrieren, öffne einfach die Seite urlaubsguru.de uns scrolle bis zum Ende der Seite runter. Dort siehst du in der rechten Spalte die Auswahl „Meldet euch für den Newsletter an".

Folge einfach den Instruktionen und melde dich an. Ich werde die genauen Schritte nicht ausführen, weil die Beschreibungen eigentlich klar dargelegt sind. Meine Aufgabe war es hauptsächlich, dich auf die Seite aufmerksam zu machen, damit du eine Seite für die günstigsten Komplett- Angebote kennst. Übrigens arbeitet Urlaubsguru, nach eigenen Angaben u.a. mit Error Fares (Preisfehler). Error Fares sind grundsätzlich Preise, die durch einen Fehler im System entstehen und somit deutlich (!) günstiger als normalerweise sind. Trotzdem kann man sie buchen und ohne Probleme wahrnehmen. Der Fehler wird aber meistens schnell behoben, sodass sie immer nur für kurze Zeit zur Verfügung stehen. Das hört sich zuerst gefährlich an, ist es aber absolut nicht. Legal ist es übrigens auch, ist hier zu betonen.

Glückwunsch! Du bist jetzt bestens ausgerüstet, um die günstigsten Pauschalreisen wahrzunehmen. Wenn du Nachrichten von Urlaubsguru erhältst, ist anbei immer ein Link enthalten, welcher dich direkt zur Buchung leitet. Folge einfach den Instruktionen und du kannst direkt über urlaubsguru.de das Angebot wahrnehmen. Sei allerdings schnell, wenn es dir besonders wichtig ist, da die Angebote in der Regel nur für kurze Zeiträume gelten – wenn alles ausgebucht ist, ist es eben nicht mehr vorhanden.

Seitdem wir uns intensiv mit dem Thema befassen, haben wir tatsächlich keine Internetseite finden können, die derartig günstige Angebote so frequent auflistet wie Urlaubsguru.de Auch hier bleibt mir erneut klarzustellen, dass es sich um keine bezahlte Werbung

handelt, wir legen nur unsere Meinungen offen.
Eine Anmerkung jedoch: Solltest du ein konkretes Ziel vor Augen haben, kannst du natürlich auf Urlaubsguru.de versuchen, passende Komplett-Angebote zu finden. In der Regel ist dies aber nicht zielführend und bringt deine Planung nicht voran. Auch wenn es verlockend klingt, beschränke dich nicht auf Urlaubsguru. Es ist lediglich als nützliches Gadget zu verstehen, um zufällige Angebote einzusehen, wenn man zum Beispiel noch nichts geplant hat. Wir fokussieren uns also weiterhin auf Skyscanner und Hotelbuchungseiten, die alle im zweiten Kapitel vorgestellt werden, um eine günstige Reise zu planen / buchen.

Merke: *Solltest du eine Pauschalreise buchen wollen, benutze die Internetseite Urlaubsguru.de. Sie dient aber eher dazu, zufällig günstige Komplett-Angebote zu finden, anstatt konkret eine Reise zu planen. Lege also deinen Fokus auf die Website Skyscanner.*

Kostenanalyse

Im vorherigen Abschnitt haben wir gesehen, dass sich Reisebüros finanziell für uns nicht lohnen. Hier greift ein wichtiger Folgepunkt an, der im Prinzip wenig mit dem eigentlichen Buchen einer Reise zu tun hat. Trotzdem will ich ihn ausführen, weil er von zentraler Wichtigkeit ist und sich in allen Lebenslagen anwenden lässt. Die Rede ist von einer Kostenanalyse, nicht mehr, nicht weniger. Keine Sorge, wir werden keine komplexen Rechnungen durchführen, dazu wäre ich mit meinen doch eher beschränkten mathematischen Fähigkeiten gar nicht in der Lage.

Primär geht es sich darum, sich finanzielle Ziele zu definieren und unnötige Ausgaben zu vermeiden. Beide Punkte sind so enorm wichtig, dass du ein besonderes Augenmerk darauf legen solltest. Klingt auch schlüssig; der größte Feind einer günstigen Reise sind (versteckte und) hohe Kosten.

Wenn du beispielsweise eine Reise planen willst, ist es von essenzieller Wichtigkeit, dir Gedanken darüber zu machen, wie viel Geld du ausgeben möchtest. Noch bevor du Skyscanner öffnest, solltest du dir einen Finanzplan erstellen, den du unbedingt einhalten solltest. Es ist nicht schlimm, wenn man 20€ überzieht, doch es ist mir schon öfters passiert, dass ich hunderte Euros über meinem geplanten Budget lag. Um das zu vermeiden, halte deine eigenen Ziele möglichst detailliert stichwortartig fest. Am wichtigsten ist die Frage, wie viel Geld du insgesamt ausgeben darfst. Wenn du kein steinreicher Großverdiener bist, *musst* du dir einen kurzen Finanzplan erstellen. Schreibe dir die geplanten Kosten für Flüge, Unterkunft und Lebenserhaltung (also z.B. Essen) auf, sodass du zu einer Gesamtsumme kommst. Ein Finanzplan könnte zum Beispiel wie folgt aussehen:

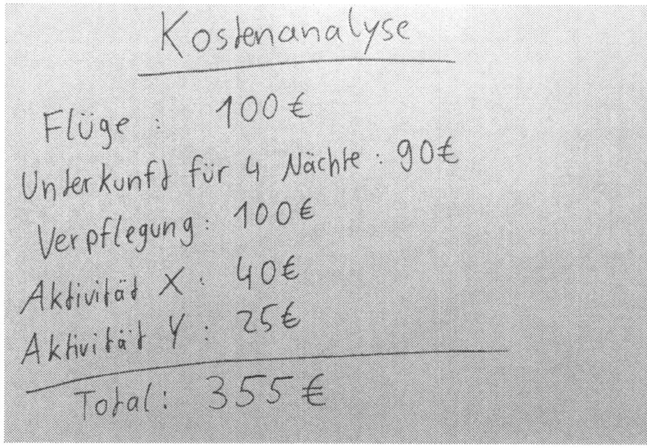

Pufferbereich

Es ist nicht schlimm, wenige Euro zu überziehen, wenn die Durchführung der Reise sonst unmöglich ist. Denke dir im Kopf einen Pufferbereich aus, den du aber nach Möglichkeit nicht nutzen solltest. Wenn du zum Beispiel 500€ für eine Reise einplanst, kannst du dir selbst einen Puffer von z.B. 100€ gutschreiben. Wichtig ist, dass du dir diesen Puffer nicht notierst, nur das eingeplante Budget (500€)! Dein Gehirn gerät sonst in die Versuchung, dem eigentlichen Pufferbereich einen zusätzlichen Puffer zu schenken – willkommen in der Endlos-Spirale!

Also, behalte dir den Puffer klar im Kopf und schreibe dir nur die Gesamtsumme von 500€ auf.

Als ich unsere Reise in die Karibik geplant hatte, fehlte eine derart strikte Kostenanalyse. Im Wahn der Flugbuchungen dachte mein Gehirn, zusätzliche 70€ seien nicht schlimm. Wenn sich das dann 5 mal wiederholt (so wie es bei mir war) ist der Schaden schon deutlich höher. Damals waren die Zuschläge übrigens nur auf Flugbuchungen bezogen, ein großer Fehler, angesichts aller Kosten. Im Laufe der gesamten Reise hatte ich knapp 1000€ überzogen. Damit solche Ausfälle nicht passieren, musst du einen strikten Kostenplan erstellen und dich an diesen halten. Sollte, wie in unserem Beispiel, die Reise insgesamt 640€ kosten, liegt es in deiner Verantwortung, die Reise nicht anzutreten, wenn du es dir nicht leisten kannst.

Im Zweifelsfall entscheiden wir rational und lassen die Finger von einem bestimmten Flug, wenn wir ihn als zu teuer erachten. Gerade im

Bereich von Urlaubsreisen und Flugbuchungen lässt sich viel Geld verprassen und deshalb haben wir eine absolute Null-Toleranz-Politik für überteuerte Angebote eingeführt. Dabei ist zu bedenken, dass sich durch die Flexibilität und Schnelllebigkeit der Branche und ihrer Preisgestaltung oft schon einige Wochen später wieder neue Möglichkeiten auftun, um ein bestimmtes favorisiertes Land zu bereisen. Deshalb gilt es auch, von Anfang an cool und gelassen zu bleiben und sich nicht in bestimmte Angebote hineinzusteigern, sondern eher wie ein Satellit im Orbit zu verweilen und dabei viele Angebote zu scannen, ohne sich zu irgendetwas zu verpflichten.

Nicht selten werden auch Kosten kompensiert. Wenn du zum Beispiel bei der Unterkunft 50€ sparst, hast du 50€ mehr für den Flug zur Verfügung. Wichtig sind vor allem die Gesamtsumme und diszipliniertes Verhalten deinerseits.

Die Kostenanalyse ist ein extrem wichtiges Tool für unsere Entscheidungen. Die Grundidee beinhaltet, Sparmöglichkeiten genauer zu prüfen, je größer die Transaktionssumme ist. Um dies zu illustrieren, möchte ich auf eine kleine Anekdote zurückgreifen, welche ein Freund mir erzählte:

Als jemand aus meiner Familie heiratete, war ich ebenfalls auf der Hochzeit eingeladen. Die Hochzeit war reich geschmückt und es war an alles gedacht – Buffet mit Schokoladenbrunnen, Getränkeservice durch Angestellte, ein sündhaft teurer Ring wartete bereits darauf, an den Finger der Braut angelegt zu werden. Eine Limousine wurde angemietet und es wurden selbstverständlich keine Kosten und Mühen gescheut, um den Nachmittag unvergesslich zu machen. Die Familie ist finanziell in der Mittelschicht angesiedelt. So weit, so gut – schließlich wollte man an diesem einen wichtigsten Tag das Beste erleben, was möglich war.

Ein paar Jahre später war ich mit demselben Bekannten in einer sehr noblen Spielbank im Norden Deutschlands. Da es ein einmaliges Erlebnis werden sollte, hatte ich mir extra vom Opa einen schicken Smoking im 70er Jahre-Stil geliehen, um mich für diesen Abend in Schale zu werfen. Über das Budget für den Casinobesuch wurde zwischen meinem Freund und mir heftig debattiert – wir einigten uns schließlich darauf, jeder 200 Euro mit in die Spielbank zu tragen, und das Beste zu hoffen. Wie erwartet war am Ende des Abends das Geld verspielt, obwohl mein Kumpel zwischenzeitlich über 260 Euro im Plus war! – Aber das war auch nicht weiter schlimm. Schließlich hatten wir bei einem einmaligen Abend unseren Spaß und Nervenkitzel gehabt.

Als das Budget aufgebraucht war, gingen wir in einen Schnellimbiss, um Döner zu essen. Beim Blick auf die Preise wurde mein Kumpel wütend – 4,90 Euro für einen Döner, das könne sich ja niemand mehr leisten. Außerdem kostet der Döner bei ihm in seiner Stadt weniger und überhaupt sei der Preis einfach zu hoch. Auch ich war der Auffassung, die Preise seien unverhältnismäßig. Dabei merkten wir nicht, wie wir uns in Rage redeten und so nahm der Abend ein unschönes emotionales Ende. Im Nachhinein viel mir erst auf, wie töricht wir gewesen waren. Wir hatten zusammen fast 400 Euro verspielt, aber die Drohung, beim Imbiss um die Ecke einen Euro mehr auszugeben, brachte uns völlig aus der Fassung.
Wir hatten unseren Ausgaben völlig unnatürliche Priorität eingeräumt. Was wäre gewesen, wenn jeder nur 100 Euro mit in die Spielbank getragen hätten? Hätten wir nur halb so viel Spaß gehabt? Wohl eher nicht, schließlich hätten wir auch einfach unsere Einsätze drosseln können und die ganz teuren Tische mit hohem Mindesteinsatz auslassen können. Aber wir hatten uns immerzu eingeredet, der Betrag von 200 Euro sei gerechtfertigt, schließlich geht es ja um einen einmaligen Abend. Nun kurz gesagt, mit den 100 zusätzlichen Euro hätten wir monatelang jeden Tag den zusätzlichen Euro beim Imbiss um die Ecke zahlen können, und hätten nach einem Vierteljahr immer noch Geld übrig.
Ähnlich verhält es sich mit der Hochzeit. Wäre der Tag weniger schön geworden, wenn die Limousine eine Größe kleiner gewesen wäre? Hätte die Braut Schaden genommen, wenn weniger Gäste gekommen wären oder diese weniger edle Getränke konsumiert hätten? Wohl eher nicht. Da es „um den wichtigsten Tag im Leben" ging, ist ein Tausender hier oder da nur Mittel zum Zweck und nicht weiter auf den tatsächlichen Wert seiner Transaktion zu prüfen. Irgendeine Ausrede findet sich beim Ausgeben eines großen Betrages immer, warum diese Ausgabe gerechtfertigt ist, oder warum es knausrig ist, in dieser Situation noch aufs „Kleingeld" zu schauen. Hier wird aufgerundet und dort wird das Produkt aus dem Premiumsegment ausgewählt – schließlich ist der Anlass ja jedes Mal ein „ganz besonderer". Mit dieser Maxime packen jedes Jahr zigtausende Familien in Deutschland ihre Koffer und fliegen in den Urlaub, um ihr hart erarbeitetes Geld zu verprassen.

Kurz: Wenn es um große Beträge geht, werden kurioserweise oft beide Augen zugedrückt.

Dieser Fehlschluss scheint zu logisch für unser Gehirn und trotzdem beachtet man ihn im alltäglichen Leben absolut nicht. Das ist nicht nur irrsinnige Logik, sondern wirkt sich auch negativ auf unsere Gefühlslage aus. Wenn wir uns stets aufregen, wenn sich Preise erhöhen, sind wir schlicht und ergreifend unzufrieden.

Jan und ich folgen von Anfang an einer anderen Herangehensweise: Je größer die Beträge sind, welche wir ausgeben, desto genauer wollen wir prüfen, ob wir nicht etwas sparen können: Wenn man weiß, wie man bei den wirklich großen Beträgen Geld spart, kann man die 1,50€ teurer gewordene Pommes lächelnd trotzdem kaufen. Im Grunde bedeutet das, wenn man bei den wichtigen Dingen versucht günstig zu leben, hat man nicht nur deutlich mehr Geld für kleinere Vergnügen zwischendurch zur Verfügung, man wird auch insgesamt glücklicher. Wenn man 500€ für ein Hotel auf den Malediven zahlt, ist es sicherlich eine tolle Zeit, doch man hätte die 500€ auch in viel spannendere Aktivitäten investieren können, welche eine Zeit tatsächlich unvergesslich machen. Von einer Übernachtung in einem Hotel kann man später weniger erzählen als von einem Tauchgang am Riff. Es geht also natürlich auch immer darum, wie speziell eine Zeit sein soll. Wichtig hierfür ist zu verstehen, dass man nicht selten eine bessere Zeit hat, wenn man einfach weniger (oder gar nichts) ausgibt. Hier ein kleiner Vergleich als Hilfe, um nachvollziehen zu können, was ich genau meine:

Im August letzten Jahres residierten wir auf den Malediven in einem ziemlich edlen Hotel. Im selben Monat waren wir in einem billigen Übernacht-Bus in Kambodscha. Du kannst dir jetzt denken, welches Ereignis spannender war. Natürlich war es der Billigbus, eine wirklich interessante Reise durch die Nacht mit verrückten Personen. Man schlief dort zu zweit auf einem harten „Bett". Abgesehen von der Straßenbeleuchtung, die das Einschlafen weitestgehend unmöglich machte, flog man bei fast jeder Kurve gegeneinander. Da wir die einzigen Deutschen an Bord waren, machten die anderen Witze über den Nationalsozialismus und zeigten spaßeshalber den Hitlergruß. Am Anfang wirkt es geschmacklos, weil der Nationalsozialismus ein so ernstes Thema ist, dass wir uns selbst nie erlauben würden, uns darüber zu amüsieren. Jedoch merkten wir, dass nichts davon abwertend uns gegenüber gemeint war, im Gegenteil. Durch eine Offenheit und ein gelassenes Verhalten in jeder Situation, verbindet man sich mit anderen Menschen. Für uns Deutsche ist es ein absolutes Tabu, aus Spaß den Hitlergruß im Bus zu zeigen – natürlich! In

Kambodscha sind die Menschen jedoch nicht aufgeklärt genug über das Thema. Es wird leider weniger Ernst genommen. Dennoch heißt dies nicht, dass die Menschen irgendeine bösartige Intention haben. Sie sind häufig noch nicht mit dem Thema in Kontakt gekommen und können den Ernst so nur schwer einschätzen. Es ist also oft wirklich nur mangelnde Aufklärung und kein menschenfeindliches Denken. Ähnliche Beobachtungen machten wir im Iran und manchen Ländern der arabischen Welt. Das muss man sich klarmachen, vor allem, wenn man in Entwicklungsländern und möglicherweise bildungsschwächeren Regionen unterwegs ist. Man muss sich auf die fremde Mentalität „einlassen" und andere Leute nicht gleich verurteilen. Erst wenn man das tut, realisiert man, wie viele Menschen nichts als Frieden wollen. Wir haben mit den Kambodschanern im Bus geredet, gelacht und die Nacht verbracht. Wir fuhren übrigens von Phnom Penh nach Siem Reap und kamen zwei Stunden früher an als geplant. Also saßen wir morgens um 05:00 Uhr müde und doch zufrieden am Busbahnhof in Siem Reap, wo es von gefährlichen Mücken nur so wimmelte. Wir haben durch die Busfahrt kaum Geld ausgelegt und trotzdem eine wirklich interessante Nacht verbracht. Es muss also nicht immer das teure Hotel auf den Malediven sein, um grandiose Zeiten zu verbringen, oft sind günstigere Möglichkeiten aufregender und spannender. Nur als kleiner Denkanstoß.

Merke: *Manchmal sind günstige Dinge aufregender als teure Dinge.*

So viel zur Kostenanalyse. Wir haben also gelernt, uns eine Liste mit allen vorgesehenen Ausgaben zu machen. Dabei ist ein Pufferbereich okay, dieser darf aber in keinem Fall überschritten werden. Kosten werden oft kompensiert, sodass man das Geld woanders einsetzen kann. Wichtig ist vor allem, bei großen Käufen und Buchungen Geld zu sparen, somit hat man mehr Geld für kleine Freuden im Leben und man wird insgesamt glücklicher. Über kleine Preisanstiege muss man sich dann auch nicht mehr aufregen.

Das Konzept der Kostenanalyse anzuwenden erfordert zunächst Überwindung. Es scheint vielleicht lästig, aber es ist höchst effektiv. Wenn du wirklich günstig reisen willst, ist ein Finanzplan unausweichlich.

Skyscanner Tricks

Auf den folgenden Seiten werden wir uns endlich mit konkreten Suchtricks beschäftigen, die über die normalen Funktionen Skyscanners hinausgehen. Dazu müssen zuerst ein paar grundlegende Dinge geklärt werden. Alle „Tricks" haben wir eigens gefunden. Zum Zeitpunkt als wir das Buch geschrieben haben, kann man alle Tricks anwenden. Es kann passieren, dass durch Updates etc. manche Möglichkeiten verschwinden oder bessere eingeführt werden. Die Wahrscheinlichkeit, dass sich alles maßgeblich ändert, ist unserer Meinung nach aber sehr klein und somit sollten alle Tricks grundlegend funktionstüchtig bleiben. Wenn z.B. ein spezielles Feld in Zukunft nicht mehr existieren sollte, gibt es sicherlich Alternativen, um die gewünschten Daten einzutragen. Sei hierzu einfach neugierig und forsche selbst weiter. Wie bereits im ersten Kapitel beschrieben, ist das Buch mehr als Werkzeugkoffer zu verstehen, mit dem man an vielen Stellen günstiger Reisen kann. Wenn im schlimmsten Fall Skyscanner irgendwann nicht mehr existieren sollte, kann man die Tricks auch auf andere Seiten anwenden, auch wenn sie ursprünglich auf Skyscanner ausgerichtet waren. Mach dir also keine Sorgen um Veränderungen der Internetseiten, es geht sich vielmehr um den methodischen Ansatz.
Für Updates, folge uns auf Instagram @thegermantravelguy / @jandaumin!

Flüge mit Zwischenstopps

Das erste große Themengebiet, über das ich sprechen werde, ist „Flüge mit Zwischenstopps". Ein Zwischenstopp ist einfach eine Zwischenlandung an einem anderen Flughafen, bevor man zum eigentlichen Ziel weiterfliegt. Im Grunde ist es ein „Umsteigen", was man von Fahrten mit der Bahn kennt. In der Einführung hatten wir gesehen, dass man auf Skyscanner solche Verbindungen ohne Probleme finden kann. In der Regel ist es natürlich bequemer *direkt* zu einer Destination zu fliegen und somit sind Zwischenhalte erstmal eher Hindernisse, welche nur unnötig Zeit kosten. Doch es gibt auch Möglichkeiten, einen kurzen Aufenthalt an einem anderen Airport zu verschiedenen Zwecken zu nutzen. So kann es zum Beispiel deutlich günstiger sein, als direkt zu fliegen. So irrsinnig es sich anhört, es ist tatsächlich manchmal günstiger drei Flüge zu nehmen, als wenn man einen Direktflug bucht. Ich war im Oktober letzten Jahres in Nizza, Frankreich. Ich wollte von dort aus möglichst günstig nach Deutschland und habe auf Skyscanner die klassischen Verfahren angewendet. Ich hatte einen Kostenvergleich aufgestellt zwischen Flugpreisen und Bahnpreisen, so wie die An- und Abreisen zu den jeweiligen Airports. Das günstigste Ergebnis, das ich gefunden habe, machte mich für kurze Zeit sprachlos. Von Nizza (NCE) sollte ich zuerst nach Genf (GVA) fliegen. Soweit noch logisch, Richtung Norden und somit in Richtung Deutschland. Dann jedoch war der zweite Zwischenhalt nicht etwa München oder Paris, sondern Madrid (MAD). Von Madrid ging dann ein Flieger „direkt" nach Düsseldorf (DUS). Ich habe exakt diese Route gebucht und wahrgenommen.

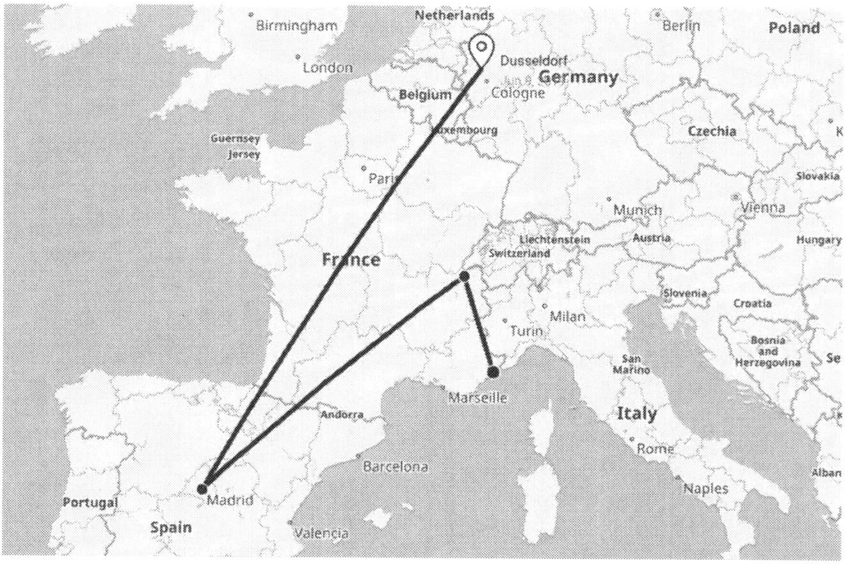

Es fällt schwer zu glauben, dass die obere Verbindung günstiger ist als folgende Route:

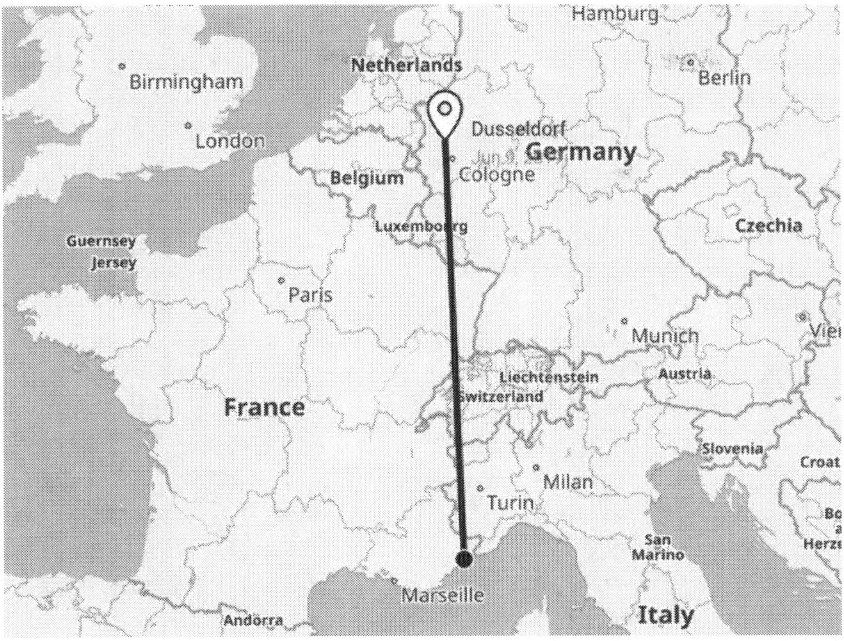

Doch manchmal sind Flugergebnisse einfach ein bisschen „random“. Manchmal gilt es, jegliche Logik über Bord zu werfen und einfach unvoreingenommen auf Ergebnisse einzugehen. Ich erzähle dir nun von einem, zugegebenermaßen seltenen Phänomen, welches sich aber manchmal auf Skyscanner beobachten lässt. Es ist vielleicht noch irgendwie verständlich, dass Verbindungen mit Zwischenstopps günstiger sein können als Direktflüge. Wenn beispielsweise nur eine Flugverbindung zwischen zwei Airports besteht, liegt es nahe, dass eine Alternative günstiger sein kann. Doch jetzt stell dir vor, der einzelne Flug von Madrid nach Deutschland wäre teurer als die gesamte obige Route zusammen. Es handelt vom exakt selben Tag und exakt selben Flug, um das erneut klarzustellen. Das bedeutet, die Flüge von Nizza nach Genf, von Genf nach Madrid und von Madrid nach Düsseldorf sind alle zusammen günstiger als derselbe Einzelflug von Madrid nach Düsseldorf. Klingt völlig absurd, auch für uns. Warum findet Skyscanner dann nicht nur den Einzelflug bzw. warum ist dieser dann teurer? – niemand weiß es wirklich. Fakt ist aber, Skyscanner liefert die richtigen Ergebnisse: Selbst wenn man auf der eigentlichen Website der Fluggesellschaft schaut, wird der Flug fast immer denselben Preis haben. Ich will das Gesagte noch einmal deutlich machen.

Es ist manchmal günstiger von Punkt A über Punkt B nach Punkt C zu fliegen, anstatt einfach nur vom gleichen Punkt B nach Punkt C. In unserem Beispiel hätte also eine Person in Nizza die Möglichkeit, günstiger nach Düsseldorf zu fliegen als ihr hypothetischer Freund, der erst in Madrid zusteigt. Trotzdem würde die Nizza-Person günstiger reisen. Völlig irre!

Zur goldenen Frage: Kann es sich dann lohnen, eine Verbindung zu buchen, von welcher man nur einen Teil wahrnimmt? Das bedeutet, ich befinde mich bereits in Punkt B und will nur nach Punkt C. Vielleicht ist es ja trotzdem günstiger, von Punkt A, über B, nach C zu buchen. Im Beispiel hieße das: Die Person in Madrid bucht einen Flug von Nizza aus, über Genf und über Madrid (hier steigt sie eigentlich erst zu), um dann nach Düsseldorf zu fliegen. Geht das? Die kurze Antwort ist irgendwie ja. Die lange Antwort irgendwie nein. Ich beziehe mich jetzt nicht auf Umweltsünden, lediglich auf das günstige Reisen und, was erlaubt ist. Es ist ein enorm komplexes Thema, welches auch von verschiedenen Fluggesellschaften abhängig ist. Und hier ist Vorsicht geboten. Während ich bei Billigfluggesellschaften bereits mehr als einen Flug hab verfallen lassen, gibt es doch tatsächlich Airlines, die versuchen, gerichtlich gegen Passagiere vorzugehen, die zu einem bestimmten Abschnitt einer gebuchten Route nicht erschienen sind. So gab es zum Beispiel im Jahre 2018 ein Gerichtsverfahren zwischen Lufthansa und einem Passagier, der einen Teilabschnitt seiner Buchung hat verfallen lassen, damit er günstiger reisen kann. Im Grunde ist das genau die Idee, die wir eben zusammen erörtert haben. Lufthansa hat gemerkt, dass er zu seiner Reise nicht angetreten ist, worauf sie über 2000€ Schadensersatz verlangt hatten. Natürlich ist das ein Einzelfall, doch es zeigt die möglichen Risiken, wenn man sich auf solche Spielchen einlässt. Lufthansa hat übrigens argumentiert, das Verhalten des Passagiers verstieße eindeutig gegen ihre AGB. Diese besagen, dass man die einzelnen Abschnitte einer gebuchten Reise auch einhalten muss. Wenn man übrigens den ersten Abschnitt einer Buchung nicht wahrnimmt, kann es sein, dass einem das Boarding verweigert wird. Das habe ich tatsächlich schon selbst miterlebt. Damals wusste ich noch nicht viel über das Buchen von Flügen und bin mit einem Freund nach Polen geflogen. Aufgrund eines Auftritts in einem anderen Land hatte er den ersten Flug der Buchung nicht wahrnehmen können und nahm einen anderen. Wir trafen uns in Polen und wollten zum Schluss gemeinsam zurückreisen. Doch, auch hier war es zufälligerweise Lufthansa, es wurde ihm untersagt, die Rückreise anzutreten. Wir waren wirklich überrascht, weil es aus finanzieller Sicht eigentlich keinen Unterschied macht, ob er den ersten Flug wahrgenommen hat oder nicht. Das Geld hatte er ja komplett im Voraus bezahlt und durch das Nicht-Antreten des ersten Fluges bekam er logischerweise auch nichts erstattet. Das bedeutet, für die Fluggesellschaft ändert sich finanziell nichts. Trotzdem beharrte man vorerst darauf, ihn nicht fliegen zu lassen. Er konnte die Argumentation der Lufthansa ganz und gar nicht nachvollziehen. Infolgedessen gab es am Airport viele Diskussionen und Verhandlungen, zwischen zwei Fronten, die einander nicht zu verstehen schienen. Letztendlich hat man allerdings eine Lösung gefunden und er durfte tatsächlich mitfliegen. Wäre seine Rhetorik jedoch weniger stark gewesen, hätte er sicherlich in Polen verbleiben müssen. Im Zweifelsfall ist es in solchen Situationen wichtig, dass man sich unter keinen Umständen einschüchtern lässt. Nutze deine rhetorischen Fähigkeiten voll aus und behalte deinen festen Standpunkt bei. Manchmal nützt es mehr, fünf Minuten mit einer Person zu diskutieren, als unzählige E-Mails an den „Kundenservice" zu schreiben. Bleib hartnäckig!

Auch wenn es damals nicht gleich zu einem Gerichtsurteil gekommen ist, war das Schema dasselbe, wie bei dem Fall des Passagiers, dem 2000€ Strafe drohten. Ich persönlich denke, dass sich Fluggesellschaften mit solchen Aktionen selbst ins negative Licht rücken, was ihnen letztendlich mehr schadet als alles andere. Der Lufthansa zum Beispiel dürften 2000€ Schadensersatz relativ egal sein, angesichts der vielen verlorenen Fluggäste, die nach so einer öffentlichen Gerichtsschlacht nun wahrscheinlich eher auf andere Airlines ausweichen.

Das Amtsgericht hat damals übrigens gegen Lufthansa entschieden, der Passagier musste nichts zahlen. Die offizielle Begründung lag darin, dass ihre AGB nicht transparent genug seien – also noch einmal Glück gehabt, aus Sicht des Reisenden. Nun ist noch eine Sache klarzustellen: Wir befassen uns in diesem Buch mit dem Thema, wie man am günstigsten reisen kann. Lufthansa ist eine Full-Cost Airline (im Grunde heißt das, Getränke etc. sind inklusive) und ist deswegen fast nie die günstigste Variante, zu fliegen. Bei meiner Geschichte oben wusste ich wie gesagt noch nicht, dass man auch günstiger reisen kann. Da unser Ziel jetzt ist, immer die preiswertesten Angebote zu finden, werde ich nicht weiter auf Full-Cost Airlines eingehen.

Bei Billigfluggesellschaften wie Ryanair ist es übrigens in der Regel deutlich günstiger, den Flug einfach verfallen zu lassen, anstatt ihn zu stornieren. Wenn du vor dieser Entscheidung stehst, lies dir noch einmal gründlich die Konditionen einer möglichen Stornierung durch und entscheide dich dann. Für uns hat es bisher nie Probleme zur Folge gehabt.

Und bei Flügen mit Zwischenstopps?

Gerade bei Verbindungen mit Billigfluggesellschaften bucht man oft über dritte Internetseiten (z.B. Mytrip oder Trip.com), was zur Folge hat, dass man den Check-In ohnehin selbst tätigen muss. Dieser ist für Billigflüge in 99% der Fälle auf einen einzelnen Flug beschränkt – man muss also für jeden Flug einzeln einchecken – auch wenn auf „Mytrip" alles in einer Buchung gelistet ist.

Lange Rede, kurzer Sinn: Flüge verfallen lassen ist *kein* Problem bei Billigairlines, auch in einer Verbindung mit Zwischenstopp.

Angenommen, wir wollen tatsächlich alle Etappen unserer Buchung wahrnehmen, was wahrscheinlich fast immer der Fall sein wird. Unser Thema war ja Zwischenstopps auf Flugreisen. Im Moment reiße ich viele Informationen aus verschiedenen Themengebieten an, was vielleicht manchmal kompliziert sein kann. Die Luftfahrt ist eine sehr große Industrie, die man unmöglich in einem Buch zusammenfassen könnte. Ich beschränke mich also auf die wichtigsten Aspekte. Wenn du irgendetwas noch nicht eindeutig verstanden hast, geh einfach ein paar Seiten zurück und mache dir alles noch einmal klar. Unsere Frage war jetzt, wie man das Beste aus Zwischenstopps machen kann.

Die erste, interessanteste und klügste Idee liegt eigentlich auf der Hand: Wenn man für ein paar Stunden in einer Stadt ist, kann man ein bisschen Sightseeing machen. Im Großraum Europa ist das ab einem Aufenthalt von vier Stunden eigentlich nie ein Problem. Auch international sind die meisten Airports relativ entspannt, was das Transit-Sightseeing angeht. Doch auch hier ist Vorsicht geboten; im August 2018 hatten wir einen achtstündigen Layover auf den Seychellen. Eine traumhafte Inselgruppe im Indischen Ozean, welche schon beim Landeanflug auf den Airport Mahé (SEZ) atemberaubend auf uns wirkte. Der Plan stand fest, wir wollten ein bisschen die Insel erkunden. Immerhin hatten wir acht Stunden und waren für unseren Anschlussflug bereits eingecheckt. Wir landeten und gingen zur Passkontrolle, wo uns der Schlag traf: Wir durften den Airport nicht verlassen und wurden mit vollem Ernst für acht lange Stunden in die Transit-Lounge eingepfercht. Dort gab es keine Möglichkeit, irgendetwas zu unternehmen. Ich hatte einzig und allein meine Jonglierbälle im Handgepäck. Letztendlich habe ich tatsächlich dort einen Weltrekord im Jonglieren mit sechs Bällen aufgestellt – wenn man sonst nichts zu tun hat, bricht man eben Weltrekorde.

Jedenfalls war der Aufenthalt für mich auf den Seychellen somit irgendwie doch noch gerettet. Die „Transit-Lounge" war übrigens der wahrscheinlich teuerste Ort, an dem ich mich auf Planet Erde bisher befand. Ab 12€ für einen Whopper bei Burger King bist du dabei. Burger King hat monopolartige Züge in der Transit-Lounge angenommen, um nicht zu sagen, es ist das einzige Restaurant. Dementsprechend kann ein gesamtes Menü auch mal so viel kosten, dass man davon zwei Abende schick essen gehen könnte. An mir haben sie an jenem Tag zum Glück nichts verdient.

Wir merken uns also, dass es manchmal problematisch sein kann, einen langen Aufenthalt an einem Airport zu haben, den man nicht verlassen darf. Hab also nach Möglichkeit immer eine Notfall-Ration Essen (z.B. Nüsse oder Kekse) im Handgepäck bei dir. So bist du auf alles vorbereitet, genau wie wir.

Wie schon angesprochen, in der Regel funktioniert ein kurzer Ausflug ins Stadtzentrum allerdings ohne Probleme. Oft gibt es Airport-Shuttles, die nicht allzu teuer sind und direkt ins Zentrum fahren. Schöne Beispiele für Airports mit günstiger und schneller Verkehrsanbindung sind Lissabon (LIS), Dubai (DXB) oder Sofia (SOF). Alle drei genannten Flughäfen werden von der lokalen Metro bedient und sind direkt ans Stadtzentrum angebunden. Negativ-Beispiele sind unter anderem Manila, Düsseldorf Weeze oder London Stansted. Auf andere Möglichkeiten, wie man günstig und schnell vom Flughafen ins Zentrum kommt, werden wir später im zweiten Teil „Günstig Fahren" detailliert eingehen.

Das Aufbauverfahren

Im Folgenden werde ich dir den wohl wichtigsten Mechanismus vorstellen, wenn du einen klaren Zielpunkt hast und in einem bestimmten Zeitraum dorthin reisen musst. Dieser Trick basiert auf der Idee, die „offiziellen" Preise zu umgehen und das einzig und allein mit dem Verändern der Suchkriterien. Im April 2018 hatte ich eine Freundin in Israel, welche ich, trotz Schule, dreimal allein im April besuchte. Ich hatte sie tatsächlich auf der anfangs erwähnten IJC, der israelischen Jonglierconvention, kennengelernt. Sie ist YouTuberin und eher wohlhabend, also wollte sie, dass ich binnen zwei Wochen wieder zu ihr komme. Das hat mich vor eine völlig neue Herausforderung gestellt, nämlich wirklich spontan und günstig von A nach B zu kommen. Ich hatte also zwei Wochen Zeit, meinen Hintern ins heilige Land zu bewegen. Wie wir bereits gesehen haben, steigen Flugpreise ab dem Zeitpunkt konstant an, der offizielle Preis von Deutschland nach Israel war bereits knapp 900€. Trotzdem musste ich möglichst schnell irgendetwas buchen, sonst wäre es noch teurer geworden.

Genau hier greift das Aufbauverfahren ein, mit welchem ich den offiziellen Preis von rund 900€ auf unter 100€ drosseln konnte. Ja, von 900€ - 100€ nur durch das simple Verändern von Suchkriterien. Das gesamte Konzept des „Aufbauverfahrens" ist legal. Die meisten kennen es einfach nicht, weshalb sie sich auf die offiziellen Routen und Preise beschränken. Wir vertrauen dem Satz „Think outside the box"; irgendwie kann man den Preis immer senken.

Für das Aufbauverfahren sollten wir einen Laptop oder einen Computer verwenden, auch wenn es auf einem Handy genau gleich funktioniert. Der Unterschied liegt in der Übersichtlichkeit und beim Aufbauverfahren ist sie das A und O. Du wirst viele Informationen erhalten, die dich schnell durcheinander bringen können.

Als Erstes öffnen wir mehrere Tabs im Browser. Für den Anfang genügen drei verschiedene Tabs. Auf allen Tabs rufen wir die uns bekannte Website skyscanner.com auf.

Um nicht durcheinander zu kommen, beschränken wir uns zunächst auf den ersten Tab. Wir geben also als Abflugsort „Deutschland" oder je nach Wohnort andere Länder wie Belgien oder Österreich ein. Bisher haben wir alles exakt gleich in den vorherigen Kapiteln erarbeitet. Als Ziel geben wir auch hier „Alle Orte" ein. Der erste Unterschied des Aufbauverfahrens ist nun, dass wir das Datum nicht so oberflächlich wie gewohnt suchen können. Wir müssen also genauer werden. Warum genau das so ist, wirst du schnell selbst merken.

Wir wählen also als Zeitraum einen bestimmten Tag aus. Nachdem alles eingestellt ist, klicken wir auf „Suchen". Wir kriegen nun, wie üblich, preislich geordnet alle Länder angezeigt. Bisher solltest du dich noch bestens auskennen.

Wir müssen uns erneut kurz vor Augen führen, wofür wir das Aufbauverfahren genau anwenden:

Wir wollen möglichst günstig von einem Startpunkt (bei uns) an ein fix definiertes Ziel kommen. Dabei wollen wir möglichst schnell das Ziel erreichen.

Wir schauen uns also jetzt das erste, also günstigste, Ergebnis an. Bei mir war es zum Beispiel Großbritannien. Jetzt ist Großbritannien wahrscheinlich noch nicht unser tatsächliches Ziel.

Wir öffnen also den zweiten Tab und suchen nun von Großbritannien nach „Alle Orte" am selben Tag. Wir schauen uns wieder die günstigsten Ergebnisse an. Möglicherweise erreichst du durch den ersten Zwischenstopp bereits völlig andere Länder für weniger Geld. Langsam merkst du wahrscheinlich, in welche Richtung sich das Aufbauverfahren entwickelt. Wie der Name verrät, bauen die Destinationen aufeinander auf.

Man sucht von A nach irgendwo und findet B.
Dann sucht man von B nach irgendwo und findet C.
Dann sucht man von C nach irgendwo und findet D.
D ist vielleicht dann schon unser gewünschtes Ziel. Tatsächlich braucht es nur selten Verbindungen über zwei Zwischenstopps, um maximal günstig an einen Ort zu kommen.

Jedenfalls schauen wir uns wieder alle Ergebnisse im zweiten Tab an. Hilfreich kann auch sein, wenn man schaut, zu welchem Preis das von uns angestrebte Zielland bzw. die Zielstadt angezeigt wird. Wenn wir noch nicht zufrieden sind, ist der nächste Schritt, das Datum im zweiten Tab auf einen Tag später einstellen.

Wenn im ersten Tab der 4.5. ausgewählt ist, stellen wir den 5.5. im zweiten Tab ein. Warum?
Oft gibt es Flüge ganz früh nachts oder morgens, welche man natürlich nicht sieht, wenn man nur ein Datum untersucht. Generell ist es meist kein Problem, eine Nacht an einem Airport zu verbringen oder zu schlafen. Vor allem, wenn du jung und flexibel bist, hast du hier viele Chancen, Geld zu sparen. Wie man am besten am Airport schläft und somit gratis übernachtet, thematisieren wir in Teil 3 dieses Buches. Angenommen, auch am nächsten Tag haben wir keine Chance, günstig an unser Ziel zu kommen. Dann stellen wir uns die Frage, welche Parameter wir noch verändern können.

Nun wird es eben ein bisschen ausgefuchst. Das Aufbauverfahren bietet wirklich unzählige Möglichkeiten, irgendetwas an einer Flugsuche zu variieren. Man kann zum Beispiel von einem Nachbarland aus fliegen. Dementsprechend ändern sich dann bereits die Ergebnisse im ersten Tab – und alles andere auch. Du erkennst bereits, warum Übersicht das wichtigste Gebot des Aufbauverfahrens ist. Wenn du wirklich komplexe Routen suchst, hast du teilweise enorm viele Tabs offen, plus deine Karte, die du auch hier immer geöffnet haben solltest. Einmal hatte ich tatsächlich 46 verschiedene Tabs offen, um eine Route auszuklügeln. Das hört sich wahnsinnig kompliziert an. Das Verfahren bleibt aber immer das exakt gleiche. Solange du den Überblick behältst, ist es nicht besonders verwirrend.

Lucas Tipp: Es wird früher oder später darauf hinauslaufen, dass du spezielle Tabs offen lässt, weil das Angebot zumindest in Frage kommt.
Du wirst dann in anderen Tabs versuchen, die Route noch angenehmer, günstiger oder was auch immer zu gestalten. Um zwischen den verschiedenen Zweigen klar differenzieren zu können, benutze einfach einen leeren Tab, welcher nur zur Abgrenzung dient. Ob du es glaubst oder nicht, deine Übersicht kann hierdurch entscheidend verbessert werden.

Generell empfiehlt es sich bei ersten Planungen einer längeren Reise ein Baumdiagramm auf ein übersichtliches Blatt Papier zu skizzieren. Die verschiedenen Zweige sind die verschiedenen Optionen und Folgeoptionen. So hast du eine klare Struktur und kannst beispielsweise ohne Probleme den voraussichtlichen Gesamtpreis errechnen.

Zurück zum Aufbauverfahren.

Was passiert denn jetzt, wenn das Verändern mancher Kriterien die Suche nicht maßgeblich verbessert?
Jetzt kommt der wohl wichtigste Mechanismus ins Spiel.
Im ersten Tab sehen wir uns alle Ergebnisse an.
Wir haben bisher nur das erste Ergebnis (weil am günstigsten) genommen und es in den zweiten Tab eingefügt. Wenn es kein Erfolg brachte, nehmen wir im ersten Tab das zweite Ergebnis. Dieses tragen wir als Startpunkt im zweiten Tab ein und suchen erneut.
So arbeiten wir uns immer weiter runter, um alle Möglichkeiten auszureizen.
So logisch es klingt, die wenigsten Menschen würden selbst auf die Idee kommen, den Mechanismus anzuwenden.
Aber dafür kennst du ihn jetzt. Es ist fast immer so, dass du irgendwann ein Abflugland hast, welches dich günstiger als erwartet an dein gewünschtes Ziel bringt. Ich gebe zu, wenn man über einige Suchen hinweg nicht vorankommt und keinen Erfolg hatte, kann das Aufbauverfahren schnell relativ lästig und frustrierend sein. Lass dich aber davon nicht beunruhigen, denn für die allermeisten Fälle ist es eben der beste Weg, günstige Flüge zu finden. Arbeite dich einfach von oben nach unten und von Tab zu Tab durch und versuche möglichst viele Parameter zu variieren. So lernst du nebenbei auch die normalen Flugpreise für verschiedene Routen kennen und erlangst ein grundsätzliches Verständnis von Airlines, Airports usw. Behalte jetzt auch immer die bisher günstigste Alternative im Auge und trenne sie mit einem leeren Tab ab.

Kurz zusammengefasst: *Wir schaffen uns unsere eigenen Flüge mit Zwischenstopps!*

Nun zur Preisfrage:
Warum werden die Verbindungen denn nicht einfach als Connecting Flights in den normalen Ergebnissen angezeigt? Die Antwort dafür ist komplexer als man es zuerst erwarten würde. Auch ich kenne nicht alle Gründe. Einer der wichtigsten ist allerdings, dass Verbindungen, bei denen man eine Nacht am Airport schlafen muss, eher selten gefunden werden. Die Anbieter möchten eben, irgendwie auch verständlich, möglichst angenehme und barrierefreie Verbindungen anbieten. Wenn wir allerdings einen niedrigen Preis anstreben, müssen wir eben manchmal den Komfort aufgeben und selbst Initiative ergreifen.

Einen Nachteil muss ich an dieser Stelle erwähnen:
Sollte der erste Flug einer separat gebuchten Verbindung eine Verspätung haben, dass man den Anschlussflug verpasst, hat man natürlich auch kein Recht auf Schadensersatz oder einen kostenlosen Weiterflug. Plane also immer genügend Umsteigezeit ein, um deinen Anschlussflug auch sicher zu erreichen. Als Faustformel gelten hier vier Stunden. Denn sobald ein Flug vier Stunden Verspätung hat, kann man feste Entschädigungen von der Fluggesellschaft verlangen. Die Entschädigungsleistungen sind dann normalerweise so hoch, dass ein neuer Flug komplett gedeckt ist. In der Praxis kommt es aber ohnehin selten vor, dass Flüge tatsächlich vier Stunden Verspätung haben.

Im März 2018 haben wir einen Wochenendtrip nach Dubai unternommen, wobei wir von Deutschland erst nach Istanbul geflogen sind und dann von Istanbul nach Dubai. Ich hatte das Aufbauverfahren angewendet, wodurch die Verbindung deutlich günstiger war, als alle offiziellen Routen. Wir mussten in Istanbul den Flughafen wechseln, die Umsteigezeit betrug nur etwa drei Stunden und unser Flug hatte Verspätung. Tatsächlich haben wir es aber noch geschafft, indem wir ein direktes Taxi zum zweiten Airport genommen haben. Hätten wir es allerdings nicht rechtzeitig geschafft, wär es allein unser Pech gewesen, da ich die Verbindung einzeln gebucht hatte.

Merke: *Versuche beim Aufbauverfahren immer mindestens vier Stunden Umsteigezeit zu berücksichtigen. Du kannst dich auch an kürzere Umsteigezeiten wagen, aber dann musst du selbst das Risiko eingehen.*

Das Aufbauverfahren bietet uns also die Möglichkeit, eigene Verbindungen zu finden, die offiziell gar nicht angeboten werden. Wenn man kreativ genug ist, lässt sich mit dieser Taktik noch einiges mehr herausholen, als auf den ersten Blick erkennbar ist.
Angenommen man findet einen günstigen Flug nach Moldawien (im ersten Tab). Infolgedessen sucht man von Moldawien aus einen Flug nach „Alle Orte" im zweiten Tab. Jetzt ist man mit den Ergebnissen nicht zufrieden und auch das Verändern des Datums bringt nicht viel mehr. Doch anstatt aufzugeben, kann man einen Flug von Iași (Rumänien) nach „Alle Orte" (im zweiten Tab) suchen und hat gute Chancen, günstige Preise zu erhalten. Iași liegt nämlich direkt an der moldawischen Grenze, in dessen Nähe sich auch der Airport Chișinău (KIV) befindet. Von Moldawien nach Rumänien zu kommen ist kein Problem und auch nicht besonders teuer. Iași hat des Öfteren

preiswerte Verbindungen in den Nahen Osten, sodass sich eine solche Verbindung durchaus lohnen kann. Wir sehen hier noch einmal, wie wichtig es ist, immer eine Karte vor Augen zu haben, um mögliche Routen zu visualisieren.
Ein zweites Beispiel, um die Möglichkeiten des Stufenverfahrens hervorzuheben: Nehmen wir einmal an, wir haben einen günstigen Flug nach Poznan (POZ) in Polen gefunden. Wir müssen uns nun im zweiten Tab nicht auf Poznan (POZ) beschränken, sondern können von Polen aus nach „Alle Orte" suchen. Innerpolnische Züge und Busse sind wirklich günstig, was auch etwas komplexere Routen legitimiert. Wenn wir nun zum Beispiel von Gdansk (GDA) einen billigen Flug zu unserer Wunschdestination finden, ist es kein Problem, die Route zu wählen. Es sollte bloß sichergestellt werden, dass die Zeit ausreicht, von einem Airport zum anderen zu gelangen. Wenn wir uns Poznan auf der Karte erneut anschauen, merken wir, dass auch Berlin nicht weit entfernt liegt. Zwar ist es von Deutschland aus irrsinnig, erst nach Poznan zu fliegen, um dann nach Berlin zurückzukehren, doch es bietet uns andere Möglichkeiten:

Wenn wir einmal keinen günstigen Rückflug nach Deutschland finden, kann man dann auf Poznan zurückgreifen. Ich bin tatsächlich einmal in Poznan gelandet, nur um dann mit dem Bus nach Berlin zu fahren. Abgesehen davon, dass es mit Abstand die günstigste Alternative war, habe ich durch die längere Reisezeit viele coole Menschen kennengelernt, was auf der direkten Route zurück nach Deutschland sicherlich unwahrscheinlicher gewesen wäre. Wer es wirklich drauf ankommen lassen möchte, kann sich dann auch erneut ins Gedächtnis rufen, dass innerpolnische Züge und Busse grundsätzlich billig sind. Man könnte also auch von einer Destination X nach Warschau fliegen, um dann nach Poznan zu fahren und dann nach Berlin. Oder man landet in Warschau und findet von Warschau aus einen günstigen Flug nach Deutschland, wo wir wieder beim Aufbauverfahren sind. „Sky is not the limit, your mind is!"

Du siehst also, mit ein paar kreativen Ideen und einem Blick für die gesamte Situation, lassen sich unzählige Möglichkeiten finden, für wenig Geld von A nach B zu kommen – auch wenn es manchmal von A nach B, über C, D und E ist.

Skyscanner ist über die letzten Jahre übrigens auch „flexibler" geworden und findet zunehmend längere Verbindungen – auch teils über Nacht.

Das Aufbauverfahren in Stichpunkten:

(Wenn du irgendetwas noch nicht klar verstanden hast, lies dir das Kapital noch einmal fokussiert durch)

- Wir öffnen mehrere Tabs mit skyscanner.com + ein Tab für eine Karte
- Wir suchen im ersten Fenster von einem Land / einer Stadt nach „Alle Orte"
- Wir tragen das günstigste Ergebnis der ersten Suche im zweiten Tab als Abflugort ein und suchen erneut nach „Alle Orte"
- Für den nächsten Tag suchen, da eine Übernachtung am Flughafen fast immer möglich ist
- Schritt wiederholen (für zwei Zwischenstopps)
- Bei erfolgloser Suche das zweite Ergebnis im ersten Tab fokussieren und selbiges im zweiten Tab als Abflugort eingeben
- Wir arbeiten uns von oben (günstig) nach unten (teuer) und wenden das Verfahren an
- Kreative Wege finden und Routen auf der Karte ausklügeln (Nachbarländer, andere Städte, längere Zwischenstopps)
- Billigstes Ergebnis finden ;)

Vielleicht wirkt das Verfahren am Anfang noch ein bisschen komplex, doch du wirst sehen, wie viel Spaß es macht, sich der Aufgabe zu stellen. Außerdem wirst du dich schnell einarbeiten können und ein Gespür dafür kriegen, was man eigentlich sucht. Für das Geld, das man spart, lohnt sich jeder Aufwand. Ich erinnere an die spontanen Flüge nach Israel, die ich durch diese Methode von 900€ auf 100€ senken konnte.

Sonstige Tipps für das Finden günstiger Flüge

Secret Flying

Die Website secretflying.com ist darauf spezialisiert, Error Fares so wie stark reduzierte Flugpreise zu listen. Dabei werden alle Angebote der Aktualität nach sortiert, um Fehler zu vermeiden. Wichtig dabei ist, Secret Flying ist kein Buchungsportal. Letztendlich sind es meist einfach Skyscanner Links, die die Website verlinkt. D.h. auch, dass wir fast alle Angebote auf Secret Flying selbst hätten finden können. In der Praxis ist es aber so, dass man unmöglich alle Strecken, Airlines und Destinationen im Blick behalten kann. Durch die Website Secret Flying kriegen wir sozusagen eine Auflistung von heißen Preisen, die wir sonst vielleicht übersehen hätten. Auf der Homepage kannst du übrigens einfach oben in der Zeile deinen Kontinent auswählen und bekommst somit nur Angebote angezeigt, die von diesem Kontinent aus starten. Schon oft haben wir durch Secret Flying Angebote wie Barcelona – New York 160€ Return gefunden. Das ist wirklich unbeschreiblich günstig.

Unser Tipp: Nutze Secret Flying als Inspiration und Ergänzungstool, aber nicht als Hauptseite, um günstige Flüge zu finden. Bei Skyscanner kannst du eben viel präziser und auf deine Wünsche zugeschnitten nach Flügen suchen. Es lohnt sich jedoch, vor allem wenn man unsicher ist, wo man überhaupt hin möchte, einen Blick auf Secret Flying zu werfen.

Cookies löschen

Flugpreis-Algorithmen völlig zu durchschauen ist ein Ding der Unmöglichkeit. Flugpreise sind generell flexibel und werden durch unzählige Faktoren definiert, auf die wir keine Einflussmöglichkeit haben. Dennoch gibt es bestimmte Handlungen, die dazu führen

können, dass Flugpreise binnen Minuten teurer werden. Auf diese haben wir sehr wohl Einfluss. Die Internetseiten aller Flugsuchmaschinen arbeiten mit Cookies und werten die Daten aus, die wir als Interessenten in die Suchmaschine eingeben.
Um jetzt die Geschehnisse zu verdeutlichen, die stattfinden, wenn wir eine Route suchen, eignet sich die Metapher des Trampelpfads:
Stell dir einmal vor, du hast ein riesiges bewachsenes Feld vor dir. Jetzt gehst du einen bestimmten Weg quer durchs Feld und zertrampelst dabei einige Pflanzen. Wenn du beim nächsten Mal einen anderen Weg gehst, fällt der Unterschied kaum auf und der Bauer merkt nichts. Wenn du aber den ersten Trampelpfad immer wieder nutzt, werden immer mehr Pflanzen niedergetreten. Irgendwann bemerkt der Bauer deinen Trampelpfad und vernichtet diesen, damit das Feld wieder gleichmäßig wächst.
Genauso verhält es sich bei Suchmaschinen für Flüge:

Je öfter du eine Route suchst, desto wahrscheinlicher werden sich die Preise erhöhen.

Der Bauer symbolisiert in der Metapher die Algorithmen, die irgendwann erkennen, dass die Verbindung sehr gefragt wird. Infolgedessen werden die Preise teurer und der Trampelpfad vernichtet.
Tatsächlich kann schon nach zwei bis drei gleichen Suchen ein deutlicher Preisanstieg entstehen. Das Ziel ist also, die Ergebnisse möglichst wenig zu „aktualisieren", weil dafür immer automatisch eine neue Suche getätigt wird.

Dabei gilt: *Je konkreter die Suche, desto wahrscheinlicher ist ein Preisanstieg.*

Irgendwie ist das auch logisch; wenn du von den USA aus nach „Alle Orte" suchst, ist es eher unwahrscheinlich, dass der Algorithmus sofort den Preis von Miami nach Mexiko-Stadt erhöht. Dies ist ein weiterer Grund, warum es immer hilfreich ist, möglichst oberflächlich zu suchen, wie wir bereits im ersten Kapitel geklärt haben.

Merke: *Durch oberflächliche Suchen können wir einen Anstieg von Flugpreisen vorbeugen. Man sollte konkrete Verbindungen nicht zu oft aktualisieren und neu suchen, weil dadurch ein Preisanstieg wahrscheinlich wird.*

Wie lösche ich Cookies?
Was genau Cookies sind und wie du diese löschen kannst, hängt ein bisschen vom Browser ab, den du nutzt. Dazu kannst du einfach kurz im Internet nachschauen und etwas googeln wie „Cookies löschen Chrome". Es folgen dann konkrete Anweisungen.

Zwar kann man die Analyse der Daten sowieso nicht vollständig verhindern, doch man kann durch das Löschen der Cookies zumindest dazu beitragen, dass die Möglichkeit besteht, die Flugpreise länger günstig zu halten.

Jetzt zur Umkehrfrage:

Wie schaffen wir es, dass Flugpreise *günstiger* werden?

Tatsächlich ein Sinken von Flugpreisen gezielt zu provozieren ist beinahe unmöglich. Wir müssen als Ausgangspunkt immer die Flugpreise kalkulieren, die wir tatsächlich finden können. Es gibt jedoch ein paar Ereignisse, die dazu führen können, dass sich der Preis für bestimmte Flüge reduziert. Durch ein solches Ereignis habe ich den günstigsten Flug gefunden, den ich je buchen konnte (abseits von Aktionen usw.) – für 0,84€ von Norwegen nach Polen.
Wie ist das passiert? Ich hatte den exakt gleichen Flug für zwei Personen vorher für etwa 10€ gebucht, was ja auch noch recht günstig ist. Wenige Minuten nach der erfolgreichen Buchung, habe ich noch einmal geschaut, welche zusätzlichen Optionen ich gehabt hätte. Dann sah ich auf einmal folgendes Ergebnis:

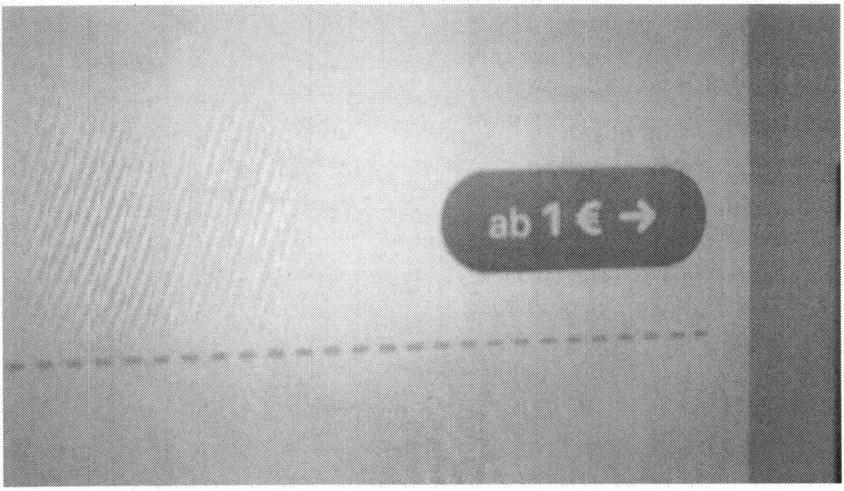

Der Preis hatte sich nach der Buchung nochmals reduziert und war jetzt mit „ab 1€" vermerkt. Aus Interesse habe ich also die Buchung durchgespielt und auf der Buchungsseite stand dann der tatsächliche Endpreis von 84 Cent. Ein ganzer Flug billiger als ein Cheeseburger bei Mc's. Billiger als ein stilles Wasser vom Automaten. Beachtlich.

Selbstverständlich kann man nicht darauf spekulieren, dass Flüge nach einer Buchung stets günstiger werden. Zusätzlich muss man erstmal jemanden finden, der dann den teureren Flug überhaupt bucht. Für uns hat diese Information also fast keine Bedeutung, wobei ich es dennoch zu interessant fand, um es nicht zu erwähnen.

Preise auf den Internetseiten der Fluglinien vergleichen

Eine praktikablere Möglichkeit, um vielleicht doch noch einen Nachlass der Preise zu bewirken, ist das Vergleichen der Preise auf der tatsächlichen Website der Fluggesellschaft, die den Flug durchführt. Es kann nämlich vorkommen, dass Drittanbieter versteckt zusätzliche Kosten berechnen, die bei der Fluggesellschaft wegfallen – selbstverständlich wollen die Drittanbieter auch ihren gewissen Teil mitverdienen. Das ist aber recht selten der Fall. Normalerweise bucht man bei Drittanbietern günstiger als bei der Fluglinie selbst.

Zusätzlich gibt es die Chance, durch Rabatte und Aktionen besondere Tarife zu ergattern, die Skyscanner nicht finden kann. Vielleicht erinnerst du dich an den Anfang des Buches, als ich sagte, dass wir 95% der Flüge über Skyscanner finden. Die anderen 5% fallen nämlich unter die Aktionsangebote der einzelnen Fluggesellschaften. Hier im Fokus stehen Billigfluggesellschaften wie Ryanair. Meist finden diese Aktionen an oder vor Feiertagen statt. Das bedeutet, man kann bei den „Advents-Angeboten", den „St. Patricks Day Preisen" oder beim „Osterrabatt" zuschlagen. Diese Aktionen dauern oft nur 24 Stunden, sodass Skyscanner kaum genug Zeit hat, die Ergebnisse zu aktualisieren. *Das sind die billigsten Flüge, die wir finden können.*

So kann man für unter 2€ nach Mallorca, für 4€ nach Bosnien und Herzegowina, für 1,25€ nach Alicante in Spanien, für 7€ in die Ukraine, für 6€ nach Marokko, für 4€ nach Mailand, für 3€ nach London und es gibt jede Menge andere Angebote. Dabei sind die Flüge nie auf einen Tag beschränkt, es sind meist „kurzzeitige Fixpreise". Du hast also ein paar Tage Flexibilität, um entspannt das beste Datum für dich auszuwählen. Es hört sich zu perfekt an, sodass man irgendwo einen Haken vermutet. Doch es gibt keinen! Das sind einfach die günstigsten

Flüge, die wir buchen können. Folge also Ryanair, Wizz Air und easyJet auf Instagram, weil sie hier oft solche Aktionen ankündigen. Du kannst dann die Website aufrufen und findest die Angebote ohne Probleme.

Die Angebotsregel greift also immer dann, wenn wir im Moment einen Feiertag feiern. Betrachte dabei nicht nur deutsche Feiertage, sondern auch internationale Feste, wie Thanksgiving, St. Patricks Day etc.

Warum will man als Fluggesellschaft so günstige Flüge anbieten? Ist das nicht total unklug aus wirtschaftlicher Sicht?
Jein. Sie würden es ja nicht machen, wenn es keinen Nutzen für sie gäbe. Außerdem verdient Ryanair auch an anderen Stellen Geld, zum Beispiel durch das Anbieten von Hotels und Ferienwohnungen mit „Ryanair Rooms". Hinzu kommt, dass die Angestellten eher weniger verdienen als bei anderen Fluglinien. Wir haben selbst bereits mit Mitarbeitern gesprochen, die die Kritik in den Medien jedoch völlig überzogen finden. Für sie ist es ein Job, der Spaß macht und trotzdem noch gut bezahlt wird, selbst, wenn man vielleicht nicht so viel verdient wie bei anderen Airlines. Im Übrigen hat Ryanair Chef Michael O'Leary die Vision, in naher Zukunft Gratis-Flüge anzubieten. Er wolle dann nur von dem Geld bestehen können, das die Leute in den Airports ausgeben. Daran würde Ryanair mitverdienen und könnte so kostenfreie Flüge ermöglichen. Man kann über ihn sagen, was man will, aber das verdient meinen Respekt. Er ist ein Visionär mit dem Ziel, das Reisen zugänglich für alle Schichten der Bevölkerung zu machen. Zusätzlich ist das Fliegen mit Billigfluggesellschaften pro Kopf deutlich emissionsarmer, weil es auf den Flügen keine Business- oder First-Class gibt. Dadurch passen mehr Passagiere auf engen Raum, was den pro-Kopf- Ausstoß verringert. Aus dem Grunde spricht nicht viel gegen das Vorhaben. Es durchzusetzen wäre eine Revolution. Stell dir vor, du könntest gratis durch Europa fliegen. Seit 2020 ist der Nahverkehr im gesamten Land Luxemburg gratis. Auch wenn es auf längere Distanzen schwierig scheint, gibt es offensichtlich Menschen wie Michael O'Leary, die genau diese Vision verfolgen.

Nun, rufe dir noch einmal das Aufbauverfahren in Erinnerung. Stell dir vor, du findest einen 2€ Flug nach London und am nächsten Tag einen „etwas teurer als erhofften" Flug von London nach New York. Jetzt hast du möglicherweise mit dem 2€ Flug so viel Geld kompensiert, dass du trotzdem nach New York reisen kannst. Oder du findest, auf der Aktionsseite von Ryanair, einen Flug von London aus für 4€ in eine andere europäische Stadt, die du von Deutschland aus nicht so günstig anfliegen könntest. Somit wärst du für insgesamt 6€ in dieser Stadt, obwohl die Preise von Deutschland aus deutlich teurer sind. Die Angebotstage sind also immer eine Welt für sich. Man kann sie mit Skyscanner verbinden und sich so eigene Routen schaffen oder man verwendet das Aufbauverfahren innerhalb der Angebote selbst.

Merke: *Besonders in den Zeiträumen von Feiertagen kann es sich lohnen, Flüge auf den Seiten von Fluggesellschaften zu suchen. Besonders Ultrabillig-Airlines wie Ryanair haben dann oft Aktionen, die uns die günstigsten Flüge überhaupt bescheren. Folge dazu den Airlines auf Instagram, um keine Angebote zu verpassen.*

Folge auch uns @thegermantravelguy @jandaumin, da wir in unseren Storys Updates zu solchen Aktionen posten.

Flugbuchung

Wir haben also jetzt auf Skyscanner (oder auf der Seite der Fluggesellschaft) einen günstigen Flug gefunden und wollen diesen buchen. Wenn du deinen Flug direkt bei der Fluggesellschaft gefunden hast, schließt du den Kauf auch bei der Seite der Airline ab. Für alle Anderen startet der Prozess auf der Ergebnisseite von Skyscanner, wie du gleich sehen wirst. Einen billigen Flug zu finden ist die eine Sache; ihn letztendlich zu buchen die andere. Wenn du denkst, man könne jetzt nicht mehr viel falsch machen, muss ich dir leider Unrecht geben. Gerade beim Buchen eines Fluges entstehen die meisten Unkosten, die man aber ohne Probleme vermeiden kann. Deswegen gibt es dieses Kapitel. Ich werde dich Stück für Stück durch eine gesamte Flugbuchung führen und dir zeigen, was man bei welchen Schritten beachten muss. Auch hier ist es wieder als eine Art Werkzeugkasten zu verstehen, der sich auf alle Buchungsseiten anwenden lässt. Als Flugbuchung bezeichnet man den Teil der Flugsuche, in welchem man den gefundenen Flug käuflich erwirbt. Nach einer Flugbuchung ist also das Verfahren der Flugsuche beendet und man erhält sein Ticket. Unser jetziges Kapitel handelt also vom letzten Schritt einer jeden Planung. Diesen Schritt sollte man aufmerksam verstehen, da hier der finale Betrag ins Spiel kommt und man zahlungspflichtig wird. Du wirst also lernen, wie du den gefundenen Flug auch zum angegebenen Preis erwerben kannst, ohne dass Unkosten addiert werden.

Wir befinden uns also auf der Ergebnisseite von Skyscanner. Bis zu diesem Punkt habe ich jeden einzelnen Schritt in den vorherigen Kapiteln ausgeführt. Welche Variante du nutzt, um zur Ergebnisseite zu gelangen, spielt dabei keine Rolle. Vielleicht hast du Hin- und Rückflug gesucht, nur einen Einzelflug, oder du hast dir mit dem Aufbauverfahren deine eigene Verbindung geschaffen. Im letzten Fall hast du natürlich mindestens zwei Tabs offen und musst den Schritt dementsprechend mehrfach durchführen.

Tipp: *Wenn du eine Aufbauverfahren-Buchung durchführst, führe sie wirklich gleichzeitig aus. Bringe die Tabs nebeneinander und versuche beide Buchungen zur selben Zeit abzuschließen. Nur so wird vermieden, dass einer der Preise ansteigt. Führe also alle Schritte, die wir im Folgenden besprechen, in beiden Tabs synchron aus, anstatt sich nacheinander um die Verbindungen zu kümmern.*

Der Einfachheit halber erkläre ich den Buchungsablauf eines einzelnen Fluges. Wir haben also unsere Ergebnisseite vor uns und verifizieren noch einmal, dass die Spalte „Billigster Flug" ausgewählt ist. Wenn die Bedingungen passen, wählen wir natürlich den ersten Flug aus. Dazu drücken wir auf das grüne Feld „Angebot prüfen".

Warum muss das Angebot geprüft werden?
Es kann sein, dass bestimmte Angebote seit ein paar Minuten oder Stunden nicht mehr verfügbar sind. Das heißt im Umkehrschluss auch, dass alles bisher eine „Schätzung" des Preises von Skyscanner war. In 95% der Fälle macht Skyscanner aber keine Fehler und so können wir diesen Fakt ignorieren. Manchmal kann es aber dann sehr ärgerlich sein, wenn man denkt einen guten Flug gefunden zu haben und dann das Angebot nicht mehr verfügbar ist. Ich wollte dies nur kurz erwähnen, für den Fall, dass Skyscanner bei dir mal einen Fehler macht – passiert! Wie gesagt ist es allerdings ziemlich selten und stellt für uns keine relevante Information dar. Wenn wir auf „Angebot prüfen" tippen, kommen wir zu einer weiteren sehr wichtigen Seite:

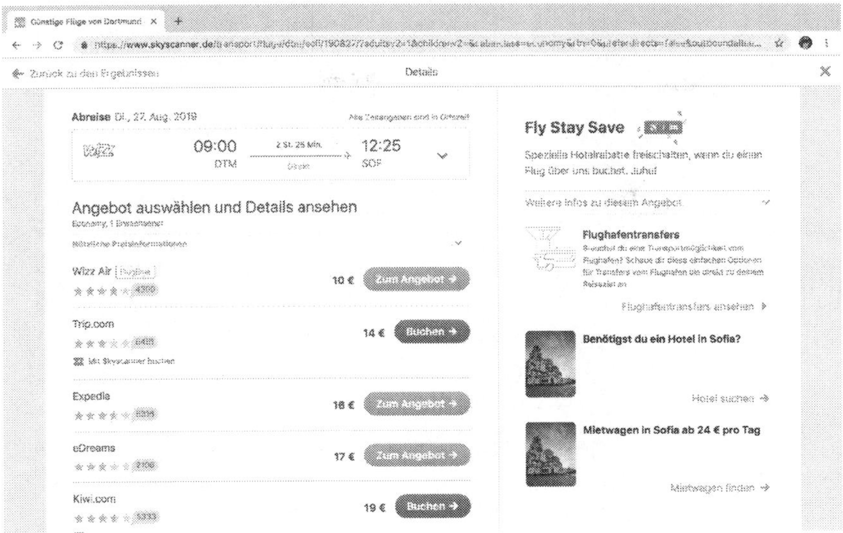

Diese Seite nennen wir die „Angebotsseite". Oben in der Box sehen wir nochmal den ausgewählten Flug. Über der Box ist zusätzlich noch das Datum des Fluges vermerkt. Nachdem wir alle Angaben noch einmal auf Richtigkeit geprüft haben, schauen wir uns unten die Tabelle mit den verschiedenen Anbietern und Angeboten an.

Links steht immer der jeweilige Anbieter. Unter dem Namen können wir anhand der Sterne die Meinung der Kunden zum Anbieter sehen. Diese Rezensionen sind echt und bewerten Kriterien wie Übersichtlichkeit und zusätzliche Gebühren.

Wie wir bereits sehen, kommt es eigentlich nie vor, dass ein Anbieter eine schlechtere Bewertung als drei Sterne aufweist. Das liegt daran, dass im Prinzip alle hier aufgeführten Anbieter schlicht und ergreifend seriös sind. Die Wahrscheinlichkeit, hier einem Scam zum Opfer zu fallen, ist verschwindend gering. Dennoch haben die jeweiligen Bewertungen ihre Berechtigungen. Das wohl wichtigste Kriterium für mich ist die Auswahl und Vielfalt der Zahlungsmethoden. Damit einher gehen auch zusätzliche Gebühren, die beispielsweise durch eine Zahlung mit PayPal entstehen. Anbieter, die den gleichen Preis anbieten unabhängig davon, wie man zahlt, sind grundsätzlich sehr gut bewertet. Dazu zählen meist die Fluglinien selbst, wie Wizz Air in unserem Beispiel.

Im Gegensatz dazu gibt es Anbieter, die wenige Euro mehr verlangen, wenn man nicht mit einer bestimmten Zahlungsmethode zahlt. Meist ist der Aufpreis auch kein Weltuntergang, doch man kann ihn simpel vermeiden, indem man über einen anderen Anbieter bucht. Bekannte Kandidaten von Anbietern, die solche Aufpreise verlangen sind z.B. Travelgenio oder Seat24. Dazu möchte ich die gängigste Masche kurz erläutern:

Die einzige Zahlungsmethode, die keinen Aufpreis hat, ist vorausgewählt. Wenn man jetzt eine andere Zahlungsmethode auswählt, ändert sich der Preis, obwohl diese mit „+0,00€" vermerkt ist. Wie kann das sein?

Wenn man genau hinschaut, erkennt man, dass die vorausgewählte Zahlungsmethode (ohne Aufpreis) mit „-X,XX€" gekennzeichnet ist. Das bedeutet, es wird ein gewisser Betrag automatisch vom Endpreis abgezogen, weil die Zahlungsmethode vorausgewählt ist. Wenn man jetzt eine andere auswählt, „zahlt man nicht mehr", aber eben doch. Es ist also einfach ein Euphemismus für einen Aufpreis.

Die „günstigste" Zahlungsmethode ist übrigens fast immer Mastercard Credit. Wenn du also im Internet generell Käufe per Mastercard-Kreditkarte abschließt, kannst du die Aufpreise schmunzelnd ignorieren.

Seat24 ist dafür übrigens einer der wenigen Anbieter, welcher einen Kauf auf Rechnung akzeptiert. Das bedeutet, man kann sich noch 14 Tage Zeit lassen, ehe man bequem per Banküberweisung zahlt. So viel einmal zu den verschiedenen Anbietern.

Rechts in der Tabelle siehst du zu den jeweiligen Anbietern die angegebenen Angebote. Diese sind automatisch von günstig (oben) nach teuer (unten) geordnet. Das Ganze ist also ziemlich übersichtlich strukturiert. Natürlich versuchen wir immer das günstigste Angebot auszuwählen. Wie bereits erwähnt sind alle Anbieter ziemlich seriös und man muss sich um die Sicherheit einer Flugbuchung nicht sorgen. Durch Aufpreise kann es aber eben passieren, dass man sich entscheidet, doch über einen anderen Anbieter zu buchen. Deswegen gab es von mir eine kleine Einführung in das Thema. Wir werden uns jetzt Schritt für Schritt darum kümmern, wie man einen Flug bucht.

Als Beispiel nehme ich einmal einen Flug von Dortmund (DTM) nach Sofia (SOF) mit Wizz Air. Tatsächlich war in meinem Fall auch die Fluglinie selbst (Wizz Air) als erster und günstigster Anbieter gelistet. Oft ist das aber nicht so und man bucht stattdessen über einen Drittanbieter. Wizz Air finde ich persönlich super und ich fliege ständig mit ihnen. Gegen einen Preis von 9,99€ kann man eben auch nichts sagen. Vielleicht wunderst du dich, warum ich von 9,99€

spreche, obwohl „10€“ am Angebot steht. Auf der Angebotsseite werden die Preise nicht auf den Cent genau angegeben, stattdessen wird aufgerundet. Damit wir nun endlich unseren Flug buchen können, müssen wir auf „zum Angebot“ klicken. Je nachdem, um welchen Anbieter es sich handelt, kann auch „Buchen“ im Kästchen stehen. Für uns ist das irrelevant. Wir klicken also auf das Angebot von Wizz Air und gelangen zu folgender Seite:

Wenn du diese Seite siehst, musst du erstmal nichts weiter tun. Es läuft alles nach Plan und du wirst zur jeweiligen Fluglinie oder zum jeweiligen Drittanbieter weitergeleitet. Das Praktische ist, dass alle Daten des Fluges übernommen werden, und automatisch in die neue Seite eingetragen werden. Du musst also wirklich nicht mehr viel unternehmen, Skyscanner regelt alles für uns.

Sollte während der Weiterleitung eine Fehlermeldung angezeigt werden, hat das meist eine Preiserhöhung als Hintergrund. Im Normalfall passiert das so gut wie nie, weil Skyscanner, wie zuvor besprochen, eine enorm geringe Fehlerquote hat. Die einzigen Angebote, die das betrifft, sind Error Fares. Deshalb ist es auch so wichtig, Error Fares möglichst schnell zu buchen, bevor sich die Preise auf einer der Seiten wieder maßgeblich erhöhen. Wenn man Pech hat, kann bei Error Fares dann eben so etwas angezeigt werden:

Zurück zu unserer normalen Flugbuchung. Wenn die Weiterleitung abgeschlossen ist, befinden wir uns auf der Internetseite der Fluglinie oder des Drittanbieters, wo wir den Kauf abschließen werden. In unserem Beispiel hatte ja Wizz Air das günstigste Angebot. Nun heißt es gut aufpassen, da wir unmöglich alle Anbieter in unserem Buch involvieren können. Ich werde einen gesamten Buchungsablauf präsentieren, anhand des Beispiels der Website von Wizz Air. Das Verfahren des Ablaufs ändert sich nahezu gar nicht, was die verschiedenen Anbieter anbelangt. Die meisten Internetseiten unterscheiden sich lediglich im Design und der Übersichtlichkeit. Wenn du dir also jetzt aufmerksam das kommende Kapitel durchliest, wirst du dich ohne Probleme auf jeder Website eines beliebigen Anbieters zurechtfinden.

Bei Wizz Air sehen wir nun folgende Startseite:

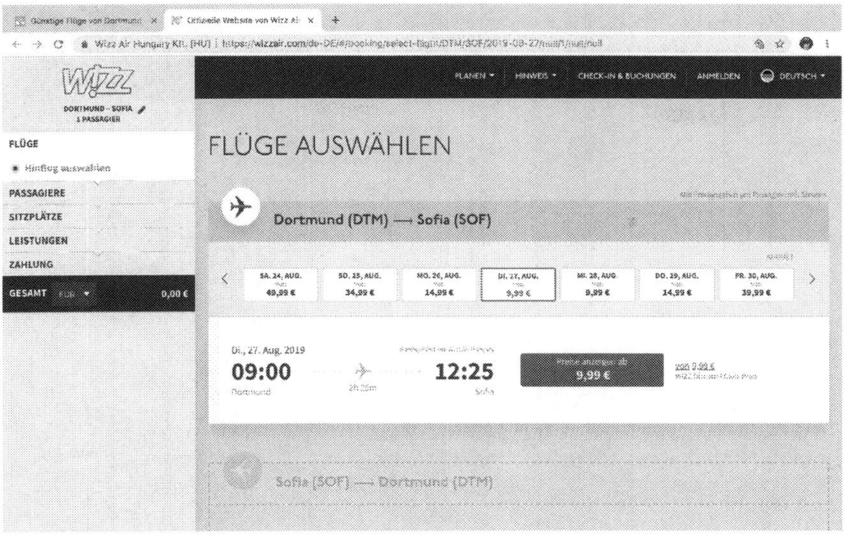

Wir hatten bereits festgestellt, dass alle Daten des Fluges übernommen wurden. Wizz Air bittet uns nun noch einmal, den Flug zu bestätigen, damit wir zu den nächsten Schritten gelangen. Dieses Verfahren findet sich auf fast jeder Buchungsseite in irgendeiner Art wieder. Dabei werden uns meist Alternativverbindungen vorgeschlagen, hier sogar schön illustriert mit dem Zahlenstrahl der bestimmten Tage und den zugehörigen Preisen. Wir haben aber unseren Flug gezielt ausgewählt, weil es der Günstigste war, weshalb wir auch dabei bleiben sollten. In bestimmten Regionen der Erde (oder innerhalb eines Landes) gibt es manchmal Fixpreise, das bedeutet, bestimmte Routen kosten immer gleich viel. Dies ist zum Beispiel oft auf den karibischen Inseln der Fall oder bei Flügen innerhalb einiger südamerikanischen Länder. Infolgedessen könnten wir dann auf dem Zahlenstrahl noch einen Tag auswählen, der vielleicht besser in unseren Plan passt. Im Regelfall bleiben wir jedoch bei unserem gefundenen Flug. Wir tippen also auf „Preise anzeigen" (oder ähnliches) und haben jetzt unseren Flug ausgewählt.

Wir müssen jetzt in der Regel einen „Tarif" auswählen.

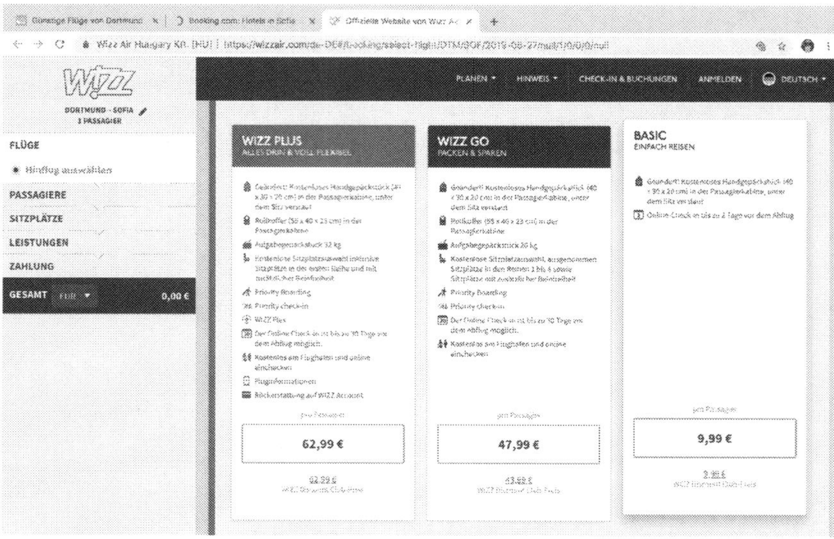

Wenn man jetzt nicht informiert ist, tendiert man dazu, etwas „Hochwertiges“ zu wählen. Doch halt! Ich möchte einmal kurz erläutern, warum es immer, wirklich immer, die beste Entscheidung ist, hier den billigsten Tarif zu nehmen. Abgesehen davon, dass wir einen Flug für 9,99€ gefunden haben und das Tarif-Upgrade nun mehr als viermal so teuer wäre wie der ursprüngliche Flug, gibt es klare Argumente: Wir sehen, dass die Mitnahme eines Handgepäckstücks in allen Tarifen kostenlos ist. Grundsätzlich gilt: Handgepäck ist *immer* kostenlos. Egal wo auf der Welt, wir mussten noch nie für Handgepäck zahlen. Diese Information ist Gold wert, denn auch, wenn Billigfluggesellschaften meist strengere Regulierungen bezüglich des Handgepäcks haben, gibt es eine anerkannte Größe, die alle akzeptieren. Im Grunde gilt, einen normal großen Rucksack kann man bei jeder Fluggesellschaft gratis mitnehmen. Jetzt besteht die Kunst darin, die maximale Größe voll auszunutzen. Es gibt im Internet überall Rucksäcke und Taschen zu kaufen, die genau das tun. Sie haben eine Garantie darauf, dass du sie mit in die Kabine nehmen darfst. Ich selbst habe einen Rucksack von „Cabin Max“, welchen ich auch auf Ryanair-Flügen immer dabei habe. Er ist robust, wasserdicht und extrem effektiv. Durch ihn brauche ich nie einen Koffer, weil er quasi ein Koffer ist. Ich kann ohne Probleme Kleidung, Essen und Jonglierbälle für zwei Wochen mitnehmen. Grundsätzlich reisen wir immer nur mit Handgepäck! Es ist nicht nur günstiger und leichter,

man auch hat ein viel höheres Maß an Freiheit und muss nicht ständig an der Gepäckausgabe warten. Hinzu kommt, dass man meist ohnehin viel zu viel einpackt, was man auf Reisen nie brauchen wird. So wird man im positiven Sinne dazu gedrängt, bewusst zu packen und unnötige Dinge gleich zu Hause zu lassen oder gar nicht erst zu kaufen. Wir wollen dir nicht vorschreiben, nur mit Handgepäck zu reisen, doch jeder sollte es zumindest einmal ausprobieren. Du wirst sehen, es wird dich positiv überraschen!
Übrigens kann man auch ein bisschen tricksen, wenn man mal mehr Handgepäck hat, als zugelassen. Im Zweifel kannst du dir einen Pullover anziehen, womöglich die Jacke noch „offen drüber" und schon ist wieder Platz in deiner Tasche. Beim Boarden eines Flugzeuges kann man also viel mit der Optik spielen. Versuche möglichst viel deines Gepäcks an dich zu nehmen. Wir selbst haben oft einen zusätzlichen Einkaufsbeutel dabei, in dem wir Essen oder schmutzige Wäsche lagern. In 95% der Fälle ist auch das bei Low-Cost-Carriern kein Problem, obwohl es klar über den offiziellen Richtlinien liegt. Wenn du dir unsicher bist, zieh möglich viel Kleidung an und packe alles nach Möglichkeit in eine Tasche. Duty-Free Einkaufstüten sind übrigens *immer* von den Richtlinien ausgeschlossen, damit der Kunde mehr einkauft. Wir wollen dir natürlich nichts Verbotenes lehren, aber Duty- Free Taschen bieten sehr viel Platz und niemand würde auf die Idee kommen, zu kontrollieren, ob sich noch ein fürs Handgepäck zu großer Pullover in ihnen befindet...
Im Flugzeug kann man sich dann übrigens seiner 1000 Jacken und Pullis entledigen und selbige einfach in die oberen Fächer oder unter den Sitz legen. Beim Verlassen des Flugzeuges und bei der Einreise wird die Größe des Handgepäcks nicht mehr kontrolliert – wenn du einmal in der Maschine sitzt, hast du es geschafft.

<u>Merke:</u> *Es geht nur darum, möglichst viel im Handgepäck mitzunehmen. Dann braucht man keinen Koffer (Aufgabegepäck) und spart Geld und Zeit. Kaufe dir einen Rucksack von „Cabin Max", „AYA" oder ähnlichen Anbietern, denn so verfügst du über die Garantie, dass dein Rucksack ohne Aufpreis gratis mit an Bord darf.*

Handgepäck ist also unser bester Freund bei Flugreisen. Dadurch verlieren die ersten zwei Zusatzleistungen des Tarif-Upgrades sofort ihre Attraktivität. Blättere zurück und schaue dir die Tabelle nochmal aufmerksam an. Den Rollkoffer und das Aufgabegepäck ersetzen wir durch den überdimensionalen Superrucksack mit Garantie. Infolgedessen sparen wir auch beachtlich viel Zeit. Wir müssen dann nämlich nicht so früh am Flughafen anreisen, um uns bei der Gepäckaufgabe anzustellen. Wir können stattdessen mit unserem Handgepäck direkt durch die Sicherheitskontrolle.

Anmerkung: Natürlich ist es nicht immer möglich, auf Aufgabegepäck zu verzichten. Wenn wir z.B. Shows auf der anderen Seite der Welt spielen, brauchen wir unser Equipment, was unmöglich ins Handgepäck passt. Doch für zusätzliche Koffer als Aufgabegepäck müssen wir keineswegs den teureren Tarif wählen. Es ist viel günstiger, auf den folgenden Seiten als Einzelleistung die gewünschten Koffer dazu zu buchen. Dazu später mehr.

Zurück zum Tarif-Upgrade, wo der nächste Punkt „kostenlose Sitzplatzauswahl" aufgeführt ist. Bei Billigfluggesellschaften ist es fast immer so, dass dir ein Sitzplatz zufällig zugewiesen wird, wenn du nicht eine Reservierung dazu buchst. Dadurch versuchen die Airlines, an einer weiteren Stelle zusätzliches Geld einzunehmen. Für uns ist es vollkommen egal, wo wir sitzen. Zugegebenermaßen sind Fensterplätze immer die präferierte Option, doch nur für eine Reservierung sollte man kein Geld ausgeben. Wenn wir alleine reisen, ist es sowieso egal, wo genau wir im Flugzeug sitzen. Doch auch zu zweit buchen wir nie eine Reservierung dazu. Da man ohnehin die gesamte Reise zusammen verbringt, kann man die wenigen Stunden auch allein auskommen. In unsere Reisen bringt das oft eine gewisse Ruhe ein, die man manchmal braucht und sonst nicht erfahren würde. Wenn man wünscht nebeneinander zu sitzen, kann man vor allem auf Langstreckenflügen problemlos mit Leuten tauschen, denen es ähnlich ergeht. So verbessert man nicht nur seine Verhandlungstechniken und seinen Umgang mit anderen Menschen, sondern man hilft auch denen, die sich vielleicht nicht trauen, einen Tausch vorzuschlagen. Grundsätzlich gilt: Sei offen und kommunizere das, was du willst. Die meisten Personen sind offener, als man vielleicht denkt. Ich habe es einmal geschafft, ein T-Shirt mit einem fremden Mann auf der Straße in Belgien zu tauschen. Versuche einfach dein Glück! Behalte dabei immer im Hinterkopf, selbst, wenn du dich vor allen blamierst, siehst du wohl niemanden dieser Leute jemals wieder. Es ist also durchaus gut, für seine eigenen Interessen einzustehen, weil man ohnehin nicht viel zu verlieren hat. Und so lange man anderen nicht schadet, ist es auch völlig legitim.

Eine Sache ist an der Stelle noch wichtig zu erwähnen: Oft sind

Flüge bei weitem nicht vollständig ausgebucht, weshalb viele freie Plätze zur Verfügung stehen. Die Wahrscheinlichkeit ist groß, dass es ein Fensterplatz ist, oder besser, dass gleich eine gesamte Reihe frei ist. Genau aus diesem Grund ist es wichtig, möglichst spät in den Flieger einzusteigen. Setze dich einmal ans Gate und beobachte genau, wie sich die Schlange verhält. 90% der Fluggäste stellen sich *viel* zu früh in die Schlange und warten 20 Minuten stehend darauf, dass sie einsteigen. Du kannst aber nichts falsch machen, wenn du zum Schluss boardest. Du musst natürlich nicht unbedingt mit dem „Last Call" durchs Gate schlendern, doch mit den letzten 10% als Faustformel kann man einsteigen. Der Zeitpunkt ist etwa dann erreicht, wenn weniger als zehn Leute in der Schlange stehen. Dann kommen auch die anderen, die außerhalb der Schlange gewartet haben, genau wie du. Meist sind dies erfahrenere Flugreisende, die genau wissen, wie sie ihre Zeit am klügsten nutzen. Und das tut man eben besser, wenn man sich irgendwo hinsetzt, vielleicht noch arbeitet, jedenfalls nicht beim Warten in einer zu langen Schlange. Im Idealfall boarden wir also spät und finden noch viele freie Plätze in der Kabine. Dann darf man sich selbstverständlich hinsetzen, wo man will.

Merke: *Sitzplatzreservierungen brauchen wir nicht.*
Wir versuchen immer, möglichst spät zu boarden. Eine Ausnahme ist hier, wenn man ohnehin zufällig einen Fensterplatz hat und schlafen möchte. Dann kann man gleich als erster einsteigen und sofort entspannen (man muss ja dann nicht mehr wegen anderen aufstehen und sie „durchlassen").

Somit ist auch der nächste Punkt des Tarif-Upgrades überflüssig. Blättere kurz zurück und schaue dir die Liste erneut an. „Priority Boarding" heißt nämlich nichts anderes, als dass man als erster einsteigen darf. Zumindest theoretisch, denn es gibt Flüge, bei denen die Priority-Schlange länger ist als die Non-Priority-Schlange. Kein Witz! Wir verstehen bis heute nicht, was Priority-Boarding für Vorteile bringen soll. Man muss länger im Flugzeug warten und, wenn man keinen Fensterplatz hat, ständig Leute durchlassen und aufstehen. Das kann auf Dauer wirklich lästig sein! Verwechsle das Priority-Boarding nicht mit dem allgemeinen Priority-Tarif, wie ihn beispielsweise Ryanair anbietet. Dieser kann durchaus nützlich sein, wenn man deutlich mehr Gepäck in die Kabine mitnehmen möchte.

Merke: *Priority-Boarding bringt uns keine Vorteile, das Ziel ist spät* *einzusteigen, nicht früh!*

Die nächsten drei Punkte der Liste beschäftigen sich mit dem Check-In. Keiner davon ist wirklich relevant für uns. Wir checken innerhalb Europas immer gratis mit dem Handy ein und haben unseren mobilen Barcode. Dazu laden wir uns die App der jeweiligen Fluggesellschaft auf unser Smartphone und folgen den Instruktionen. Du musst meist deine Reisepass- oder Personalausweis-Nummer angeben und einer Erklärung zustimmen, dass du keine Gefahrenstoffe mit dir führst.

Auf Langstrecken ist der Check-In am Flughafen ohnehin immer gratis.

Die mittlere Liste haben wir somit abgearbeitet und fast alles ist für uns überflüssig. Das einzige Argument könnte das benötigte zusätzliche Gepäck sein, was wir dann später einzeln dazu buchen können. Auch eine Sitzplatzreservierung könnte man für wenige Euro einzeln buchen. In jedem Fall ist es unklug, direkt beim Gesamtpaket zuzuschlagen. Vielleicht erinnert dich das an das kurze Kapitel der Pauschalreisen, wo der hohe Preis nicht übersichtlich dargestellt wurde und nicht gerechtfertigt war. Genau so verhält es sich hier auch; bei Bedarf kaufen wir lieber einzelne Zusatzleistungen dazu.

Kommen wir nun zur Liste ganz links.
Hier hat man alles, was man in der mittleren Liste angeboten bekommt und noch ein bisschen mehr:

„Fluginformationen": Damit sind meist Benachrichtigungen per SMS gemeint, falls der Flug Verspätung hat oder ausfällt. Anstatt einen Aufpreis zu zahlen, kann man auch kurz auf der Website der Fluggesellschaft, ihrer App, oder der Website des Flughafens nachschauen und erhält die exakt gleichen Informationen.

Google kurz „Düsseldorf Airport Departures" und du findest alle wichtigen Informationen zu den Flügen. Du kannst auch deine Flugnummer googeln und direkt Informationen zu deinem Flug finden. Am Airport sind dann ohnehin unzählige Anzeigetafeln. Diese Zusatzleistung ist für uns also mehr als uninteressant.

„Flexibilität": Der Begriff ist recht vage. Hier kommt es auch auf die verschiedenen Anbieter und Fluggesellschaften, eben inwiefern sie uns „Flexibilität" erlauben. Natürlich kannst du bei niemandem kurzfristig entscheiden, ohne Aufpreis einfach den nächsten Flug zu nehmen. Bisher gibt es so etwas wie „Flexpreise", wie wir sie von der Bahn kennen in der Flugbranche nicht. Ryanair hatte mal angekündigt, sie wollten Stehplätze in Flugzeugen anbieten. Der Antrag wurde aus

Sicherheitsgründen zwar erstmal abgelehnt, doch vielleicht ist das schon in naher Zukunft möglich. Dann könnte man mehr Menschen gleichzeitig transportieren und vielleicht kann so ein „Flexpreis“ plausibel werden. Das ist allerdings Schnee von morgen. Flexpreise heutzutage befassen sich hauptsächlich mit günstigeren Stornierungsgebühren und so weiter. Wenn du gut aufgepasst hast, weißt du gerade zwei Dinge:

- Es handelt sich in unserem Beispiel um einen Flug mit einer Billigfluggesellschaft; der Flug kostet nur 9,99€

- Wir haben gelernt, dass es bei Billigfluggesellschaften im Zweifel deutlich preiswerter ist, einen Flug verfallen zu lassen, als ihn zu stornieren.

Ergo: Diese Zusatzleistung ist für uns uninteressant. Im schlimmsten Fall verlieren wir 9,99€ und das ist immer noch weniger als ein Essen im Restaurant.
Anders sieht es aus, wenn der Flugpreis wirklich hoch ist. Doch dann sind auch meist die Aufpreise der Tarif-Upgrades deutlich höher, sodass es sich nicht mehr lohnt. Grundsätzlich gilt aber, dass man als Fluggast *immer* bestimmte Rechte hat, egal für welche Option man sich entscheidet – hat ein Flug mehr als vier Stunden Verspätung, kriegt man eine Entschädigung (vorausgesetzt es war der Fehler der Fluggesellschaft), die meist deutlich höher ist als der Flugpreis selbst.

Wir selbst verfügen übrigens nicht mal über eine Reiserücktrittsversicherung, was viele überrascht. Das Geld, das man sich insgesamt im Laufe eines Jahres spart, ist mehr als das, was man einmalig ausgeben müsste, wenn tatsächlich mal ein Flug ohne Entschädigung ausfällt. Uns ist das erst etwa 3–4 mal passiert.

Unser Fazit also zu den verschieden Tarifen, auch wenn wir natürlich keine Garantie übernehmen können:

Wähle *immer* das günstigste Angebot. Immer. Glaub uns, es genügt.

Merke: *Wir wählen immer das günstigste Angebot. Ein Komplettpaket zu buchen, ist letztendlich unnötig und würde unser Ziel, günstig zu reisen, verfehlen. Einzelne Zusatzleistungen kann man später hinzufügen, dafür brauchen wir aber kein Upgrade des Tarifs.*

Wir haben also das günstigste Angebot ausgewählt und gelangen jetzt zur nächsten Seite. Auch die folgenden Seiten können sich je nach Anbieter unterscheiden. Grundsätzlich bekommt man andere Zusatzleistungen serviert, die sich nie wirklich lohnen. Bei meiner Beispiel-Buchung auf wizzair.com wird zum Beispiel jetzt noch mit dem „Wizz Discount Club" geworben. Ähnlich wie die Funktion einer Bahncard, kann man bestimmte Rabatte (etwa 10€ pro Flug) wahrnehmen und zahlt dafür einen jährlichen Mitgliedsbeitrag. Wenn du viel mit Wizz Air fliegen wirst, lohnt es sich. Sonst nicht.

Ich selbst bin Vielflieger und festes Mitglied im Wizz Discount Club, weil ich, innerhalb Europas und auf Strecken in die Vereinigten Arabischen Emirate, oft Wizz Air nutze. Wenn du voraussichtlich weniger als 4 Flüge mit Wizz Air innerhalb eines Jahres wahrnehmen wirst, nützt dir der Discount-Club ziemlich wenig. Zumal man nur Rabatte auf Flüge bekommt, die teurer als 10€ sind. Unser Flug in der Beispiel-Buchung kostet 9,99€, sodass wir nicht mal einen Rabatt bekommen würden. Logisch, sonst müsste WizzAir uns ja Geld auszahlen, damit wir mit ihnen fliegen. So weit kommt es noch...

Wir buchen den Discount-Club also nur dazu, wenn er sich für uns in diesem Jahr lohnt.

Andere Anbieter werden dir auch ähnliche Abonnements oder Angebote anbieten. Bleib hartnäckig und fokussiere dich auf das günstigste Angebot. Lehne jedes der Angebote ab und folge der Seite. Danach solltest du folgende Oberfläche erkennen:

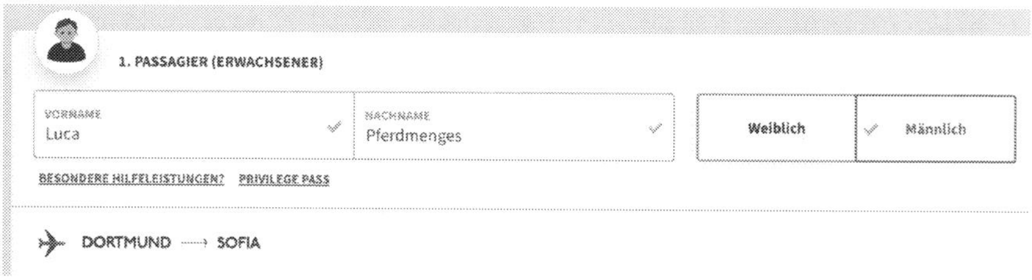

Diese Seite ist bei allen Anbietern etwa gleich strukturiert, da man ohne diesen Schritt keinen Flug buchen kann. Eigentlich ist es ziemlich selbsterklärend, man trägt eben seine Daten ein. Das Flugticket wird mit dem Namen verknüpft, den du hier angibst. Stelle also sicher, dass alle Angaben korrekt sind. Den Namen nachträglich zu ändern ist zwar oft möglich, aber extrem teuer.

Das musste ich im November 2019 schmerzhaft erfahren. Wir wurden als Show-Act zum Internationalen Zirkusfestival von Wuqiao nach China eingeladen. Meine Flüge wurden natürlich vom Veranstalter übernommen. Meine Freundin hatte spontan entschieden, mitzukommen und ich buchte ihren Flug. Wir wollten damals zusammen fliegen und ich buchte ihren Flug mit Emirates. Es war bis dato nicht nur der teuerste Flug, den ich je gebucht hatte, sondern es sollte noch teurer werden.

Zur Erklärung: Da mein Flug vom Veranstalter übernommen wurde, habe ich mir um Kosten wenig Gedanken gemacht. Als meine Freundin dann mitkommen wollte, musste ich eben in den sauren Apfel beißen und einen teuren Full-Cost Flug buchen. Normalerweise würde ich das natürlich nicht machen.

Jedenfalls hat meine Freundin 2 Nachnamen: Robinson von ihrer englischen Hälfte, so wie Seidl von ihrer deutschen. Ich habe mir damals nichts weiter gedacht und „Sophia Lily Robinson" in die Passagierdetails eingetragen. Danach stellte sich heraus, dass in ihrem neuen Reisepass der Name „Robinson" nicht mehr erwähnt wird. Laut Reisepass heißt sie „Sophia Lily Seidl". Eben nicht Robinson. Ich habe alles versucht, um den Namen zu ändern. Es ist so unfassbar schwierig und geht nur in den seltensten Fällen. Letztendlich musste ich also tatsächlich einen neuen Flug buchen und erneut zahlen. Zu meinem Glück habe ich einen kleinen Teil des ursprünglichen Fluges erstattet bekommen. Das lag aber nur daran, dass der Emirates Service ziemlich gut ist. Bei Billigfluggesellschaften und Drittanbietern kannst du das komplett vergessen. Unterm Strich habe ich an diesem Tag etwa 220€ verloren, nur wegen einer Verwechslung beim Nachnamen.

Das ist der Grund, warum man nicht pauschal billige Flüge buchen kann und diese dann im Freundeskreis verschenken kann. Die Buchung ist von Anfang an an einen Namen gebunden. Ich hatte einmal überlegt, auf einer unserer BDB-Reisen zwei verschiedene Routen zu buchen, die Jan und mich nachher wieder zusammenführen würden. Dabei wollte ich spontan auslosen, wer welchen Flug wahrnimmt. Das Ganze war aber nicht umsetzbar, einfach, weil in der Flugbuchung schon eingetragen sein muss, *wer* der Reisende ist.

Du musst also die Daten der Person eintragen, die reisen wird. Bei einer Buchung für mehrere Personen wirst du die gleichen Felder öfters sehen und musst die Daten jeder reisenden Person einfügen.

Manche Menschen befürchten hier bereits, ihre Daten seien in schlechten Händen. Doch allgemein gilt, Flugbuchungen sind absolut sichere Prozesse. Die Daten, die man angibt, sind zudem nur die allgemeinen Informationen zur Person. Nachrichtendienste wie „WhatsApp" sammeln deutlich mehr Informationen... Abgesehen davon, ist es mir relativ egal, wenn Unternehmen meine Daten nutzen. Ich habe nichts zu verbergen und es wird mir im Alltag wohl nie zum Verhängnis werden. Öffentliche politische Statements gegen ein Land oder ein Regime (auf Facebook z.B.) können übrigens sehr wohl zu Einreiseverweigerungen führen, auch wenn es uns noch nie passiert ist. Generell zeigen politische Konflikte ohnehin selten, wie es wirklich in einem Land aussieht und geben wenig Aufschluss darüber, wie die Ansichten der Menschen sind. Jeder, der schonmal in Afghanistan oder im Iran war (inklusive mir) betont die Freundlichkeit der Menschen und dass wirklich jeder nichts als Frieden will. Lass dich also nicht zu sehr nur von westlichen Medien leiten und gehe selbst hinaus in die Welt. Erkunde fremde Länder und schaffe dir deine eigene Meinung!

Zurück zu unserer Buchung. Wir tragen also unsere Daten ein. In der Regel ist das nicht mehr als Name, Geburtstag, Geschlecht und Nationalität. Bei Langstreckenflügen kann es vorkommen, dass man auch hier schon die Nummer des Reisepasses eintragen muss. Somit ist die Buchung nicht nur an den Namen, sondern auch an den Reisepass gebunden. Stelle also sicher, dass dein Reisepass nicht in naher Zukunft abläuft.

Weiter unten finden wir die Auswahlmöglichkeiten zur Gepäckmitnahme. Zuvor haben wir bereits festgestellt, warum wir immer nur mit Handgepäck reisen. Wenn du mehr Gepäck benötigst, ist jetzt der richtige Zeitpunkt, es dazu zu buchen. Wenn du es zu einem späteren Zeitpunkt, nachdem die Buchung abgeschlossen ist, hinzufügst, wird es teurer. Du solltest dir also nun gut überlegen, ob du Aufgabegepäck benötigst. Wenn ja, halte dich immer an das günstigste Angebot. Ein zusätzlicher Koffer pro Person ist mehr als genug. Die Maße für Aufgabegepäck sind großzügig und es wird eher schwer, diese zu überschreiten.

Es kann gut sein, dass manche Schritte in einer anderen Reihenfolge auf anderen Websites zu finden sind. Lies dir das Kapitel aufmerksam durch und du wirst alles zuordnen können. Grundsätzlich geht es darum, ganz gleich, welche Angebote und Zusatzleistungen dir angezeigt werden, immer beim Originalpreis zu bleiben, für den du den Flug ursprünglich gefunden hattest. All unsere Arbeit wäre sonst nichtig, wenn du durch unnütze Zusatzleistungen so viel zahlst, als würdest du einfach im Reisebüro einen Flug kaufen. Wenn du mal einen Koffer dazu buchst, ist alles im grünen Bereich, doch lass die Finger von Komplett-Angeboten, Tarif-Upgrades und ähnlichen Scams, die nur bewirken, dass der Preis in die Höhe steigt. Solange du alles ablehnst, wirst du zum Schluss den Originalpreis auf der Rechnung sehen. Ich sehe den Prozess gerne als mentales Spiel; wenn du standhältst, gewinnst du. Für mich ist es heutzutage das Normalste der Welt, die Zusatzleistungen zu ignorieren. Ich schaffe es immer, den günstigsten Tarif zu wählen. Mit ein bisschen Eingewöhnung ist es für dich auch kein Problem mehr.

Du gelangst jetzt zur Sitzplatzauswahl. Nur sehr selten ist eine freie Auswahl kostenlos, weshalb wir uns einen Sitzplatz zufällig zuweisen lassen. Warum wir auch zu zweit keinen Sitzplatz auswählen, haben wir bereits zuvor geklärt.

Manchmal können die Formulierungen leicht verwirrend sein:

Bei „Möchtest du eine Sitzplatzreservierung auswählen?" muss man „Nein" wählen. Bei „Möchtest du wirklich keinen Sitzplatz auswählen?" muss man „Ja" anklicken.

Lies dir also alles genau durch, sodass du nicht unbeabsichtigt etwas hinzufügst, was du gar nicht wolltest.

Wir lehnen also die Angebote der Sitzplatzauswahl ab und gehen für das Geld heute Abend lieber Pizza essen. Doch jetzt vollenden wir erstmal unsere Buchung und folgen einfach den Anweisungen der jeweiligen Internetseite.

Früher oder später im Buchungsprozess wirst du dann eine solche Auflistung finden:

Hier werden nochmal andere Zusatzleistungen aufgeführt, die du dazu buchen kannst. Ja, richtig gehört: noch eine weitere Seite, nur für „Zusatzleistungen". Ich denke, wir hatten bereits oft genug besprochen, dass im Grunde alle Angebote ihren Preis nicht wert sind. Lass also einfach die Finger davon und wenn nötig, klicke alles so an, dass du es nicht willst. Lies dir die Seite aufmerksam durch und vergewissere dich, wie du handeln musst, damit du keine Zusatzleistungen auswählst. So bist du auf der sicheren Seite und hast keine Zusatzkosten.

Zum Schluss siehst du immer eine Auswahl von möglichen Versicherungen. Wähle hier immer „Keine Versicherung" aus.

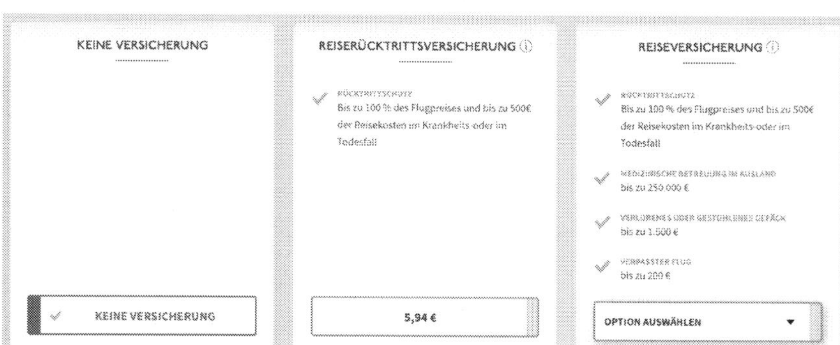

Wir haben grundsätzlich keine speziell für das Ausland abgeschlossene Reise- oder Reiserücktrittsversicherung. Lediglich unsere American Express Platinum Kreditkarten inkludieren recht umfangreiche Reiseversicherungen – eher ein netter Bonus als bewusst abgeschlossen. Gleichzeitig verstehen wir aber auch, wenn man abgesichert sein will, wenn doch mal etwas passieren sollte – wir sind jung, gesund und können uns im Zweifel durchschlagen oder uns zurück nach Europa fliegen lassen. Wenn du eine Reiseversicherung abschließen möchtest, buche diese nicht nur für einen Flug, die somit auch an die Airline gebunden ist! Schließe eine Versicherung ab, die für ein Jahr gültig ist und somit für alle Reisen gilt, die du in diesem Zeitraum tätigst. Dadurch kannst du bei einer Flugbuchung nämlich immer beim günstigsten Preis bleiben und bist trotzdem versichert. Insgesamt ist das natürlich deutlich günstiger.

Wenn du zu irgendeinem der Schritte oder Entscheidungen Fragen hast oder mit einer bestimmten Website nicht klarkommst, kannst du uns gerne auf Instagram anschreiben und wir helfen dir weiter. @thegermantravelguy @jandaumin

Wir kommen nun zum letzten Teil einer Flugbuchung, der Zahlung. Du hast es fast geschafft! Wie wir bereits angesprochen haben, gibt es immer verschiedene Zahlungsmethoden, die manchmal kleine Aufpreise mit sich ziehen. Während Mastercard Credit fast ausnahmslos die günstigste Methode ist, sind PayPal oder eine Zahlung auf Rechnung die teuersten. Ich selbst zahle, wenn es geht, mit meiner Amex. Dadurch sammle ich Punkte und die eben genannte Reiseversicherung greift im Fall der Fälle. Die am häufigsten akzeptierte Zahlungsmethode ist sicherlich eine Zahlung mit VISA oder Mastercard. Beide Kreditkarten werden international akzeptiert und ich habe noch nie eine Website bei Flugbuchungen gefunden, die sie nicht als Methode auflistet. Auch der eventuelle Aufpreis hält sich bei Kreditkarten immer in Grenzen und beträgt meist nicht mehr als zwei bis drei Euro. Ich wiederhole erneut, dass die Wahrscheinlichkeit für Aufpreise geringer ist, wenn man direkt bei der Fluggesellschaft bucht. Trotzdem sollte man sich auf der „Ergebnisseite" am günstigsten Angebot orientieren. Sollte jedoch der Preis der Fluglinie nur einen Euro teurer angezeigt sein als der Preis des Drittanbieters, kannst du auch einfach direkt die Fluggesellschaft als Anbieter auswählen.

Jede Zahlungsseite einer Website sieht anders aus, bei Wizz Air etwa so:

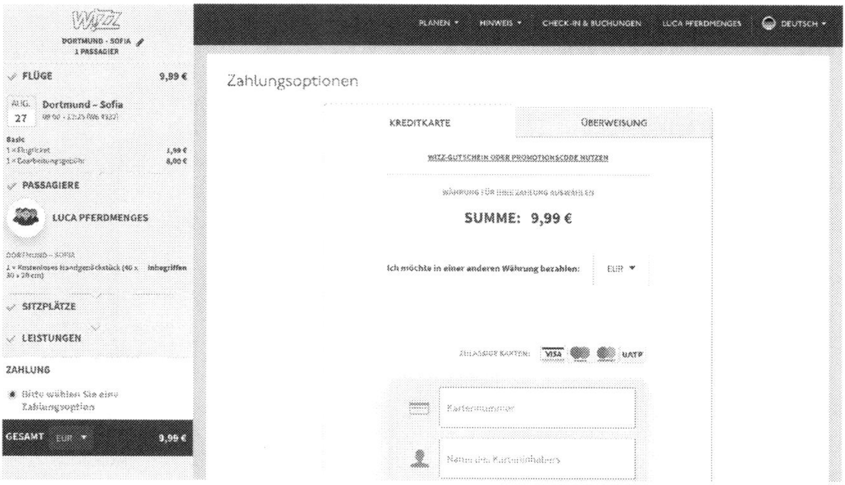

Übrigens: Je nach Flug können sich die verfügbaren Zahlungsmethoden auch innerhalb eines Anbieters ändern: Während man auf europäischen Linien meist eine große Auswahl hat und zum Beispiel per SEPA-Lastschrift zahlen kann, ist die Auswahl auf Langstreckenflügen deutlich (!) geringer. Es kann dabei vorkommen, dass man einen Flug *nur* mit einer Kreditkarte zahlen kann. Ich finde es dann auch äußerst unattraktiv, weil man zumindest PayPal anbieten könnte. Leider kommt sowas vor – wenn du immer per Mastercard oder VISA zahlst, hast du das Problem nicht. Du gibst also jetzt die Informationen zu deiner Kreditkarte ein. Das Verfahren kennst du sicherlich. Bei einer Zahlung mit PayPal wirst du kurz weitergeleitet, damit du dich in deinen PayPal-Account einloggen kannst. Auch das Verfahren ist dir wahrscheinlich geläufig. Wenn nicht, gibt es unzählige Erklärvideos im Internet darüber, wie man online mit PayPal zahlt. Grundsätzlich sind alle verschiedenen Websites der Anbieter auf der „Zahlungsseite" selbsterklärend. Alle Zahlungsmethoden sind ziemlich simpel zu verstehen und du brauchst dir, wie gesagt, über Sicherheit fast nie Gedanken zu machen. Wenn eine Seite unseriös wirkt, lass einfach die Finger davon. Jede Zahlungsmethode führt letztendlich zum selben Ergebnis, nämlich zum Erhalt deiner Buchungsbestätigung.

Egal welche Zahlungsmethode, du musst am Ende die AGB

akzeptieren (mach es einfach) und auf „Kaufen" o.ä. klicken. Lasse die Seite noch einige Minuten offen. Es braucht oft etwa eine Minute, bis die Buchung verarbeitet ist. Dann steht bei dir auf dem Bildschirm etwas wie

„Deine Buchung wurde bestätigt! Buchungscode: MUSTER123"

Master-Tipp von Luca: Mach dir unbedingt ein Foto von diesem Buchungscode! Ich fotografiere immer die gesamte Seite, sodass ich auch immer sehen kann, bei welchem Anbieter ich gebucht habe. Du erhältst zwar automatisch eine E-Mail mit der offiziellen Buchungsbestätigung, doch bei 10 Flugbuchungen für eine Reise kannst du sehr schnell durcheinander kommen. Einmal hatte ich es tatsächlich, dass die E-Mail mit der Bestätigung aus Versehen gelöscht wurde. Ich hatte mir nur den Buchungscode notiert und nicht den Anbieter. Infolgedessen habe ich ziemlich lange gebraucht, meine Buchung wiederzufinden. Ich musste online bei allen möglichen Anbietern meinen Code eingeben und schauen, ob das jeweilige System eine Buchung mit diesem Code findet. Irgendwann hat es zwar geklappt, doch du kannst dir den Stress ersparen, wenn du einfach ein Foto von der Seite machst, sobald die Buchung bestätigt wurde. Prüfe anschließend auch direkt dein E-Mail- Postfach, um sicherzustellen, dass du die offizielle Bestätigung erhalten hast. Dies kann einige Minuten dauern. Sobald du die E-Mail erhalten hast, ist die Flugbuchung vollendet. Du hast jetzt die Bestätigung und stehst auf der Liste der Passagiere.

Glückwunsch, du hast den günstigsten Flug gebucht! Diese Methode kannst du auf allen Buchungsseiten anwenden und sie wird dich immer zum billigsten Ergebnis führen.

Extra-Gebühren checken

Du hast bald den ersten Teil des Buches fertig gelesen und weißt nun, wie man günstige Flüge findet, welche Websites man verwendet, wo man Pauschalreisen buchen sollte, warum man manchmal günstiger reisen kann als „offiziell" und letztendlich, wie man einen Flug bucht, ohne, dass zusätzliche Kosten entstehen. Im nächsten Teil des Buches „Günstig Fahren" lernst du, wie man günstig zum Airport kommt, sich innerhalb eines Landes bewegt, Busse und Züge bucht, so wie alles über das Thema Transport auf dem Boden. Im dritten Teil wirst du dann alles über Übernachtungen erfahren, d.h., wie man günstig Hotels bucht, wie und wo man gratis übernachten kann und vieles mehr. Doch jetzt als finale Krönung habe ich noch zwei kleine, eher unterhaltsame Kapitel für dich. Es geht darum, Extra- Gebühren zu prüfen. Das hört sich gar nicht so lustig an, doch du wirst später sehen, was ich meine. Du solltest alle Gebühren checken, noch bevor du eine Flugbuchung abschließt. Der ganze Prozess passiert immer, während man Routen ausklügelt. Das bedeutet, wir haben zum Beispiel eine Karte offen und überlegen, von einem Nachbarland aus zu reisen. Dann müssen wir nicht nur die nötigen Transportkosten berechnen, sondern auch Zuschläge, wie Visa-Gebühren, die oft in Vergessenheit geraten.

Wenn du das Privileg der deutschen Staatsbürgerschaft hast, musst du in den seltensten Fällen ein Visum im Voraus beantragen. Auch für die USA muss man seit 2009 kein Visum mehr beantragen. Es genügt eine Einreisegenehmigung „ESTA", welche man online ausfüllen muss. Hier ist jedoch wichtig zu beachten, dass man trotzdem *vor* der Reise schon überhaupt etwas ausfüllen muss. Der ESTA-Antrag kostet $21 (Stand 2022) und man muss vor Antritt der Reise eine Einreiseerlaubnis erteilt bekommen haben.

Die meisten Seiten im Internet befassen sich aber nur mit der Visumpflicht für verschiedene Länder, ganz egal, ob man etwas im Voraus beantragen muss oder nicht. Ich finde das Vorgehen immer ein bisschen verwirrend, weil auch keine Differenz zum „Visa on Arrival" gezogen wird. Der Aufwand ist aber sehr unterschiedlich, je nach dem ob man e-Visa, Visum oder nichts im Voraus beantragt. Uns ist es wichtig zu wissen, ob wir schon *vor* der Reise etwas machen müssen oder nicht. Wir haben mit viel Mühe für dich eine Weltkarte erstellt, die offenlegt, bei welchen Ländern man sich vor Antritt der Reise in irgendeiner Form eine Einreiseerlaubnis besorgen muss. Sei nun nicht schockiert, wenn flächenmäßig viel grau und schwarz ist. Denke dir einfach mal Kanada, die USA, Russland, China und Australien weg und schon ist wieder fast alles weiß. Übrigens: In den grauen Ländern musst du keineswegs zu irgendeiner Botschaft rennen und ein Visum beantragen. Diese Länder (darunter eben auch Kanada, die USA und Australien) lassen dich bequem online ein Formular ausfüllen. Der Aufwand ist also in den meisten Fällen minimal.

In alle **weiß** markierten Länder kann man einreisen, ohne vorher etwas zu beantragen. In manchen Fällen erhält man ein „Visa on Arrival", bei welchem man meist kostenpflichtig die Einreiseerlaubnis erst am Ankunftsflughafen erhält. Ein Beispiel ist hier zum Beispiel Kambodscha, wo man etwa 30€ zahlt und das Visum in den Reisepass geklebt wird.
Für alle **grau** markierten Länder muss man vor der Einreise irgendwas

beantragen, ohne jedoch zur Botschaft zu gehen. Meist ein e-Visa online, was oft nur wenige Minuten Aufwand bedeutet.
Für alle **schwarz** markierten Länder muss man vor Antritt der Reise irgendetwas Physisches tun. Meist ist das der mühsame Weg zur Botschaft. Im Falle von Kuba kannst du dir online eine Touristenkarte bestellen oder sie am Abflughafen erwerben.

Genaue Informationen zum jeweiligen Land findest du auf folgender Website:

www.auswaertiges-amt.de

Einreisebestimmungen können sich kurzfristig ändern, sodass wir keine Garantie übernehmen können. In jedem Fall solltest du die Angaben auf der Seite des Auswärtigen Amtes prüfen. Wie du genau deine Einreiseerlaubnis beantragst, erfährst du auch beim Auswärtigen Amt. Hol dir allerdings immer mindestens zwei Quellen ein (einfach Mr.Google fragen), damit du im unwahrscheinlichen Fall einer Änderung bestens informiert bist.

So viel erstmal zum Thema Extra-Gebühren bei der Einreise. Der Gegenspieler hierzu sind Extra-Gebühren bei der Ausreise. Ja, auch das gibt es tatsächlich! Doch es ist eher selten und meist auf Flughäfen beschränkt, an welchen man dann eine „Flughafensteuer" entrichten muss. In den meisten Fällen sind dies aber nur etwa 15€. Eine Flughafensteuer findet man oft auf den karibischen Inseln, bei den meisten lokalen Fluglinien ist diese Steuer bereits im Ticketpreis enthalten. Dazu solltest du genau deine Buchungsbestätigung prüfen, damit du nicht zweimal zahlst. Anstatt eine Flughafensteuer zu entrichten, kannst du dann am Airport dein Ticket vorzeigen, das belegt, dass du schon gezahlt hast. Ob du bei der Ausreise etwas blechen musst, erfährst du auch wieder auf der Website des Auswärtigen Amtes. Du siehst, diese Website ist ein Schlüssel zum organisierten Reisen. Du findest dort Informationen zu Sicherheit, Gebühren, möglichen Krankheiten und vorgeschriebenen Impfungen, aber auch Hinweise darauf, wie viel Bargeld du bei der Einreise mit dir führen darfst. Wenn du eine Reise planst, lies dir immer den jeweiligen Artikel des Landes auf der Seite des Auswärtigen Amtes durch.

Merke: *Manchmal gibt es Ein- oder Ausreise-Gebühren, die man vorher prüfen sollte. Dazu nutzen wir die Website des Auswärtigen Amtes.*

Abgelegene Flughäfen

Wir kommen nun zum dritten und letzten Punkt bei der Überprüfung von Extra- Gebühren: die Abgelegenheit des Flughafens.
Es klingt banal, doch die geographische Position des Airports entscheidet nicht selten über die positive oder negative Stimmung, während einer Reise. Stell dir vor, du hattest einen entspannten Flug, die Sonne scheint und du freust dich auf den Urlaub. Du kommst am Airport an und prüfst, wie du am besten zu deinem Hotel im Zentrum gelangst. Du setzt dich auf eine der vielen freien und bequemen Sitzmöglichkeiten, ehe du, ohne anstehen zu müssen, die Einreise passierst, bei welcher der Grenzbeamte dir freundlich zulächelt. Das unlimitierte gratis WLAN am Flughafen teilt dir mit, dass es eine direkte U-bahn-Verbindung gibt, die dich in innerhalb von 7 Minuten direkt ins Zentrum bringt. Das Ticket dafür kostet 0,80€ und die Station liegt direkt vor Terminal 1. Du kaufst dir am Automaten ein Ticket, setzt dich in die U-Bahn und lernst ein paar Locals kennen, die dir morgen die Stadt zeigen wollen. Perfekt, es könnte nicht besser sein.

Nun stell dir vor, du kommst mit 2 Stunden Verspätung am Flughafen an, wo du gestresst in einer ewigen Schlange wartest. Ein guter Freund wollte dich abholen, doch aufgrund der Verspätung musste er schon los zur Arbeit. Jetzt bist du alleine am Flughafen und musst ins Zentrum, damit du noch rechtzeitig ein Hotel buchen kannst. Es wird gleich dunkel. Du willst kurz googeln, wie du am besten ins Zentrum kommst und dann... – kein WLAN am Flughafen! Du aktivierst die Roaming-Funktion deines Handys und ehe du eine ordentliche Information hast, bist du schon 7,50€ ärmer. Ohne einen Dolch schlauer zu sein, deaktivierst du das Roaming und wartest ungeduldig darauf, dass du durch die Einreise gehst. Von 9 Schaltern ist nur einer offen und 80 Menschen stehen vor dir in der Schlange. Wenn du endlich eingereist bist, siehst du bei der Gepäckausgabe ein Plakat, auf dem eine Karte abgebildet ist. Du traust deinen Augen nicht. Du bist gar nicht in deiner Stadt, sondern in einem abgelegenen Waldgebiet 150 km weiter nördlich. Wie willst du jetzt ins Zentrum kommen? Zum Glück hat der Betreiber, der das Plakat aufgehängt hat, auch eine Lösung: Eine Busfahrt direkt ins Zentrum für 32€. „Lachhaft", denkst du dir, bis du merkst, dass es keine andere Möglichkeit gibt. Damit du während der langen Busfahrt nicht verhungerst, holst du dir kurzerhand 2 Snacks am Automaten für jeweils 4,50€. Als du endlich ankommst, ist es dunkel und du weißt noch nicht, wo du schlafen sollst. Du hast unser Buch nicht gelesen und fragst beim ersten Hotel, das du siehst nach, wie viel eine Übernachtung kostet. 65€ pro Person. Voller Erschöpfung willigst du ein und schleppst deine Koffer übermüdet in den Schlafsaal.

Genug des Bösen. Zugegebenermaßen war die Geschichte ein wenig überzogen, doch es steckt mehr Realität drin, als du vielleicht denkst. Sicherlich hat man selbst einen Einfluss darauf, wie man eine Situation wahrnimmt. Um solche seelischen „Tiefpunkte" zu umgehen, lachen wir auf unseren Reisen über solche Situationen und scherzen darüber, was noch Schlimmeres passieren könnte. Auch stellen wir uns gerne vor, wie bestimmte Leute jetzt reagieren würden. Das können zum Beispiel Freunde oder auch berühmte Personen sein. Dabei wird es immer witzig und der Tiefpunkt ist schon vorbei.

Dennoch kam es oft vor, dass wir unvorbereitet an einem Airport landeten und realisierten, wie weit entfernt der Flughafen von der eigentlichen Stadt liegt. In Deutschland zum Beispiel gibt es den Airport Memmingen, der oft als „Munich West" gehandhabt wird. Doch tatsächlich liegt er näher am Bodensee als an München. Wer sich diesen Spitznamen ausgedacht hat, war entweder im Sturztrunk und wollte witzig sein oder er ahnte große Umsätze. Denn natürlich achten Menschen nicht auf die tatsächliche Position des Flughafens – solange „München" dran steht, passt es doch. Besonders für ausländische Touristen ist die Überraschung dann oft enorm. Vor einigen Monaten bin ich aus Italien in Düsseldorf Weeze (NRN) gelandet, ein Flughafen, in dem das Wort „Düsseldorf" eigentlich nicht viel verloren hat. Weeze liegt unmittelbar an der niederländischen Grenze, die Entfernung nach Düsseldorf ist so groß, dass es per Auto schneller wäre, vom südlichsten Punkt in Luxemburg zum nördlichsten Punkt in Luxemburg zu fahren (etwa anderthalb Stunden). Jedenfalls kam ich aus Mailand und wusste natürlich, was mich erwartet. Anders die italienischen Touristen, die im Bus kurzerhand gesagt haben „to the center, please". Der Busfahrer fragte skeptisch „Kevelaer?", eine andere Stadt in der Umgebung. Der Busfahrer sprach kein Wort Englisch (perfekt, wenn man bedenkt, dass es die einzige öffentliche Möglichkeit ist, zum Airport zu gelangen), also dolmetschte ich. Den armen italienischen Touristen war nicht klar, dass sie keineswegs in Düsseldorf waren. Sie erklärten mir, sie wollten ins Zentrum nach Düsseldorf. Ich teilte dem Busfahrer ihre Wünsche mit und er entgegnete in gebrochenem Englisch den Preis: „32,80€". Nun, darüber war dann sogar ich ein bisschen verwundert. Ich hatte vor der Reise eine günstige Verbindung zu mir nach Hause gebucht, sodass ich diesen Preis umgehen konnte. Bemerkenswert ist, dass Düsseldorf Weeze (NRN) also so weit von Düsseldorf entfernt ist, dass nicht mal mehr der lokale Verbundstarif greift. Mit diesem kann man sonst zu Festpreisen Bus und Bahn nutzen, egal von wo nach wo. Ich versuchte den Italienern die Lage zu erklären und wir lachten zusammen über die Situation. Natürlich ist es immer ärgerlich, wenn man mehr Geld verliert, als gedacht. Die Kunst ist dann, cool zu bleiben – man muss das Geld ohnehin zahlen; die Frage ist nur, wie man damit umgeht.

Ich begleitete die Italiener auf Ihrer Reise und sie waren mir sichtlich dankbar, weil sie sonst völlig verloren gewesen wären.

Jetzt denkst du dir vielleicht, dass man mit ein bisschen Instinkt nicht so verwirrt sein kann, dass man nicht weiß, wo man landet. Nun, auch uns ist es einmal passiert, als wir in Stockholm Skavsta (NYO) landeten. Skavsta ist ein Kaff in der Pampa, mehr als 2 Stunden von Stockholm entfernt. Wie in unserer Beispielgeschichte sahen wir erst an der Gepäckausgabe, wo wir tatsächlich gelandet waren. Zugegebenermaßen waren wir schon skeptisch, als wir beim Landeanflug nichts als Nadelwälder sehen konnten. Nichtsdestotrotz hatten wir keine andere Möglichkeit, als knapp 30€ zu zahlen und 2 Stunden lang mit dem Flughafenbus nach Stockholm zu gurken. Genau davon handelt das jetzige Kapitel, nämlich, dass man diese (versteckten) Zusatzkosten vorher einkalkuliert. Wir sind mit Ryanair von Gdansk in Polen nach „Stockholm" geflogen. Der Flug kostete etwa 15€ pro Person. Das bedeutet nicht nur, dass der Flug fast zweimal günstiger war als der Transfer „von Stockholm nach Stockholm", sondern auch, dass die Busreise „von Stockholm nach Stockholm" länger dauerte als der Flug – Ja, Skavsta wird als Stockholmer Flughafen gehandelt.

Nun heißt das, dass man diese Flughäfen strikt meiden soll?

Nein. Insgesamt ist es natürlich immer noch viel günstiger, als wenn man herkömmlich zu einem anderen Airport in Stockholm fliegt, der sich vielleicht näher am Zentrum befindet. Der Schlüssel zum Erfolg heißt hier Vorbereitung! Ein Problem in unserer Geschichte war zum Beispiel, dass man Hunger verspürt. Wenn du jetzt vorher weißt, dass du länger im Bus sitzen wirst, kannst du dir einfach ein bisschen mehr Essen mitnehmen und das Problem ist gelöst. Essen im Handgepäck darfst du immer mitnehmen und im Grunde gibt es keine Beschränkung. Beschränkungen bei Lebensmitteln gibt es im Prinzip nur für Flüssigkeiten. Trotzdem sind sich viele Menschen unsicher, ob sie Nahrungsmittel mit in die Kabine nehmen dürfen – Ja, du darfst mitnehmen, was du willst!

An einer Verspätung oder einer langen Schlange an der Passkontrolle kann man zwar selbst nichts ändern, man kann die Zeit jedoch sinnvoll nutzen und ein Buch lesen oder am Laptop arbeiten. Selbiges lässt sich auch auf die Busfahrt anwenden.

Wie man sinnvoll und günstig ein Hotel bucht, erfährst du in Teil 3 und die beschriebenen Internet-Probleme aus unserer Geschichte lassen sich mit kostenlosen Offline-Apps lösen. Die Wichtigste ist „maps.me". Mit ihr kannst du vor der Reise spezielle Karten herunterladen und diese offline öffnen. So kannst du dich zum Beispiel völlig ohne Internet zum Hotel navigieren lassen oder ein gutes Restaurant ausfindig machen. Wenn du unser Buch gelesen hast, kannst du also alle Probleme abwenden. Noch einmal, wir fliegen solche abgelegenen Flughäfen oft an, einfach, weil es insgesamt am günstigsten ist. Du musst nur vorbereitet sein und eine Möglichkeit finden, deine Zeit sinnvoll zu nutzen. Um die erwähnten Zusatzkosten zu prüfen, solltest du den Flughafen (inklusive des dreistelligen Kürzels) googeln und eine Route vom Airport zu deinem letztendlichen Zielort ausklügeln. Wie genau du das machst, erfährst du in Teil 2 „Günstig Fahren".

Du hast also jetzt gelernt, wie wichtig es ist, zusätzliche Kosten zu erkennen und diese einzukalkulieren. Oft gibt es dabei auch Möglichkeiten, die „offiziellen" Preise zum oder weg vom Flughafen zu umgehen. Auch das erfährst du später im Buch.

<u>Merke:</u> *Es gibt abgelegene Flughäfen, die die Kosten für den Transport ins Zentrum stark in die Höhe treiben. Insgesamt sind sie meist trotzdem günstiger, als wenn man zu einem anderen Airport in Stadtnähe fliegt. Die* *abgelegenen Flughäfen werden oft unter Spitznamen wie „Munich West" oder „Frankfurt Hahn" gehandelt. Das Ziel für uns ist, unsere Zeit effektiv zu nutzen, wenn man diese Airports anfliegt.*

Beispiele für abgelegene Airports:

- Frankfurt Hahn
- Düsseldorf Weeze
- Memmingen
- Paris Vatry (Rekord mit 2h 15 Minuten ins Zentrum)
- Stockholm Skavsta
- Oslo Torp
- Mailand Bergamo
- London Gatwick
- London Stansted
- Eilat Ovda
- Reykjavík (KEF) (Achtung, extrem teurer Airport-Bus, 30€, obwohl die Distanz nicht so groß ist)

Beispiele für Airports nahe am Zentrum oder mit besonders guter Anbindung:

- Vilnius
- Nürnberg
- Sofia
- St.Maarten
- Lissabon
- Dubai (DXB)
- Cologne
- Vienna
- Doha

Fazit

In diesem Teil haben gelernt, die billigsten Flüge zu finden. Wir sind nun vertraut mit der Website skyscanner.com und können durch die Generalisierung von Parametern die Preise senken. Durch eine Kostenanalyse sind wir uns über alle Ausgaben im Klaren und es gibt keine bösen Überraschungen. Wir haben gelernt, dass sich Reisebüros für uns finanziell nicht lohnen und Pauschalreisen stattdessen über Seiten wie urlaubsguru.de gebucht werden sollten. Nachdem wir die Unterschiede zwischen Kurz- und Langstrecke erörtert haben, wissen wir nun, dass es manchmal durchaus sinnvoll sein kann, Hin- und Rückflug bei einer Langstrecke zusammen zu buchen. Ab und zu lassen wir uns von secretflying.com über momentan günstige Destinationen inspirieren. Durch das Aufbauverfahren kannst du dir deine eigenen Flüge mit Zwischenstopps erschaffen und so die „offiziellen" Preise umgehen. Wir haben eine komplette Flugbuchung simuliert und festgestellt, dass wir immer den günstigsten Tarif wählen sollten.

Der erste Teil der Reiseplanung liegt hinter uns.

Teil 2: Günstig Fahren

Einführung

Nun weißt du alles darüber, wie man super günstige Flüge findet und bucht. Das ist natürlich nicht alles, was du, um günstig zu Reisen, benötigst. Stattdessen hat gerade auch die Lokal-Logistik auf dem Boden einen wesentlichen Anteil daran, dass dein Geldbeutel keinen all zu großen Schaden nimmt. Oder anders ausgedrückt: Die besten Flüge bringen dir nichts, falls du nicht günstig zum Airport kommst oder einen Transit zwischen zwei nahen Flughäfen nicht wahrnehmen kannst. Deshalb haben wir dem Transport am Boden ein eigenes Kapitel gewidmet. Denn während die Flüge quasi das Stahlgerüst deiner Planung darstellen, fungiert die Lokal-Logistik wie der feine Kleber. In diesem Kapitel werden wir uns deshalb anschauen, wie die Flugplanung mit günstigem Schmiermittel unterstützt wird. Als Erstes werden wir uns dazu ansehen, wie wir überhaupt erst mal in die Stadt kommen, von deren Flughafen wir abfliegen können. Wir stellen verschiedene Optionen vor und fokussieren uns dabei auf das Verkehrsmittel, welches wir bei BDB-Reisen bereits zur Genüge verwendet haben: Der Eisenbahn.

Leider ist dabei der Flughafen nicht immer unmittelbar vom Stadtzentrum aus zu Fuß erreichbar, und auch eine Flughafenstation gibt es manchmal nicht. Wir werfen deshalb als Nächstes einen Blick darauf, wie wir unser Flugzeug rechtzeitig erwischen, ohne dass neben unserer Maschine auch der Preis mit abhebt.

Kaum sind wir im Zielland gelandet, müssen wir zudem einen Transport vom Flughafen weg organisieren. Wir erklären, wie man auch in unsicheren Ländern entspannt zu seiner nächsten Destination gelangt, sei es eine Unterkunft oder der nächste Verkehrsknotenpunkt, wie ein Busbahnhof oder ein weiterer Flughafen. Die gute Nachricht an dieser Stelle: Es gibt quasi immer eine Möglichkeit, teure

Verkehrsmittel wie Taxis zu vermeiden und auf bewährte Alternativen zurückzugreifen.

Wenn wir dann bei unserer Zieldestination angekommen sind, besteht natürlich ebenfalls kein Grund, dort unnötig Geld durch sündhaft teure Transporte zu verlieren. Wie du dich fernab von Flughäfen in exotischen Ländern für lau durch die Lande bewegst, wird hier thematisiert. Dank unserer vielseitigen Erfahrungen können wir einige Erlebnisse vergleichen und die billigsten Alternativen hervorheben.

Schließlich rundet ein Fazit den zweiten Teil des Buches ab. Wir liefern dir eine Zusammenfassung unserer Ideen.

Transport zum Flughafen

Wer kennt sie nicht, die großen Metropolen Deutschlands, welche die Eckpfeiler der europäischen Infrastruktur darstellen, wie Hahn, Weeze, Memmingen, ...

Spaß beiseite, es gibt Provinzflughäfen in Deutschland, deren Städte nicht unbedingt das Tor zur Welt darstellen. Meistens aber fliegt man von zentralen Orten wie Frankfurt, Köln oder Berlin. Wir liefern dir in diesem Kapitel die Tipps, wie du in beiden Fällen sinnvoll zum kleinen Preis die Stadt erreichen kannst, aus der dein Flug abhebt. Da viele Flughäfen ohnehin schon einen Bahnhof haben, liegt es daher nahe, Verkehrsmittel zu nutzen, die diesen direkt tangieren. Da wird günstig und bequem dorthin gelangen wollen, schauen wir uns die Reise mit dem Zug genauer an.

Unser Vorschlag innerdeutsch zu reisen: *Die Bahn*

Deutschland hat immer noch eines der dichtesten Schienennetze der Erde. Diesen Umstand machen wir uns zunutze, um den Flughafen zu erreichen, von welchem wir in unser Abenteuer aufbrechen. Leider ist das größte Eisenbahnverkehrsunternehmen Deutschlands, die Deutsche Bahn AG, im Moment nicht immer ein Garant in puncto Pünktlichkeit, was hier aus ganz objektiver Sicht angesprochen werden muss. Außerdem ist die Reputation durch undurchsichtige, verwirrende Preisgestaltung sowie technische Pannen und überfüllte Züge angekratzt und man muss mittlerweile schon über einiges an Hintergrundwissen verfügen, um die Bahn als zuverlässiges Verkehrsmittel nutzen zu können.

Günstige Bahntickets finden

Es ist fast schon eine tägliche Routine, sowohl milde Anmerkungen als auch wüste Beschimpfungen über die viel zu hohen Zugpreise zu hören. Leute, welche selten mit diesem Verkehrsmittel fahren und spontan zum Bahnhof fahren, um sich dort dann ein Ticket zu kaufen, laufen durchaus in Gefahr, bei einem Blick auf den Bildschirm ohnmächtig zu werden. Spontan gebuchte ICE-Fahrkarten kosten oft 150€ und mehr.

Spontan mit der Bahn zu fahren ist in der Tat schwierig. Es als „sauteuer" abzustempeln wäre noch ein Kompliment. Es als „Wucher" zu betiteln ein Understatement. Es als „lachhaft überteuert" darzustellen wäre maßlos untertrieben. Die Paraphrase „keine Option" trifft es unserer Meinung nach perfekt. Mit spontanen Ticketkäufen ist bei der Bahn meist kein Glück zu machen. Einen Tag vor Abfahrtsdatum verschwinden die besten Angebote, und der Bundesbürger, welcher spontan am Tag der Reise noch ohne Ticket mit Koffer und Rucksack zum Bahnhof getrottet ist, schaut dumm aus der Wäsche. Bei Flügen kommt aber ein besonderer Umstand ins Spiel, welcher uns sehr nützlich ist. Wir kennen sowohl das Abflugdatum als auch die genaue Uhrzeit, müssen ohnehin im Voraus planen und haben somit die komplette Bandbreite an Ressourcen und Sparpreisen zur Verfügung. Dies kann uns dabei helfen, günstig im Voraus ein Ticket zu buchen, damit der Transport zum Flughafen hergestellt ist.

Dazu müssen wir mit der Preispolitik der Deutschen Bahn vertraut sein. „Super-Sparpreis" heißt momentan das Produkt, nach welchem wir Ausschau halten, während der Rest der Ticketbezeichnungen eher den Fahrgästen mit zu viel Erspartem vorbehalten ist.

Während es anfangs noch „Sparpreise" und „Normalpreise" gab, wurde irgendwann auf ein dreigliedriges System umgestellt. Der

Normalpreis wurde zum „Flexpreis“ (wobei das Einzige, was hier flexibel ist, dein ausgeleierter, leerer Geldbeutel ist). Die Preisdifferenzierung wurde ferner erneut auf die Spitze getrieben, indem dem „Sparpreis“ einige seiner nützlichen Extras, wie einem kostenlosen Stadtverkehr (genannt City-Ticket) oder einer Stornierbarkeit gegen Gebühr abgesprochen wurde. Heutzutage gibt es einen „Sparpreis“, welcher dieselben Features wie der alte Sparpreis aufweist, aber einige Euros mehr kostet, also quasi für die Tonne ist. Das neue Produkt, welches wir kaufen, heißt jetzt Super-Sparpreis und ist quasi ein ziemlich nacktes Produkt ohne irgendwelche Extras. Dieser ist also ausschließlich für die coolen Kids wie uns bestimmt, welche andere Hobbys haben, als unnötig Geld zu verprassen.

Wie bei unseren Flugtickets ebenfalls verzichten wir also auf Extras wie Stornierbarkeit und kaufen das Ticket, um mit ihm zu fahren; nicht um Extras inkludiert zu haben, die wir vielleicht gar nicht brauchen, oder für welche wir eine günstigere Alternative haben.
Jetzt also noch einmal im Überblick, auf was wir uns einlassen:

Nicht inkludiert	Inkludiert
→ kostenloser Stadtverkehr	→ Nutzung aller Züge (incl. ICE) ab 20 Minuten Verspätung am Zielort
→ Stornierbarkeit	→ Taxigutscheine bei Verspätung abends
→ Nutzung der DB Lounge bei Fahrschein erster Klasse	→ Hotelgutscheine bei Verspätung abends

Es zeigt sich also, dass wir bei Buchung des reduzierten Tickets immer noch sehr gut wegkommen. Nachdem wir also jetzt wissen, welches Ticket für uns das Richtige ist, müssen wir noch klären, wie wir diese günstigen Tickets finden. Leider heißt Super-Sparpreis nicht automatisch günstig, da es zu fast jedem Ticket eine Version im Super-Sparpreis gibt. Deshalb schauen wir uns jetzt an, wie wir überhaupt günstige Tickets finden.

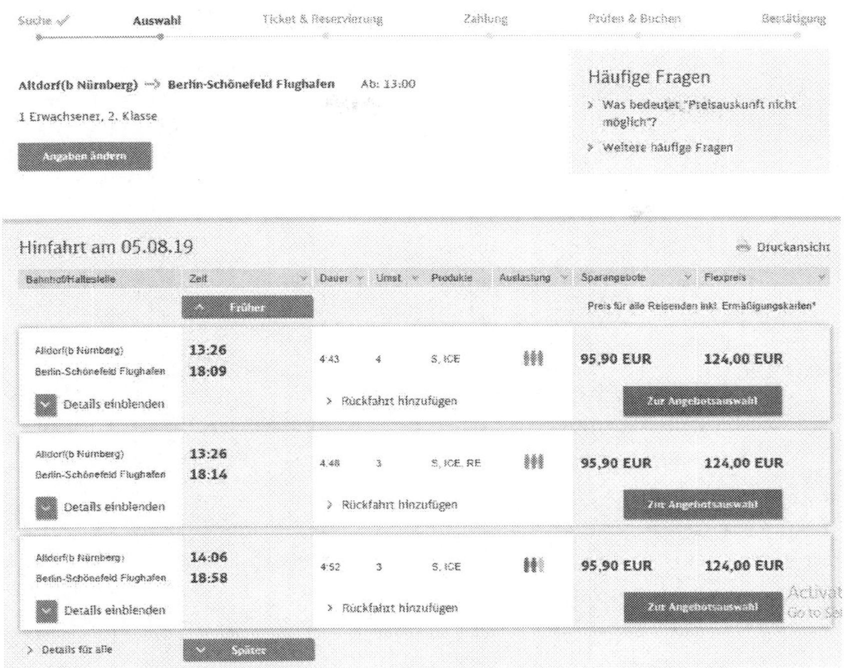

So nicht! Wenn wir uns auf die Seite bahn.de begeben und von Jans Heimatstadt aus einen günstigen Zug zum Flughafen Berlin-Schönefeld, einem Teil von Berlin-Brandenburg, suchen, werden wir bitter enttäuscht. Die Standard-Suche findet nur selten befriedigende Ergebnisse. Jedoch wissen wir uns zu helfen. Der erste Schritt unserer Zugbuchungen führt meist über die Option „weitere Angaben ändern". Dort haben sich nämlich die größten Einsparmöglichkeiten versteckt. Hier können wir wählen, welche Züge wir benutzen möchten, und welche nicht. Praktischerweise für die Bahn wird dem Kunden nämlich standardisiert die teuerste Option angezeigt, also eine Verbindung, welche ICE miteinschließt. Praktischerweise für den preisbewussten Kunden kennt dieser den ersten Standard-Kniff.

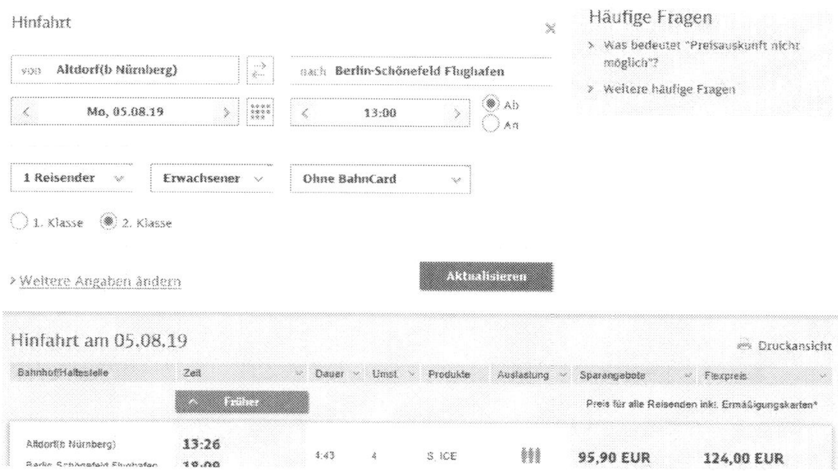

Nach einem kurzen Klick auf „weitere Angaben ändern" findet sich unter „erweiterte Verkehrsmittelauswahl" eine Zeile mit verschiedenen Feldern. Dies ist die Auswahl der Zuggattungen, welche wir haben wollen.

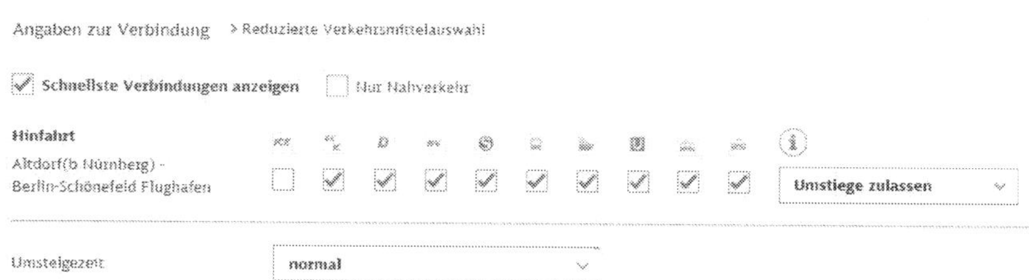

Jetzt können wir also auswählen, welche Züge wir benutzen möchten. Die Bahn unterscheidet grundsätzlich zwischen zwei Kategorien – Fernverkehrszüge (ICE und IC/EC) sowie Nahverkehrszüge (der ganze Rest). Wenn wir den teuren ICE wegklicken und auf IC/EC vertrauen sind wir oftmals viel günstiger unterwegs. Und damit meinen wir, oft bis zu 50% günstiger! Viele Reisende denken hier nicht rational, sondern emotional und oft hört man Sprüche wie „Wenn ich schon verreise, dann will ich nicht ewig mit irgendeinem Bummelzug durch die Gegend gurken". Oft lassen diese Personen dabei außer Acht, dass sie sich mit dieser Einstellung selbst aufs Abstellgleis bringen, da sie riesige Sparmöglichkeiten kategorisch ablehnen. Bei genauerer Betrachtung sind Strecken ohne ICE oft nur ein oder zwei

Stunden langsamer. Dies fällt aber häufig überhaupt nicht ins Gewicht, da auf Grund der Unpünktlichkeit der DB ohnehin oftmals die Zugbindung aufgehoben wird und wir ICE fahren dürfen – ohne dafür bezahlt zu haben! Näheres wird auf den nächsten Seiten behandelt. Wenn die Züge pünktlich sind und wir somit letzten Endes IC/EC fahren müssen, ist die Auslastung dort meist mangelhaft und wir können uns super ausbreiten und auf unserem Platz die Zeit zum Arbeiten nutzen. Lange Rede kurzer Sinn – wir klicken das ICE-Häkchen heraus und der Preis wird schon bedeutsam günstiger.

Für den tiefer interessierten Leser: Warum klicken wir „nur" ICE weg und nicht auch gleich IC/EC?

Dies hat vor allem zwei Gründe. Zum einen sind Sparpreise nur verfügbar, wenn es mindestens einen Fernverkehrsanteil innerhalb der Fahrkarte gibt. Außerdem können wir mithilfe dieses Sparpreises zusätzlich von verschiedenen Rabatten wie Bahncard, Ferrero-Gutscheinen etc. profitieren, was mit reinen Nahverkehrstickets wie dem Quer-durchs-Land Ticket nicht immer ohne weiteres möglich ist. Insgesamt lassen sich durch die Kombination aus einem niedrigen Sparpreis und weiteren Ermäßigungen oft Preise unter 20 Euro erzielen. Für ein Quer-durchs- Land Ticket werden Stand 2022 immer 42 Euro fällig und außerdem ist man durch die Limitierung auf langsame Züge oft deutlich schwerfälliger unterwegs.

Die hauptsächliche Schwäche der reinen Nahverkehrsfahrkarten ist es, dass diese nicht die Aufhebung der Zugbindung im Falle von Verspätungen inkludieren (siehe folgendes Kapitel „Tipps zum Bahnfahren"). Somit sind reine Nahverkehrsfahrkarten einem Fernverkehrsticket, also einem Ticket, das IC/EC oder ICE inkludiert, in aller Hinsicht unterlegen.

Die Fahrkarten mit IC-Anteil sind günstiger als die reinen Nahverkehrsfahrkarten und bieten bessere Konditionen.

Frühe und späte Zeiten

Oftmals sind die günstigsten Fahrkarten nicht gerade zu der Tageszeit vorhanden, für die wir unsere Suche starten. Glücklicherweise können wir die Abfahrtszeit ändern und dann auf „früher“ oder „später“ klicken, um noch bessere Resultate zu erzielen. Als ich neulich beispielsweise nach Linz fahren musste, konnte ich durch diesen Trick enorm sparen.

Oftmals verstecken sich in den sehr frühen oder späten Verbindungen einige preisliche Juwelen – diese ans Tageslicht zu befördern ist manchmal nicht ganz unaufwändig, aber die Suche lohnt sich. Besonders attraktiv sind auch Übernachtverbindungen. Dies sind keine klassischen Nachtzüge, sondern irgendwie zusammengestückelte Fahrkarten, oftmals mit Aufenthalt an einem Bahnhof zwischen dem „letzten“ Zug abends und „ersten“ Zug morgens. Gerade hier können wir verstehen, dass diese Option nicht für jeden Leser die Richtige ist. Aber oftmals ist sie einfach abnormal günstig. In unserem Beispiel sind die 25,15€, wenn man bedenkt, dass Fahrtkarten nach Österreich tendenziell teuer sind, deshalb eine interessante Ressource.

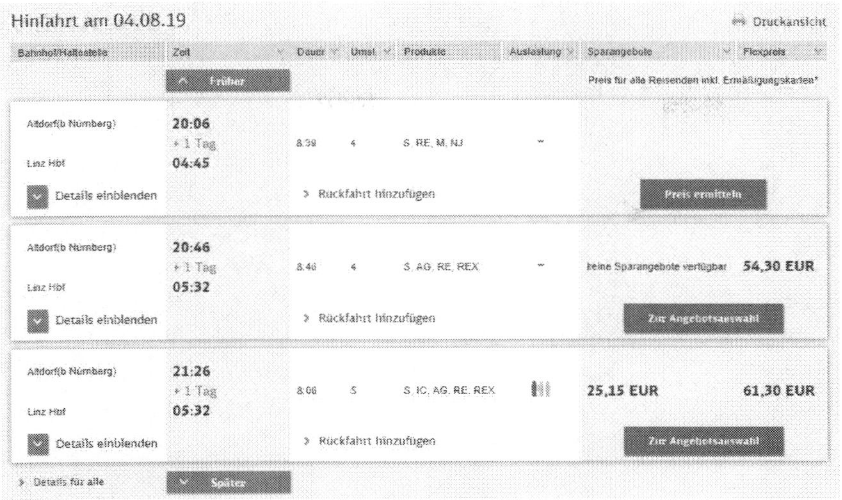

Die Via-Suche

Mit dem Auswählen von bestimmten Zuggattungen sowie dem Auswählen von besonders frühen beziehungsweise späten Abfahrtszeiten, sind die zwei wichtigsten Tricks jetzt bereits in deinem Repertoire. Bevor wir uns ein nächstes interessantes Thema anschauen, sind wir aber noch nicht fertig! Falls nämlich bei der Deutschen Bahn überhaupt keine günstige Fahrkarte gefunden werden kann, gibt es noch einen weiteren Trick, den wir herausgefunden haben. Diesmal sehen wir uns den Unterpunkt „Zwischenhalte hinzufügen“ an. Dieser wurde wohl kreiert, um es Reisenden zu ermöglichen, in einer Stadt flüchtig Bekannte zu treffen oder Erledigungen durchzuführen. Wir haben aber Anderes im Sinne und nutzen den Befehl aus, um legal den Preis für unser Ticket zu manipulieren/variieren.

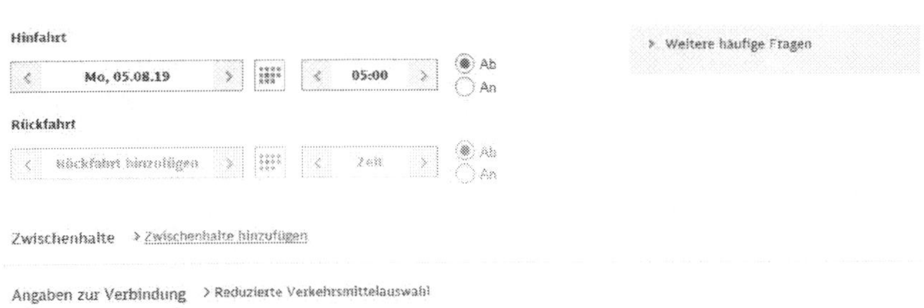

Ein kurzer Klick auf „Zwischenhalte hinzufügen“ kann Geldbeutel glücklich machen! Wir haben nun die Auswahl, einen oder zwei

Bahnhöfe auszuwählen, die einer unserer Züge bei unserer Verbindung durchqueren muss. Dies heißt nicht zwangsläufig, dass wir dort wirklich aussteigen müssen, es reicht, wenn der Zug hier hält (Aufenthaltszeit auf minimal 0 Minuten ist bereits voreingestellt).

Hier können wir versuchen, Bahnhöfe auszuwählen, welche von bestimmten langsamen IC durchfahren werden, die sonst unter Umständen nicht gefunden worden wären. Beispiele sind zum Beispiel Hanau und Bonn statt Frankfurt und Köln. Wenn wir ferner zum Beispiel kein befriedigendes Ticket nach Berlin angezeigt bekommen, können wir systematisch alle möglichen Strecken abfragen. Das bedeutet, sich mit Hilfe der Via-Suche Verbindungen über alle großen Städte wie Erfurt, Leipzig, Dresden oder Hamburg anzeigen zu lassen.

Manchmal hilft nichts anderes, als den Anteil von Fernverkehrszügen so weit wie nur möglich zu reduzieren. Sparpreise werden normalerweise nach Kapazitäten vergeben, und wenn eine Kapazität irgendwo zwischen Nürnberg und Köln nicht mehr vorhanden ist, scheitert unsere ganze Suche nach dem billigsten Tarif, da uns die Verbindung nicht mehr angezeigt wird. Im obigen Beispiel wird die IC-Nutzung auf eine minimale Strecke limitiert (Köln bis Düsseldorf), um dem Problem entgegen zu wirken. Je mehr Nahverkehrszüge wir im Vorlauf haben, desto größer wird auch die Wahrscheinlichkeit, dass wir aufgrund von Zugverspätung einen Anschluss verpassen und die Zugbindung aufgehoben bekommen, also trotz IC/EC-Fahrkarte zwischen Frankfurt und Köln mit dem ICE auf der Schnellfahrtstrecke fahren. Dies sind aber eher Tricks für Fortgeschrittene und es reicht völlig, von der Ressource der Via-Suche Kenntnis zu nehmen.

Grenztrick

Selbstverständlich kann es auch passieren, dass wir von einem Flughafen im nahen Ausland abfliegen. In diesem Fall ist der erste Impuls oft, sich nach einer direkten internationalen Fahrkarte umzusehen. Um dies zu tätigen, geben wir einfach den Namen der Stadt, welche wir mit unserer Anwesenheit beglücken wollen, in die

Suchleiste ein. Die Suche nach einer Fahrkarte nach Maastricht liefert beispielsweise folgendes:

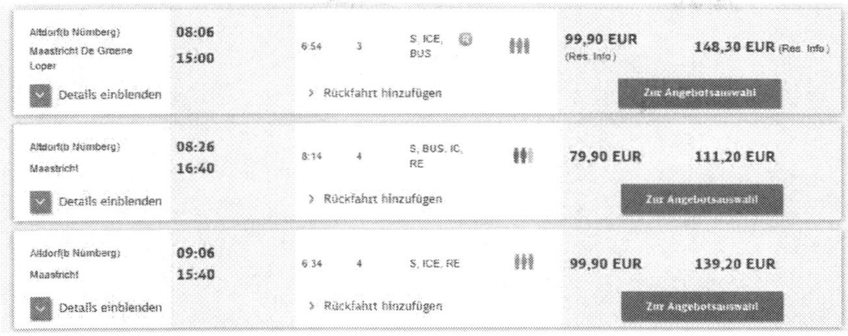

Da wir aufgrund der vorherigen Kapitel bereits gut geschult sind, versuchen wir als nächstes, den ICE wegzuklicken.

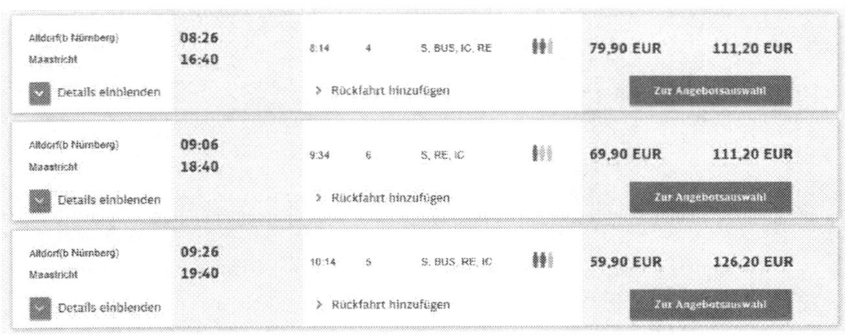

Immerhin 20 Euro günstiger ist die Fahrkarte geworden. Der Gesamtpreis von 59,90 Euro ist aber immer noch sehr teuer. Ein Trick muss her.

Da das Internet glücklicherweise vor Streckennetzen und Karten strotzt, können wir ohne Probleme die Namen von nahen Grenzbahnhöfen bestimmen. In unserem Fall ist der Bahnhof, auf den wir unsere Augen richten, Herzogenrath.

Wieder konnten wir 22 Euro sparen. Jetzt brauchen wir nur noch eine Einzahlfahrkarte von unserem Grenzbahnhof, welche um die 8 Euro kostet. Insgesamt konnten wir also nochmal 14 Euro sparen. Die Idee in der Zusammenfassung: Bei Reisen ins Ausland nahe der Grenze ist zu überlegen, ob es sinnvoll ist, eine innerdeutsche Fahrkarte bis zum Grenzbahnhof zu kaufen und dort einen Einzelfahrschein zu erwerben. Vorsicht ist allerdings bei dieser Methode geboten, was die Aufhebung der Zugbindung anbelangt. Da es zwei unabhängige Fahrkarten sind, gibt es auch keine fahrkartenübergreifenden Rechte. Heißt im Klartext, wenn auf dem Rückweg der Zug von Maastricht nach Herzogenrath ausfällt und wir den Anschluss nicht erreichen, verfällt unsere komplette Fahrkarte ab Herzogenrath. Deshalb sollten wir lieber einen Zug früher nehmen, um auf Nummer sicher zu gehen.

Hinweis: Die in diesem Kapitel erlernten Techniken sind das „Handwerkszeug“, um manuell günstig Züge zu finden. Warum manuell? Mittlerweile hat die Bahn auf ihrer Homepage einen sogenannten Sparpreis-Finder integriert. Dieser liefert im Großen und Ganzen zuverlässige Arbeit. Es gibt aber manchmal Situationen, in welchen auch der Sparpreis-Finder bestimmte Verbindungen nicht findet, vor allem die Verbindungen des „Zwischenhalt hinzufügen“ Tricks. Außerdem hat es nach wie vor viele Vorteile, den Zug „händisch“ mithilfe der Standard-Suche zu buchen. Stand Oktober 2022 ist es oft am günstigsten, einen IC zu nutzen, welcher von Frankfurt nach Hamburg durch die Nacht fährt. Dieser ist ideal, um sein notwendiges Fernverkehrssegment zu erfüllen, da Fahrkarten mit diesem Zug als IC/EC Anteil oft günstig sind. Als ich zum Flughafen Amsterdam Schiphol fahren musste, konnte ich meine Verbindung optimieren, indem ich händisch „via Osnabrück“ einstellte und meine Aufenthaltszeit nachts vom Bahnhof in den Zug verlegen konnte.

Bahncard-Rabatte und weitere Vergünstigungen

Eine weitere Möglichkeit, von Vergünstigungen zu profitieren, ist die Bestellung der Bahncard 25 beziehungsweise ProbeBahncard 25. Diese gibt uns 25 % Rabatt auf unsere Tickets und ist mit den weiteren Rabatten kombinierbar. Für Erwachsene kostet sie zum Zeitpunkt der Erstellung des Buches beispielsweise knapp 20 Euro für 3 Monate und rechnet sich häufig schon ab der ersten oder zweiten Fahrt. Für junge Leute unter 26 Jahren ist sie noch einmal deutlich günstiger. Neben der Bahncard gibt es weitere Möglichkeiten, Rabatte einzulösen. Oftmals gab es in der Vergangenheit beispielsweise Kooperationen mit Unternehmen wie Ferrero. Unter sich ändernden Bedingungen sind regelmäßig 10 Euro-Gutscheincodes in Nutella-Gläsern, Kinder-Schokoladentafeln oder Hanuta-Packungen beigelegt. Luca und ich nutzen selbst diese Option und kaufen durchaus manchmal mehr dieser Produkte, als wir zum Eigenverzehr benötigen. Bei einem Packungspreis von 2 Euro immer eine gute Investition. Wenn wir also die negativen Externalitäten auf unseren Körper wie den Blutzuckerwert ausgeklammert lassen, können wir 8 Euro sparen. Die Gültigkeit der Gutscheine liegt meistens bei einigen Wochen bis Monaten, es kann also sinnvoll sein, Hamsterkäufe zu tätigen.

Um die Ankündigungen zu solchen Aktionen nicht zu verpassen, empfehlen wir das

Abonnieren von Informationsseiten zu diesen Themen wie die Facebookseite „Zugreiseblog". Somit bekommen wir es unverzüglich mit, falls wieder eine Gutscheinaktion startet und wir können zum Supermarkt trotten, um uns für die nächste Zeit mit Gutschein-Codes auszustatten. Dabei ist zu beachten, dass die Gutscheine normalerweise erst ab einem bestimmten Fahrkartenwert einlösbar sind. Es empfiehlt sich deshalb, Hin-und Rückreise falls möglich zusammen zu buchen.

Weitere Gutscheine und Rabatte sind das Sommer-Ticket für jüngere Leute, welches vier ICE-Fahrten umfasst oder die kostenlose Teilnahme am Bahn.Bonus Programm – nähere Informationen zu diesen Programmen finden sich im Internet auf der Homepage der Deutschen Bahn.

Tipps zum Bahnfahren

An dieser Stelle könnten wir aufhören, uns mit dem Thema Bahn zu befassen, da du nun auf alle Informationen zum Auffinden von günstigen Tickets zugreifen kannst. Allerdings gibt es noch weitere Tricks, die du kennen solltest, damit du dich wirklich ordentlich in Deutschland mit dem Zug fortbewegen kannst. Bahnfahren gilt als extrem stressig und nicht komfortabel. Kritiker nennen überfüllte Züge, Verspätungen, ein schlechtes Informationsmanagement und einen generell miesen Service. Reihenweise geraten Reisende in Rage, weil sie mit diesen Missständen nicht klarkommen, was sich häufig in Hasstiraden gegen Schaffner oder Bahnhofspersonal äußert. Genervte Männer mittleren Alters, welche dem Mitarbeiterstab der DB verbal explizit die Meinung geigen. Hysterisch agierende Frauen, welche ihre Ängste mit plakativen Ausrufen wie „Ich kann nicht mehr. Ich muss hier raus" im kompletten Großraumwagen kundtun. Je mehr man mit dem Zug unterwegs ist, desto mehr könnte man gesellschaftliche Studien über das Verhalten von Menschen in Stresssituationen entwerfen. Dabei wissen die meisten der Reisenden nicht, dass dieser Stress völlig ungerechtfertigt ist.

Aufhebung der Zugbindung

Nun kommt der erste und wichtigste Schritt, sich auf Reisen entspannen zu können. Sparpreise mit IC/EC oder ICE-Anteil kommen automatisch mit der Bedingung, dass der Reisende keine anderen Züge verwenden darf als auf der Fahrkarte angegeben. Gleichzeitig gilt jedoch automatisch die Regelung, dass ab einer zu erwarteten Verspätung am Zielort von 20 Minuten und mehr jeder Zug genutzt werden darf. Das bedeutet, man darf in jeden Zug der DB und ferner in sämtliche Nahverkehrszüge von Privatbahnen einsteigen!

Somit ist bei einem verpassten Anschlusszug die Aufhebung der Zugbindung sichergestellt. Im Zweifelsfall kann dies auch beim Zugpersonal oder am Info-Schalter erfragt werden, ob die Zugbindung aufgehoben ist. Böse Menschen ahnen hier bereits, was wir vorhaben. Da die Deutsche Bahn so häufig Verspätung hat, dass ein Verpassen eines Anschlusszuges irgendwo sehr wahrscheinlich ist, können wir, obwohl wir die billigste IC/EC-Fahrkarte erworben haben, ab einem bestimmten Punkt trotzdem ICE fahren. Nämlich dann, sobald ein Anschlusszug verpasst wurde und die Zugbindung somit aufgehoben ist. Besonders effektiv wird dies, wenn der ICE plötzlich Schnellfahrtstrecken wie von Frankfurt nach Köln nutzt. Dann kommt es häufig vor, dass man plötzlich einige Stunden früher als geplant am Ziel ankommt. Denn sobald die Zugbindung auf der Fahrkarte einmal aufgehoben ist, ist dies nicht mehr rückgängig zu machen.

Deshalb macht es für uns quasi keinen Unterschied mehr, ob ein Zug Verspätung einfährt. Unterm Strich gewinnen wir durch das Upgrade auf den ICE manchmal an Zeit, manchmal kommen wir aber auch tatsächlich später am Ziel an, da gerade kein anderer Zug zur Verfügung steht. Insgesamt kann ich aus eigener Erfahrung sagen, dass aufgrund von Verspätungen die Zugbindung auf circa der Hälfte meiner Reisen aufgehoben wurde und sich die Zeitersparnis und zusätzliche Zeit insgesamt ungefähr die Waage halten. Es gibt also keinen Grund, uns über Verspätungen und Zugausfälle, an denen wir sowieso keinen Anteil haben, aufzuregen. Wenn wir mit einer Fahrkarte mit Fernverkehrsanteil (=IC/EC/ICE) eine so hohe Verspätung haben, dass wir nicht mehr nach Hause kommen, ist die Bahn zudem verpflichtet, Taxi- oder Hotelgutscheine auszustellen oder die eingereichten Rechnungen im Nachhinein zurückzuzahlen. Auch das haben wir schon erlebt: Eine kostenlose Hotelübernachtung in einem Fall, Taxigutscheine in sehr, sehr vielen Fällen.

Falls wir unsere Reise mit einem anderen Verkehrsmittel, wie beispielsweise dem Flugzeug fortsetzen, wird es deutlich interessanter. Hier müssen wir darauf achten, dass wir nicht zu knapp vor Abflug am Flughafen ankommen. Falls es nämlich Verspätungen bei der Bahn gibt, haben wir keine Möglichkeit, Geld für einen verpassten Flug zurückzubekommen. Wir empfehlen an dieser Stelle eine Verbindung, bei welcher wir planmäßig mindestens 3 Stunden vor Abflug am Flughafen sind. So können wir eventuelle Verspätungen von bis zu 120 Minuten auffangen, was bisher bei uns immer gereicht hat.

Platz finden – wir brauchen keine Sitzplatzreservierung!

In all den Jahren, in denen wir Zug gefahren sind, gab es bisher erst selten Situationen, in denen wir in Fernverkehrszügen keinen Sitzplatz bekommen haben. Wir buchen nie eine Sitzplatzreservierung, da wir dies für heraus geschmissenes Geld halten und trotzdem hören wir immer wieder, dass Leute den Zug meiden, weil dieser nicht nur unpünktlich, sondern auch überfüllt sei.

Als Erstes soll gesagt werden, dass es große Unterschiede gibt, wo im Zug man sich befindet. Gut für uns sind abgelegene Waggons der zweiten Klasse an den Enden des Zuges. Beispiel: Bei den alten, nicht-doppelstöckigen IC-Zügen hängt beispielsweise oftmals sehr weit hinten ein Fahrradwaggon. Viele Leute möchten nicht den weiten Weg bis zum Abschnitt A oder G auf sich nehmen und bleiben lieber in der Mitte stehen. Deshalb lohnt sich ein Blick auf die Zugzielanzeige am Bahnsteig: Welcher der Zweite-Klasse-Waggons ist am abgelegensten? Dort gehen wir hin, bevor der Zug einfährt. Hier ist eigentlich immer ein Platz frei.

In speziellen Fällen kann auch dieser Wagen manchmal relativ voll sein. Dies ist der Fall, wenn der Zug gerade aus einem Kopfbahnhof, wie Frankfurt oder München gekommen ist, wo sehr viele Fahrgäste zugestiegen sind und alle hinten eingestiegen sind. Solltest du also öfter mit der Bahn fahren, lohnt es sich, diese Bahnhöfe zu kennen. Auf der weißen Ankunftstafel am Bahnsteig lässt sich dann nachvollziehen, woher der Zug kommt. Wenn wir beispielsweise in Nürnberg Hbf stehen und wissen, dass der Zug aus München kommt, gehe ich automatisch davon aus, dass an der Zugspitze Plätze frei sein werden – weil die meisten Reisenden beim Einsteigen am Münchner Kopfbahnhof sich nicht die Mühe gemacht haben, ganz nach vorne zu laufen.

Wenn wir dann im Zug sind, stellen wir fest, dass die meisten Reisenden freie Sitzplätze ignorieren. Der Grund ist die Reservierungsanzeige. Grundsätzlich kann jeder sich überall hinsetzen. Nur für den Fall, dass eine Person mit einer Sitzplatzreservierung auch wirklich auftaucht, müssen wir den Sitzplatz freigeben. Beispiel: Wir fahren von A nach C (keine zusätzlichen Vorteile wie Bahn.Comfort oder einen reservierten Sitzplatz innehabend)

Freier Platz mit folgender Anzeige:	Hinsetzen?
Nichts angezeigt	Ja. Wir können bis zu unserem Zielbahnhof sitzen bleiben.
Reserviert von A nach C	Eher nein: Wir gehen davon aus, dass gerade jemand eingestiegen ist und sich zu seinem Platz begibt.
Reserviert von B nach C	Ja. Kurz vor Ankunft in B suchen wir uns einen anderen Platz, der gerade frei geworden ist
Bahn.Comfort	Ja. (Wahrscheinlichkeit sehr gering, dass jemand kommt)
Schwerbehinderte / Begleitung	Ja. (siehe Bahn.Comfort)

Wenn tatsächlich jemand kommt, sind wir natürlich freundlich und stehen auf.

Fahrgastrechte

Bei Verspätungen können wir uns entweder beim Schaffner oder am Info-Point ein Formular aushändigen lassen. Neben Taxigutscheinen und Hotelübernachtungen, welche hier nachträglich erstattet werden, falls die Bahn eine Verspätung bis spät in die Nacht verursacht hat, bekommen wir auch Teile des Fahrpreises zurück. Konkret sind das bei 60 Minuten Verspätung 25 Prozent und bei 120 Minuten Verspätung 50 Prozent des Fahrpreises. Unter Umständen ist es für uns also sogar richtig gut, wenn der Zug verspätet ist. Allerdings wird die Verspätung oft durch Aufhebung der Zugbindung reduziert, da wir auf einen schnelleren Zug umsteigen und die Verspätung sich verringert. Insgesamt stellen wir fest: Entweder wir holen die Verspätung auf und der Zug ist pünktlich. Oder wir haben eine Verspätung, sind statt 3 Stunden vor Abflug nur noch 2 Stunden vor Abflug am Flughafen, aber können uns bereits 25 Prozent des Fahrpreises erstatten lassen. Das Formular selbst kann auch im Internet ausgedruckt werden und entweder im Reisezentrum an Bahnhöfen oder postalisch eingereicht werden. Der Antrag auf Erstattung bei der Bahn verläuft eigentlich immer reibungslos. Anders sieht es da zum Beispiel bei Flixbus aus, was uns zum nächsten Transportmittel bringt.

Der Fernbus

Die Bahn entfaltet ihre Stärke vor allem dadurch, dass es quasi überall Bahnhöfe gibt und ist dadurch für jeden eine Option. Sollte man jedoch den Wohnsitz in einer größeren Stadt in Deutschland haben, tut sich eine weitere interessante Alternative auf. Mit Hilfe von Fernbussen lassen sich weitere Distanzen ebenfalls oft sehr günstig überbrücken. Deshalb ist es in jedem Fall eine gute Idee, Websites wie www.busliniensuche.de einen Besuch abzustatten.

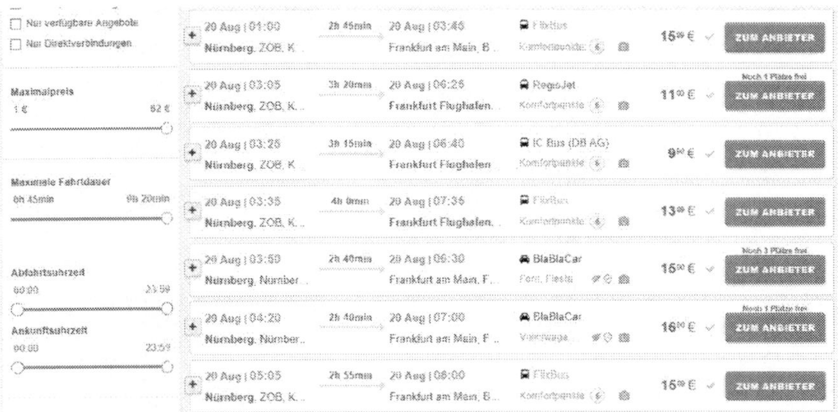

Der Markt für Fernbusse ist immer noch sehr umkämpft, was dem Verbraucher zu Gute kommt. In diesem Beispiel finden sich Busse für weniger als 10 Euro! Neben einem sehr guten Angebot einer tschechischen Firma für 11 Euro ist für uns hier auch der IC Bus interessant. Der erste Schritt sollte nun sein, auf der Homepage des Anbieters gegen zu checken, ob bei direkter Buchung dort die Preise noch weiter sinken.

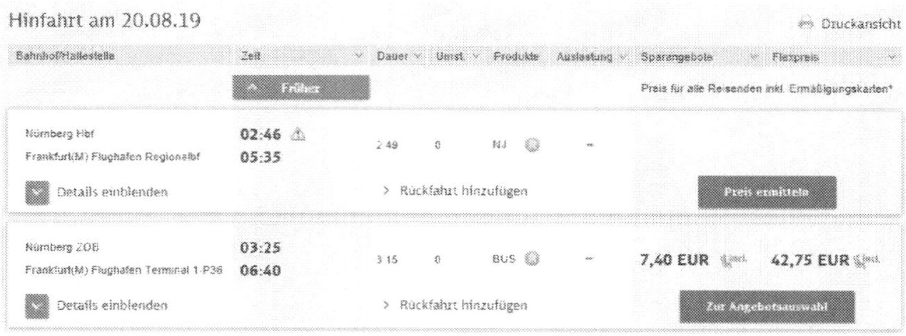

Tatsächlich können wir nochmal Geld sparen und zahlen nur den fantastischen Betrag von 7,40 Euro. Gute Angebote kommen also durchaus häufig von Busunternehmen. Falls man in einer Großstadt beheimatet ist, ist es unbedingt zu prüfen, ob der Bus in diesem Fall eine bessere Option zur Bahn darstellt. Für Bewohner von kleinen Städten und ländlich geprägten Dörfern außerhalb von Ballungsgebieten fällt diese Möglichkeit leider oft weg, da sich die großen Busanbieter auf Punkt-zu-Punkt-Verbindungen größerer Städte und auf Knotenpunkte wie Flughäfen konzentrieren. Wenn man aus einem kleineren Dorf dann zuerst ein Zugticket zur größeren Stadt kauft und dann den Bus nimmt, ist es unterm Strich meist teurer als einfach die gesamte Strecke per Bahn zurückzulegen. Durch die Punkt-zu-Punkt Strategie der Fernbusse sind aber teilweise unschlagbar günstige Preise drin, die du dir wie leckere Kirschen an einem Baum abholen kannst, wenn du Glück hast!

Was die Anbieter anbelangt, fällt auf, dass oft Eisenbahnunternehmen ihre Finger im Spiel haben (IC Bus von DB, BlaBlaBus mit SNCF assoziiert). Diese liefern manchmal wie im Beispiel oben die günstigste Verbindung. Klassische Fernbusunternehmen überzeugen ebenfalls oft mit sehr günstigen Preisen. Als Beispiel zu nennen ist hier der deutsche Anbieter Flixbus. Dieser bedient sehr viele Strecken und ist bei Punkt-zu-Punkt-Verbindungen oft günstiger als der Zug.

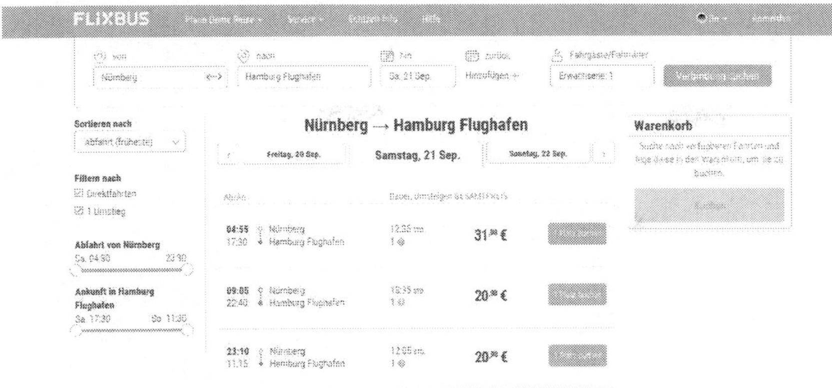

Manchmal ist zwar die Reisezeit bei Fernbussen etwas länger und außerdem kann man sich nicht seinen Sitzplatz auswählen, sprich man ist eingequetscht neben einer nicht austauschbaren Person. Jedoch schlägt der Fernbus bei relativ spontanen Buchungen die Bahn im Preis, wodurch Flixbus und Co. eine interessante Ressource darstellen. Beachte jedoch auch, dass du im Falle einer langen Verspätung unter Umständen schwieriger Geld zurückerhalten wirst. Im Falle einer völligen Annullierung erhältst du in der Regel einen Flixbus Voucher, den du für zukünftige Fahrten unproblematisch einsetzen kannst.

Merke: *Um Fernbusse zu suchen, nutzen wir die Seite busliniensuche.de. Vor allem bei Punkt-zu-Punkt-Verbindungen sind Busse von beispielsweise Flixbus oft günstiger als die Bahn.*

Andere Reisemöglichkeiten

Bald haben wir uns alle Möglichkeiten angeschaut, wie wir günstig fliegen und davor günstig zum Flughafen kommen. Neben Bus und Bahn gibt es noch eine interessante dritte Variante. Das gute alte Auto liefert einen hervorragenden Dienst und wer ein eigenes Auto besitzt und gerne damit fährt, hat eine hervorragende Alternative, falls Bus und Bahn preislich nicht überzeugen können. Wir für unseren Teil fahren selbst nicht so gerne Auto, da wir in dieser Zeit meist nicht arbeiten können, sondern uns aufs Fahren konzentrieren müssen. Wir schätzen und respektieren jedoch den Umstand, dass es bei vielen genau andersherum ist. Somit ist es eher eine persönlich-philosophische Fragestellung, ob bei Fernreisen das Auto in der Garage bleibt, oder bis zum Flughafen ausgeführt wird. Falls letzteres zutreffend ist, haben wir noch eine Anregung bezüglich der Parksituation. Häufig ist es teuer, direkt am Flughafen zu parken. Es ist sinnvoll, sich nach Alternativen umzusehen. Zum einen gibt es im Umland des Flughafens oft private Anbieter, zum anderen kann man sich im Voraus im Internet nach kostenlosen Parkplätzen im Stadtgebiet bzw. Park+Ride-Parkplätzen ohne Zeitlimitierung umsehen. Falls man fündig geworden ist, besteht die Möglichkeit, sein Auto direkt zum ausgewählten Ort zu navigieren und eine Einzelfahrkarte für den öffentlichen Personennahverkehr bis zum Flughafen zu lösen.

Wer kein eigenes Auto sein Eigen nennen darf, aber trotzdem gerne im Personenkraftwagen zum Flughafen gebracht werden möchte, sollte sich bei Carsharing-Anbietern wie BlaBlaCar umsehen. Wie effizient und verlässlich diese Option in wichtigen Situationen wie dem Zubringen zu einem Flug ist, lässt sich auf verschiedene Art auslegen und interpretieren. Wir persönlich würden eher von dieser

Variante abraten. Während bei „normalen" Fahrten Carsharing sicher eine interessante Option darstellt, ist uns beim Zubringen zu einem Flughafen vor dem Start einer Fernreise die Gefahr zu groß, dass der Fahrer abspringt. Zwar lässt sich durch beherzte Auswahl eines vertrauenserweckenden Profils die Wahrscheinlichkeit von Problemen minimieren, jedoch lassen sich diese nie ganz ausschließen. Zudem bieten viele Fahrer ihre Reisen erst kurz- oder mittellang vor dem Abfahrtsdatum an. Sollte dann niemand verfügbar sein, ist es bereits deutlich schwerer geworden, noch einen Bus oder Zug zu günstigen Konditionen zu finden.

Merke: *Beim Anwenden der richtigen Techniken bei der Buchung und Vorhandensein des nötigen Hintergrundwissens zum entspannten Zugfahren, ist die Bahn eine günstige, verlässliche und komfortable Ressource, wenn es darum geht, sich zum Flughafen zu begeben. Falls man in einer größeren Stadt beheimatet ist, in der viele Fernbusse abfahren, können auch diese zu einem günstigen und somit wertvollen Partner werden, um das Ziel zu erreichen. Wer gerne selbst zum Airport fährt, kann prüfen, ob es alternative Parkmöglichkeiten gibt. Carsharing benutzen wir eher weniger oft, um unsere Reise zu starten, da wir eine gewisse Sicherheit brauchen, um uns auf den Flug und die Reise vorbereiten zu können.*

Zu Fuß zum Airport?

Im Frühjahr 2018 haben wir die Dortmunder Jonglier-Convention besucht. Der Plan war, dass wir direkt 2 Tage nach der Convention nach Israel fliegen würden, um dort zusammen einige Termine wahrzunehmen. Nachdem die Jonglier-Convention also endete, fragten wir uns, wie jetzt noch die eineinhalb Tage bis zum Abflug zu verbringen seien. Da wir beide hoffnungslos abgebrannt waren und auch keine Kontakte in der Westfalenstadt zur Verfügung standen, musste ein 24-Stunden-McDonalds als Übernachtungsort herhalten. Hierbei muss man selbstverständlich zumindest eine Kleinigkeit kaufen, sonst wird man rausgeschmissen. Während wir beide uns die Nacht halb schlafend, halb belanglos philosophierend im diskursiven Delirium um die Ohren schlugen, war am nächsten Morgen der Plan schnell klar. Nach einem Stadtbummel sollte direkt der Weg zum Flughafen eingeschlagen werden, um dort zu übernachten und dann am darauffolgenden Tag endlich ins Flugzeug zu steigen. Luca und ich trennten uns, damit jeder für sich den besten Weg zum Flughafen finden konnte. Dass der überteuerte Direktbus von Dortmund Hbf aus keine Option war, lag uns beiden bereits im Klaren. Während Luca sich zu Fuß aufmachte, entdeckte ich eine interessante Option: Es bestand die Möglichkeit, mit der Straßenbahn bis zur Endhaltestelle im Dortmunder Osten zu Fahren, um dort für weniger als 3 Euro einen lokalen Stadtbus zum Flughafen zu nutzen. Während einer der beiden also ausgeruht am Flughafen eintraf, musste sich der andere erst noch 2 Stunden zu Fuß durch Dickichte und Dornen kämpfen, bevor er völlig erschöpft in den Airport stolperte.

Da man wie in diesem Beispiel nicht immer direkt am Flughafen ankommt, sondern beispielsweise am Hauptbahnhof, dient dieses Kapitel dazu, die Kosten in so einem Fall zu minimieren.

Genauso wie jeder Flughafen seine unverwechselbare Architektur, den besonderen Geruch wie auch individuellen Flair hat, kommt jeder Flughafen auch mit seinem eigenen miesen, unfassbar überteuerten Flughafen-Shuttle. Ob dieser sich auf den Namen Hahn- oder Stansted-Express schimpft ist dabei nebensächlich. Fakt ist: fast alle Flughäfen bis auf wenige Ausnahmen haben ihn. Mies ist dabei, dass nicht immer Alternativen existieren. In Dortmund gibt es diese glücklicherweise. In Stansted hingegen kann man statt dem Zug den Bus nutzen und ist im Ergebnis immer noch 15 Mäuse los. Fakt ist: Jeder kennt ihn, jeder hasst ihn. Der „offizielle", also durch Werbung überall am Airport und in der Stadt scheinbar legitimierte Flughafen-Shuttle, ist manchmal nicht wirklich günstig, manchmal sauteuer.

Deshalb ist unter allen Umständen in Erinnerung zu rufen, dass es sich lohnt, weitere Nachforschungen zu betreiben. Manchmal gibt es, wie in Dortmund, gute Alternativen.

Im Oktober 2018 wurde ich von Luca in einer Videobotschaft nachts nach Paris geschickt, um von dort aus im Rahmen von BDB4 in die Karibik aufzubrechen. In Paris wurden wir vor neue, unerwartete Herausforderungen gestellt: Wir hatten eine Ausgaben-Challenge, d.h. wer weniger Geld ausgibt, gewinnt. Sämtliche Nahrungsmittel lagen somit über unserem Budget und das einzige, wovon wir uns ernährten, war Baguette. Da lag es nur auf der Hand, dass wir nicht noch mehr Geld ausgeben wollten, um uns zum Flughafen zu begeben. Ein Blick in die Broschüre der Expressbusse der zwei großen Flughäfen, ließ uns siedend heiß wissen, dass diese eher eine Option für die gutbürgerliche Klasse waren. Somit mussten wir zu einer Guerilla-Taktik übergehen. Wir suchten im Internet. Dort fanden wir eine Beschreibung von einem Reisenden, der zuerst mit der U-Bahn bis in den Pariser Süden zur Porte de Choisy gefahren war und dort den Bus 183 nach Orly genommen hatte. Der Plan funktionierte und wir bezahlten weniger als 4 € für beide Verkehrsmittel zusammen! Somit hatten wir genug Cash übrig. Im Rahmen einer geistigen Umnachtung wurde kurz darauf das gesparte Geld in einen Kuchen einer edlen Patisserie investiert. Wir haben also gelernt, dass die Kombination aus Stadtverkehr + Bus oft erfolgversprechend sein kann, wenn man sich ohnehin schon im Stadtzentrum befindet und nur noch zum Flughafen kommen muss. Dabei muss auch betont werden, dass der Komfort deutlich höher ist, als zum Flughafen zu laufen. Vor allem wenn man, nicht wie wir, mit viel Gepäck reist, kann man den Fußweg zum Flughafen vergessen.

Es gibt Flughäfen, die sind abgelegen. So auch der Münchner Flughafen. Es gibt Flughäfen, die sind *abgelegen*, wie der Flughafen Munich-West-Memmingen (Bezeichnung einer bekannten irischen Billigfluggesellschaft). Es gibt dann noch Flughäfen, die sind so abgelegen, dass jede Hilfe zu spät kommt und man sich fragt, wie diese Flughäfen überhaupt noch unter der Bezeichnung ihrer Stadt stehen können. Bei den Flughäfen der dritten Art gibt es zudem eine Gemeinheit. Diese befinden sich nämlich nicht wie Memmingen in einer Region, in der eine halbwegs passable infrastrukturelle Abdeckung mit ÖPNV existiert. Flugfelder der dritten Kategorie beinhalten Flughäfen wie Stockholm-Skavsta, „Oslo"-Torp oder Reykjavík-Keflavik und sind raumzeitlich abgelegen. Der Passagier fragt sich manchmal, ob er hier wirklich noch in der Zivilisation ist oder sich versehentlich in einem abgelegenen Wald oder der Tundra zur Rentierjagd eingefunden hat. Typisch nordisch sind neben dem Klima dann dort auch die Preise des überteuerten Flughafen-Shuttles. Bei einer Fahrzeit von über einer Stunde und einem Preis von umgerechnet 30 Euro und mehr muss selbst der Elch, der schüchtern neben dem Flughafen grast, schlucken.

Unter diesen Umständen ist es deshalb wichtig, solche Preise bei der Buchung des Fluges mit einzuberechnen. Wenn beispielsweise ein Flug nach Frankfurt-Hahn 10 Euro günstiger ist als nach Frankfurt, aber wir ohnehin nach Frankfurt müssen, lohnt es sich, letzteren zu nehmen. Deshalb ist es immer ein Muss, wie ausführlich in Teil 1 beschrieben, die Location des Flughafens vor der Buchung zu checken, um vor unliebsamen Überraschungen wie Stockholm-Skavsta geschützt zu werden.

Was hiermit gezeigt werden kann, ist auch die Tatsache, dass durch gute Planung im Voraus Entscheidungen anders ausfallen können. Durch eine genauere Analyse, welche die Nebenkosten neben dem Flug, wie beispielsweise den Transfer mitberücksichtigen, können Flugentscheidungen auch insgesamt ins Wanken geraten. Es kann also auch ein günstigeres Zielland gewählt werden, wenn der Flug um einige Euro teurer ist. In jedem Fall ist es sinnvoll, sich im Vorlauf über die Kosten zu informieren. Somit bekommt man ein besseres Bild und ist besser gegen Scams und versteckte Kosten gewappnet!

<u>Merke:</u> *Nicht immer bekommt man bei einem Flughafen geographisch gesehen das, was man bestellt. Deshalb sollte man im Voraus schauen, wo man genau ankommt und wie lange man braucht, um in der Stadt zu sein. Auch die Kostenseite ist nicht zu vernachlässigen. Steht nur ein Flughafen-Shuttlebus zur Verfügung, welcher direkt vom Flughafen ins Stadtzentrum fährt, wird es manchmal teuer. Gibt es eine Anbindung an den Nahverkehr mittels lokaler Busse sowie Straßenbahn oder U-Bahn, lässt sich oft viel Geld sparen.*

Mehr dazu nun auf den nächsten Seiten.

Transport im Zielland (vom Flughafen weg)

Du hast die bestmögliche Wahl getroffen, um zum Flughafen zu kommen. Dort hast du deinen günstigen Flug angetreten und betrittst nun munter und voller Tatendrang im Zielland ausländischen Boden. Die Einreise hat aufgrund deines deutschen Passes glücklicherweise ebenso einwandfrei funktioniert und nun ist es an der Zeit, zum Hotel deiner Wahl, deinem Gastgeber oder einfach nur in die Stadt zu kommen. Je nach Zieldestination können nun eine Reihe von finanziellen Herausforderungen auf dich zukommen, welche wir auf den nächsten Seiten nach und nach behandeln.

Taxi Scams

Die Flugzeugtür ging auf und ein riesiger Pulk von chinesischsprachigen Reisenden stürmte aus dem Mittelgang heraus, um sich möglichst schnell bis zur Einreise vorzuboxen. Im kambodschanischen Phnom Penh angekommen, staunten wir nicht schlecht, welch ein Trubel vor dem Schalter für Visa on Arrival herrschte. Auf unserer Seite ein riesiger Menschenknäuel, wo Leute laut schreiend und wild gestikulierend auf die Herausgabe ihrer Pässe warteten. Auf der anderen Seite des Schalters in einer Reihe sitzend kambodschanische Grenzbeamte, welche ebenso ungeordnet und chaotisch sich untereinander auf Khmer zuschrieen, wer noch einen Stempel bräuchte und wo noch ein Foto vonnöten sei. Am Anfang der Schlange war der Pass abzugeben, danach waren beim zweiten Beamten 35 USD zu entrichten. Beim dritten musste dann ein Passfoto abgegeben werden, wobei der Pass auf der anderen Seite ebenso weiterwandern sollte. So organisiert und gut die Idee sich anhört, wir haben selten so viele Menschen, Pässe und herumfliegende Dollarnoten auf einem Haufen gesehen. Natürlich wollen wir der kambodschanischen Regierung hier keinerlei Vorwürfe oder Unterstellungen machen, aber wir können guten Gewissens sagen, dass stark angezweifelt werden kann, ob sämtliche Banknoten am Ende des Tages in dem für sie bestimmten Topf liegen.

Wie dem auch sei, bekamen wir unsere Pässe samt Visum und standen zu später Stunde im Eingangsgebäude des Flughafens. Ein Hotel hatten wir gerade mobil mithilfe des Flughafen-Wlans gebucht und nun benötigten wir ein Taxi. Wir gingen nach draußen und fragten, wie viel es zu unserer Adresse kosten würde. Der Fahrer antwortete uns in gebrochenem Englisch „Ok, ok, come in". Scam? Vielleicht. Wir gingen zum nächsten Taxi, was den ersten Fahrer verärgerte. Dem zweiten Fahrer war dies nicht entgangen und er entgegnete sofort in mindestens ebenso zweifelhaftem Englisch „Come in, here, friend. He very silly“. In diesem Fall können wir spaßeshalber mal ein kurzes Brainstorming machen, wie du reagieren würdest. Lege das Buch kurz zur Seite und begib dich gedanklich in die Situation einer dunklen Nacht vor einem großen hellen Flughafengebäude, in dem etwas in Khmer-Schrift steht, dem tropischen Aroma eines süßlichen Sommerabends mit der unverkennbaren Note von Tuk Tuk-Abgasen.

Wie würdest Du reagieren? Welche Entscheidung würdest Du treffen?

Fakt ist: Es ist schwer zu sagen, wie man sich hier richtig verhält. Aber genau das macht das Reisen auch so unglaublich spannend und abenteuerlich. Alles kann passieren.

Wir waren damals eingestiegen und fanden uns viele Minuten später am Hotel wieder, wo wir (viel zu viele) 15 USD bezahlten und dem Fahrer eine gute Nacht wünschten.

Ist das schon ein Taxi Scam? Wahrscheinlich schon, oder es ist zumindest ein gutes Beispiel für eines. Wenigstens aber war es kein Scam Taxi. Als Scam Taxis laufen bei Luca und mir in unserer internen Bezeichnung Fake Taxis. Wir meinen damit welche, die genauso „fake“ sind wie jene in Internet-Schmuddelfilmchen, jedoch ausschließlich dazu da sind, den Reisenden auszurauben oder zumindest Informationen auszuspähen. Diese können später an befreundete Räuber weitergegeben werden, wie es Luca beinahe in Fortaleza, Nordost-Brasilien, passiert wäre. Der Fahrer hat sich dort nicht an die Route gehalten und verließ die Stadt immer weiter. Während der Fahrt telefonierte er mit einem Freund, welcher anscheinend mehr Informationen über Luca erfahren wollte. Nach einer längeren Fahrt entgegen der geplanten Route, bestand Luca darauf sofort auszusteigen. Anschließend hat der Taxi-Fahrer Geld von Luca gefordert, mehr als geplant, jedoch nicht besonders viel. Luca zahlte das Geld und ist nochmal glimpflich davongekommen.

Insgesamt lässt sich sagen, dass Taxis mit Vorsicht genossen werden müssen. Diese sind zwar überall verfügbar und es ist wirklich unkompliziert einzusteigen, jedoch sollten sie für preisbewusste Reisende erst in Anspruch genommen werden, falls andere Möglichkeiten, wie sie in den folgenden Kapiteln besprochen werden, scheitern.

Die besseren Taxis

Sofern keine öffentlichen Verkehrsmittel wie Busse oder schienengebundene Verkehrsmittel existieren, gibt es häufig eine tolle Möglichkeit, Geld für ein Taxi zu sparen. In den letzten Jahren, haben sie sich fast überall entwickelt und dem Taxiverkehr den Kampf angesagt: Anbieter wie Uber, Grab, GoJek und viele weitere. Hierbei muss man erst einmal herausfinden, welches die im Zielland dominierende App ist. In Pakistan z.B. ist Uber eher unpopulär. Die meisten Menschen in Pakistan nutzen die emiratische App „Careem", die aber letztendlich genau wie Uber funktioniert. Anschließend lässt sich mithilfe des (hoffentlich existierenden und funktionierenden) Flughafen-Wlans die besagte App downloaden, in der man dann schnell fündig wird und wenig später von einem Fahrer abgeholt wird. Der Vorteil hierbei ist nicht nur, dass die Preise unter denen von normalen Taxis liegen, sondern auch, dass man relativ sicher vor Scams ist, da die App Strecke und Preis genau dokumentiert. In Manila NAIA beispielsweise war der Stau vom Flughafen zu unserem Zielort in Valenzuela City so lang, dass mit einem normalen Taxi die Preise in astronomische Höhen geschossen wären. Durch die App Grab konnten wir unsere Ausgaben noch im Rahmen halten.

Merke: *Wenn irgendwie möglich, meide Taxis und nutze Anbieter wie Uber, weil du dort nicht gescammt wirst. In den Apps der Anbieter siehst du den endgültigen Preis für deine Fahrt und die Fahrer sind zuverlässig und versuchen nicht, dir mehr Geld abzuziehen.*

Der billigste Weg vom Flughafen in die Stadt

Als ich im Dezember 2020 in Tansania ankam, hieß es offiziell, es gäbe keinen öffentlichen Nahverkehr vom Flughafen in die Stadt. Man wollte mir ein Taxi für etwa $30 andrehen. Natürlich bin ich auf dieses Angebot nicht reingefallen.

Vor meiner Reise nach Tansania habe ich mich erkundigt, wie der Nahverkehr im Land funktioniert. Es gibt Minibusse, sogenannte „DalaDalas", die im gesamten Land unterwegs sind. Der Haken: Es gibt absolut keine Pläne. So schlimm ist das auch gar nicht, denn „DalaDalas" fahren ständig und überall. Ich war also auf der Insel Sansibar in Tansania und wollte nach „Stonetown", der größten Stadt auf Sansibar. Anstatt das $30 Taxi zu zahlen, habe ich ein paar Leute beobachtet, die lokal und nicht besonders reich aussahen. Natürlich würde niemand direkt neben einem Taxistand damit werben, dass man auch viel günstiger ins Zentrum kommen kann. Ich bin also einfach den Locals gefolgt, auf einem Weg über eine Wiese zu einer Seitenstraße. Dort haben die „DalaDalas" schon gewartet. Ich fragte kurz „Stonetown?" und erhielt eine positive Antwort. Zusammen mit etwa 15 anderen Passagieren saß ich dann im Minibus. Ich fragte einen Mann neben mir, wieviel die Fahrt für mich kosten würde. Er antwortete 500 Schilling. Das sind umgerechnet weniger als 20 Cent! Ich bin also in nach einiger Zeit in Stonetown angekommen. Nicht für 30 Dollar, sondern für weniger als 20 Cent.

Etwas Vergleichbares passierte Jan und mir ein Jahr zuvor in Panama. Vom Airport aus wollten wir ins Zentrum. Offiziell braucht man eine besondere Chip-Karte für den Bus ins Zentrum, die im Prinzip nur Locals und Anwohner haben. Dadurch sollen die Touristen die teuren Taxis wählen. Wir gaben uns aber nicht so leicht geschlagen und sind zur etwas weiter entfernten Busstation gelaufen. Wieder ging es zufällig über eine Wiese. Dort haben wir die Locals gefragt, ob wir auch mitfahren könnten. Sofort hat uns eine Frau angeboten, uns auf ihrer Bus-Karte mitzunehmen. Wir wollten ihr das Geld für die Busfahrt (für uns beide etwa einen Dollar) natürlich zurückgeben. Doch sie bestand darauf, uns einzuladen.

Sowohl in Panama als auch in Tansania sind wir also nicht auf die Taxi-Scams reingefallen.

Dein Nummer 1 Freund und Helfer für Nahverkehr auf Auslandsreisen sind die Erfahrungen anderer Reisenden. Diese findest du, wenn du einfach eine konkrete Google-Suche startest. „Zanzibar Airport to Stonetown public transport" – und schon hast du Ergebnisse. Pro Tipp: Google auf englisch um mehr Ergebnisse zu finden. In den allermeisten Fällen wirst du auf Foren wie Tripadvisor stoßen, in denen genau deine Frage schonmal zuvor gestellt wurde. Wenn du am Airport angekommen bist, und dich immer noch nicht zurechtfindest, verlasse einfach das Gebäude und schaue dir die nähere Gegend an. Halte Aussicht nach Bushaltestellen, Seitenstraßen und Locals, die in eine bestimmte Richtung gehen. Die Chancen sind gut, dass du öffentlichen Nahverkehr findest. Ein Informations-Desk am Flughafen ist übrigens immer hilfreich, kann aber auch Partnerschaften mit bestimmten (teureren) Flughafen-Shuttles etc. haben.

Für längere Distanzen, vor allem aber für Züge und Fernbusse, ist Rome2Rio.com eine sehr geeignete Seite, um Fahrpläne zu suchen. Ich selbst nutze Rome2Rio ständig. Rome2Rio gibt zusätzlich die Webseiten der jeweiligen Anbieter an, sodass du dort weitere Informationen findest. Allgemein buchen wir Bus und Zugtickets im fernen Ausland jedoch immer direkt am Bahnhof oder am Airport. Das Risiko ist zu groß, dass irgendwelche Tickets nicht anerkannt werden oder man irgendetwas verwechselt.

Merke: *Der beste Weg vom Flughafen in die Stadt ist immer, wirklich immer, der öffentliche Nahverkehr. Natürlich ist diese Option eher versteckt und oft nicht direkt erkennbar, vor allem, wenn du dich nicht vor Reiseantritt informiert hast und es kein Flughafen-Wlan gibt. Vorbereitung ist hier der Schlüssel zum Erfolg. Am Airport angekommen, gib dich nicht mit dem ersten Taxi zufrieden. Erkunde die Gegend und frage, wenn vorhanden, beim Informationsstand des Flughafens nach der billigsten Option.*

Gefährliche Gebiete – Abholung von Nöten

Als ich im März 2019, der wohl schlimmsten Zeit der Venezuela-Krise, zu abendlicher Stunde mit Air-France-Flug 474 am Flughafen Panama-Tocumen ankam, schoss mir sofort das tropische Aroma in die Nase. Die nächsten vier Stunden sollte ich am Flughafen verbringen, da meine Reise in Panama noch nicht beendet war. Stattdessen reihte ich mich ein in den Pulk der Anschlussreisenden ein. Ein Blick auf die große Anzeigetafel zeigte unter der Sektion „Salidas" alle noch startenden Maschinen an diesem Tag.

21:40 Uhr Cali
21:50 Uhr San Jose
21:55 Uhr Buenos Aires
22:00 Uhr Porto Alegre
22:10 Uhr Guayaquil
22:15 Uhr San Jose
22:25 Uhr New York EWR
01:55 Uhr Caracas

Ich fragte mich nochmals, warum mein Flug so spät und getrennt von allen anderen abheben sollte. Stunden später, auf einer Sitzbank wartend, nahm ich eine Person wahr, welche mit ausgestrecktem Finger in Richtung Gate zeigte und mich fragte: „Caráka'?" Ich verstand kein Wort und murmelte in Anbetracht meiner schwachen Spanischkenntnisse etwas wie „Yeah, Yeah". Einige Stunden später stand ich vor dem Einreisebeamten, als ich bei draußen tiefschwarzem Himmel das Flugzeug verlassen hatte. Innen im Gebäude des internationalen Terminals war der junge Grenzbeamte sichtlich überfordert mit mir. Das Flackern der spärlichen Beleuchtung am

Simón Bolívar-Flughafen, welcher seine besten Tage schon gesehen hatte, verstärkte die befremdliche Situation, dass ein weißer Rucksacktourist, welcher zwar 4 Jahre Spanisch in der Schule hatte, aber trotzdem kein Wort des Grenzbeamten verstand, hier um 5 Uhr morgens einreisen wollte. Ich bekam trotzdem den Einreisestempel. Man muss hier sagen, dass der deutsche Pass schon wirklich stark ist, in Anbetracht dessen, dass ich keine seiner Fragen beantworten konnte und der deutsche Botschafter in Venezuela erst wenige Stunden zuvor zur *persona non grata* erklärt worden war.

Ich ging also durch den Zoll, sodass ich mich in der Eingangshalle wiederfand. Ich stand auf dem riesigen, mit gelb-blau-roten Steinen besetzten Mosaik von Carlos Cruz-Diez, welches den kompletten Fußboden des Flughafens in Caracas bildet. Währenddessen wurde ich schon von Airportmitarbeitern gefragt, ob ich denn ein Taxi benötigte. In diesem Zusammenhang muss man sagen, dass ich zurückblickend durchaus nachvollziehen kann, warum Copa Airlines ihre panamaischen und venezolanischen Fluggäste nicht mitten in der Nacht in Caracas ankommen lassen möchte. Die Flugzeitverschiebung auf 1:55 Uhr wird durchaus damit zu tun haben, dass der Flughafen wie auch die Straße in die Stadt nachts ein absolutes „No-No" sind und die Fluggäste das morgendliche Tageslicht bei Ankunft schätzen dürften.

2016 wurde ein ägyptischer Staatsbürger wenige Meter außerhalb des Flughafeneingangs erschossen, nachdem er sich geweigert hatte, Räubern sein Geld auszuhändigen. Er hatte den äußeren Weg zwischen internationalem und nationalem Terminal gewählt, obwohl gleich nach der Gepäckausgabe auch ein sich im Flughafengebäude befindlicher Weg existiert. Es heißt, dass Mitarbeiter des Flughafens, welche die Räuber kannten, ihm bewusst den äußeren Weg empfohlen hätten. 2017 wurde im Flughafen ein Rechtsanwalt mit Schüssen hingerichtet und ein Angestellter einer venezolanischen Fluglinie schwer verletzt, als diese sich vor einem Ticketschalter aufgehalten hatten.

Während meines Aufenthalts ereignete sich ein weiterer Vorfall, als Mitarbeiter der spanischen Airline Air Europa bei der Fahrt vom Flughafen zum Hotel angegriffen wurden. Der Sicherheitsdienst lieferte sich eine Schießerei mit den Angreifern bis ins Hotel, in dem sich Piloten und Cabin Crew erfolgreich verschanzen konnten.
erschwerend kam auch noch hinzu, dass ich genau an dem Datum, dem 07. März 2019, nach Venezuela einreiste, wo nur wenige Stunden

später ein Stromausfall Caracas ins politische Chaos stürzen sollte. Insgesamt also schlechte Bedingungen, um unseren Plan mit den lokalen Bussen und U-Bahnen zu verfolgen. Ich ignorierte die Angebote der Flughafenmitarbeiter und saß auf einer Bank, mein Gepäck gut im Blick, während ich auf den erlösenden Anruf wartete. Dann, gegen 7 Uhr, klingelte endlich mein Handy. Eine Kontaktperson, die ich im Internet kennen gelernt hatte, war am Flughafen angekommen und wartete draußen auf mich. Adrenalin schoss mir in die Adern, ich nahm mein Gepäck, ging zur Türe, atmete noch einmal tief durch, ging heraus – hier war der Ägypter erschossen worden – und fand mich draußen im Hellen auf einem Parkplatz, über dem ein wohliges tropisches Aroma hing und herzliche Gastgeber auf mich warteten.

Was hiermit gesagt werden soll: An manchen Flughäfen kann es aus Sicherheitsgründen sinnvoll sein, sich im Voraus um Kontaktpersonen zu kümmern. Dies geht zum Beispiel durch Plattformen wie Couchsurfing erstaunlich gut. Generell ist in einigen Gebieten Afrikas, aber auch teilweise in Lateinamerika, wie in Venezuela oder Honduras, Vorsicht geboten. Selbstverständlich gilt dies ausnahmslos für Kriegs- oder Krisengebiete wie Jemen oder Afghanistan.

Als Luca im November 2020 nach Kabul, Afghanistan flog, musste auch er seine Abholung vom Flughafen genau im Vorfeld planen. Zum Glück haben wir Zirkus-Kontakte in aller Welt, sodass alles reibungslos funktioniert hat. In Afghanistan selbst durfte Luca nur in Begleitung von Locals das Haus verlassen. Zu groß ist die Gefahr, durch die Taliban oder gar den IS entführt zu werden.

Wer abenteuerlich ist und sich trotzdem allein durchschlagen möchte, findet nützliche Hinweise in einem späteren Kapitel, wie man sich im Falle eines Überfalles verhalten sollte.

Merke: *Falls die Stadt vom Flughafen aus mit öffentlichem Personennahverkehr zu erreichen ist, sollte dieser auch genutzt werden, um Kosten zu sparen. Bei Nichtvorhandensein oder Unzulänglichkeit können Apps wie Uber zielführend sein. Falls auch dies nicht funktioniert, besteht immer noch die Möglichkeit, ein Taxi zu nehmen. Hierbei ist es sinnvoll, eine Vorstellung über die ungefähr zu erwartenden Preise zu haben. Notfalls kann man die lokale Bevölkerung fragen, was realistische Preise sind oder gar, ob man sich vielleicht ein Taxi teilen kann. Unabhängig davon ist bei einer Reise in Krisengebiete wie Afghanistan, so wie einer Reise in manche afrikanische* *und lateinamerikanische Destinationen die Sicherheitslage zu prüfen, sodass eine Abholung eventuell im Voraus organisiert werden sollte.*

Wir beenden hiermit das Thema „Flughafen" und kommen zum eigentlichen Transport im Ausland.

Überlandbusse und weite Distanzen

Nachdem wir im August 2018 im Rahmen von BDB3 bereits drei hochinteressante Tage in Phnom Penh verbracht hatten, in dem wir die kambodschanische Küche und Kultur zu schätzen gelernt hatten, war es an der Zeit, uns in die nächste Stadt, Siem Reap, zu begeben. Dazu fragten wir einen Freund, den wir dort kennengelernt hatten und der uns die Stadt gezeigt hatte, wie wir dies am besten durchführen könnten. Dieser brachte uns daraufhin zu einem großen Markt, welcher an einen Busbahnhof grenzte. Während das Essen dort zwar passabel war (Schnecken und Hühnermagen), kamen wir schließlich bei einer schäbigen Hütte an, die Bustickets verkaufte. Uns wurde nahegelegt, den Nachtbus zu nehmen. Wie in Kambodscha gewohnt bezahlten wir mit einer bunten Mischung aus US-Dollar und Riel mit einem flexibel ausgelegten Wechselkurs und durften in einem kleinen Häuschen Platz nehmen, wo wir neben einigen Einheimischen warteten. Rund eine Stunde später fuhr der Bus tatsächlich ein. Was uns erwartete, hatten wir noch nicht gesehen: Anstatt von Sitzplätzen gab es links und rechts des Ganges oben wie unten eine Liege, auf der je 2 Personen Platz nehmen sollten. Da wir für 2 Personen bezahlt hatten, mussten wir uns dementsprechend auch auf einer dieser Liegen zusammenrollen. Die anschließende Schere-Stein-Papier-Entscheidung, wer den Gangplatz nehmen musste, war mit die intensivste in unserem Leben. Schließlich hatten wir die Liege oben und der Platz war nicht sonderlich durch ein Gerüst oder ähnliches gesichert. Durch die Nacht verbrachten wir im stickigen Bus neben einer ganzen Reihe von kambodschanischen Reisenden und die Überraschung war groß, als wir bereits um kurz nach vier Uhr morgens in Siem Reap geweckt wurden. Anscheinend war der Bus deutlich früher als geplant angekommen und wir mussten aussteigen und auf einer Bank warten, bis irgendein Geschäft öffnete. Deshalb verbrachten wir die nächsten 2 Stunden zusammengekauert in der Dunkelheit neben zahlreichen herumschwirrenden, fliegenden Freunden, von denen mutmaßlich einige der Dengue- oder Malariafraktion entstammten. Die Erfahrung des Nachtbusses war es aber in jedem Fall wert. Wie man solche und ähnliche Transportmittel wahrnimmt, um sich im Zielland zwischen 2 Städten zu bewegen, wollen wir in diesem Kapitel darlegen.

Da Inlandsflüge meist deutlich teurer sind als andere Verkehrsmittel, muss für inländische Routen meist auf letztere zurückgegriffen werden. Hier gibt es ein dominierendes Verkehrsmittel, was sich weltweit für Low-Budget-Reisen durchgesetzt hat: Der Bus. Dieser ist in fast allen Ländern der Erde außerhalb Europas preislich der Reise mit dem Zug so signifikant überlegen, dass nur in wenigen Fällen die Nutzung der Schiene zu bevorzugen ist. Ausnahmen sind das Zurücklegen von weiten Strecken oder Länder, in denen das Schienennetz eine starke Subventionierung erfährt (zum Beispiel in Pakistan). In den meisten Nationen befindet sich das Schienennetz jedoch im Niedergang und so widmen wir uns hier der Reise mit dem Bus. Zu beachten ist, dass manche Busse nur unregelmäßig fahren. Vor allem zwischen zwei peripheren Regionen außerhalb der Hauptstadt. Hier ist durchaus zu erwarten, dass nur eine Verbindung pro Tag oder weniger angeboten wird. Deshalb ist es bei einem knappen Zeitfenster ratsam, sich im Voraus zu erkundigen. Falls genug Zeit zur Verfügung steht, kann man aber auch problemlos spontan zum Busbahnhof gehen und sich erkundigen. Gerade in sich entwickelnden Ländern operieren oft einige Anbieter, welche nicht im Internet auffindbar sind und das Angebot an Verbindungen ergänzen. Bei Busreisen ist das Risiko, beim Kauf der Fahrkarte über den Tisch gezogen zu werden deutlich geringer als bei Taxis, da der Verkauf viel stärker operationalisiert ist und das Erbringen der Leistungen von Seiten der Beförderungsgesellschaft in eine geregelte und solidere Struktur eingebettet ist.

Mit der Website rome2rio.com kannst du Zug- und Busfahrpläne ausfindig machen. Dabei suchst du, ähnlich wie bei einer Flugsuche, einfach „von" einer Stadt „nach" irgendwo. Die Website ist wirklich zuverlässig und hat uns schon oft geholfen.

Trotzdem stellt sich recht schnell die Frage:

In welchen Regionen der Erde ist es günstiger zu fliegen – und in welchen Regionen der Erde ist es günstiger Bus / Bahn zu fahren?

Im Herbst des Jahres 2019 haben Jan und ich eine Reise durch Zentralamerika unternommen. Angefangen in Panama, haben wir uns einzig und allein mit Bussen durch folgende Länder begeben: Panama, Costa Rica, Nicaragua, Honduras, El Salvador, Guatemala, Belize und Mexiko. In Zentralamerika ist das Bus-Netzwerk sehr gut ausgebaut. Auch wenn die Distanzen teilweise groß sind (Panama Stadt, Panama – San José, Costa Rica etwa 14 Stunden), lohnt es sich für uns, Bus zu fahren. Flüge sind teilweise extrem teuer. Außerdem sieht man im Bus ohnehin mehr. Züge verkehren übrigens nicht international in Zentralamerika.

Falls du eine solche Reise durch Zentralamerika planst, hast du grundsätzlich zwei Optionen. Du kannst entweder direkt im hochwertigen Reisebus reisen oder dich mit Lokalbussen von Land zu Land bewegen. Letzteres ist natürlich deutlich aufwändiger, wenn auch billiger. Dies gilt fast ausnahmslos für alle Länder, nicht nur in Zentralamerika.

In der Regel sind wir hochwertig mit dem „TicaBus" gefahren, ein ziemlich seriöses Busunternehmen, welches die zentralamerikanischen Länder direkt miteinander verbindet. Die Tickets dafür kosten je nach Route etwa 15-25€. Sicherheit spielt auf Reisen natürlich auch immer eine Rolle. Beim „TicaBus" zahlst du für die Sicherheit mit. Honduras zum Beispiel wurde viele Jahre in Folge zum Land mit der höchsten Mordrate der Welt erklärt. Es kann sich also auszahlen, hier und da ein bisschen in die Sicherheit zu investieren.

Doch wir wären ja nicht Luca und Jan, wenn wir nicht zumindest einmal die Lokalbus-Variante ausprobiert hätten. Von Managua, Nicaragua, sollte es eben ausgerechnet nach Tegucigalpa, Honduras, gehen.

Am Busbahnhof in Managua angekommen, erwarteten uns anarchische Zustände. Marktschreier, schreiende Busfahrer, Obstverkäufer, Bettler und Reggeaton – das volle Programm. Nach viel Trubel und gebrochenem Spanisch fanden wir den richtigen Bus für uns. Wir fuhren zuerst in den Norden Nicaraguas, genauer gesagt nach Estellí. Dort gibt es ein Zirkusprojekt, welches wir noch kurz besuchen wollten. Im sogenannten „Nido-Dorf" wird den lokalen Kindern eine bessere Kindheit ermöglicht. Sie beteiligen sich an Zirkusprojekten, trainieren und entwickeln eine Leidenschaft. Auch für Erwachsene ist es ein erfrischender Ort. Ähnlich wie das Zirkusprojekt „MMCC“ in Kabul, Afghanistan, welches ich im Dezember 2020 besucht habe, ist das „Nido-Dorf“ eine Exklave des Friedens und des Lachens. Sozusagen ein Ausbruch aus dem normalen Umfeld, was oft von Gangs, Kriminalität, Drogen und Gewalt beherrscht wird. Doch auch um das „Nido-Dorf“ herum sind die Spuren der Gangs erkennbar. Eine groß an die Wand gemalte 13 hängt direkt gegenüber. Die 13 zeigt die Zugehörigkeit zur „Mara Salvatrucha 13“. Sie gilt als eine der gefährlichsten und skrupellosesten Gangs der Welt. Als Jan und ich das Zirkuszelt verließen und die Stadt Estellí näher erkunden wollten, trauten wir unseren Augen kaum: Wir sahen zahlreiche andere Wände, die eine klare Botschaft trugen: 13. Plötzlich beobachtete uns ein bulliger Lateinamerikaner und schien uns fast zu verfolgen. Er trug ein Fußball-Trikot. Die Rückennummer kannst du dir jetzt vorstellen: 13. Es ist keine Übertreibung zu behaupten, dass Jan und ich uns nun vorsichtig verhalten mussten, um nicht negativ aufzufallen. Merke dir eines, Gang-Mitglieder verstehen keinen Spaß. Wenn du zu weit in ihr Revier eindringst, hast du schneller eine Kugel im Kopf als dass du „uno, dos tres“ sagen kannst.

Dabei sind wir nun beim Risiko, welches damit einhergeht, auf Lokalbusse zurückzugreifen bzw. überhaupt in abgelegene Dörfer und Städte zu fahren. In der Regel sollte es aber keine Probleme geben, solange du deinen normalen Verstand nutzt und ein bisschen defensiv handelst. Defensiv im Sinne von nicht die fette Soundbox rausholen und Reggaeton aufdrehen. Das machen die Locals in Lateinamerika schon selbst…

Jedenfalls ging es für uns vom Gang-Gebiet weiter an die honduranische Grenze. Nach einem intensiven Verhör von Seiten der Honduraner, begaben wir uns in einen Lokalbus, der uns zum nächsten Dorf brachte. Von dort ging es dann schließlich in einem zum Brechen überfüllten Minibus nach Tegucigalpa. Ob das Loch in der Scheibe durch einen Schusswechsel oder doch nur durch einen Steinschlag entstand, blieb ungeklärt.

Insgesamt haben wir für die Lokalbusse von Managua nach Tegucigalpa etwa 7€ pro Person gezahlt. Der „TicaBus" hätte uns auf direkter Strecke etwa 20€ pro Person gekostet.

Nun zu Europa. Fast ausnahmslos gilt, dass es international heutzutage günstiger ist, zu fliegen. Wenn ich zum Beispiel für Show-Proben zwischen Deutschland und Österreich pendle, fliege ich heutzutage fast immer. Das Flugzeug ist nicht nur 12x schneller als der Zug, sondern auch etwa 3x billiger. Ich fliege in der Regel mit Wizzair von Dortmund nach Wien für 9,99€. Da ich diese Route des Öfteren nutze, lohnt sich der Wizz Discount Club, der mir auf fast jeden Flug zusätzliche Rabatte gewährt. Dem Wizz Discount Club kannst du für etwa 30€ auf wizzair.com beitreten.

Merke: *In Europa ist es international günstiger zu fliegen. In den meisten Ländern außerhalb von Europa ist es international günstiger Bus, selten auch Bahn zu fahren. Besonders in Zentralamerika, aber auch in den meisten afrikanischen und asiatischen Ländern, kann es sich trotz längerer Distanzen lohnen, auf den Bus zurückzugreifen. Sieh es positiv: Im Bus siehst du ohnehin mehr vom Land.*

Insgesamt gilt in etwa:

Zentralamerika: Bus

Südamerika: Bus

Europa: Flugzeug

Zentralasien: Bus

Südasien (vor allem Pakistan und Indien): Zug/Bus

Südostasien: Flugzeug/Bus

Nordamerika: Bus/Flugzeug

Australien: Bus

Afrika: Vor allem Minibusse on demand (also Vans, die losfahren, wenn sie voll sind)

Grenzüberschreitender Verkehr

Besondere Achtsamkeit bei knapper Zeitplanung in der Reiseplanung ist auch bei Grenzübertritten wichtig. Bei der Einreise von Bulgarien nach Serbien in Winter 2019 waren die Grenzbeamten *sehr* genau. Der Bus, mit nur 10 Passagieren besetzt, verzögerte sich mehr als eine Stunde, weil jeder Reisende einzeln befragt wurde. Insgesamt muss man aber sagen: Grenzen bergen immer Unsicherheit, was bei der Planung zeitlich berücksichtigt werden muss. In diesem Zusammenhang lässt sich sagen, dass wir mit deutschem Pass da vergleichsweise wirklich gut gestellt sind. Die real existierenden Vorteile aufgrund unserer Nationalität reichen dabei von einer weniger langen Befragung bis hin zur Behandlung als Bürger erster Klasse.

Im November 2018 war ich in Taschkent, Usbekistan. Die Wochen zuvor hatten wir Auftritte bei einem renommierten Zirkusfestival in China. Da der Veranstalter die Kosten der Flüge getragen hat, konnte ich mir sozusagen einen „Freiflug" von China aus irgendwohin aussuchen. Die Entscheidung fiel auf Usbekistan, ein eher weniger bereistes Land in Zentralasien. Ich hatte mich für Usbekistan entschieden, weil ich sonst eher selten und nicht ganz günstig in die Region komme. Wenn du allerdings einmal in Zentralasien bist, kannst du dich fast für lau von Land zu Land bewegen. Auch wenn ich zeitlich eingeschränkt war, konnte ich es mir trotzdem nicht nehmen lassen, von Taschkent, Usbekistan nach Almaty, Kasachstan per Überlandbus zu fahren. Nachdem ich also 3 wundervolle Tage in Taschkent verbracht habe (an dieser Stelle muss ich einfach mal erwähnen wie unglaublich schön Usbekistan ist), sollte es für mich ins Winterparadies nach Süd-Kasachstan gehen. Der Überlandbus dauert etwa 16 Stunden und kostet 7€. Die meisten Menschen an Bord sind Locals, die einfach ihre Familien im anderen Land besuchen, oder von

Geschäftsreisen zurückkehren. Jedenfalls staunten die Grenzbeamten nicht schlecht, als ein planloser Rucksacktourist, der kein Wort russisch spricht, die Grenze passieren wollte. Auch wenn die Schlange bei der Einreise groß war, wurde ich von allen fast freundlicher als die Locals selbst behandelt. Dies hängt wohl auch damit zusammen, dass Gäste in Zentralasien einen besonderen Status haben. Es ist eine ungeschriebene Regel, Gäste einzuladen und zuvorkommend zu sein.

Hier ein Beispiel: Ich war 2 Tage zuvor auf einem Wochenmarkt in Usbekistan. Ich kaufte mir eine kleine Süßigkeit, die 1000 usbekische SOM kostete (etwa 10 Cent). Verwirrt durch die lokale Währung, dachte ich, ich müsse 10000 SOM zahlen, was für unsere Verhältnisse auch nicht besonders teuer wäre (also etwa 1€). Ich zahlte selbstbewusst 10000 SOM, nahm die Süßigkeit und verließ den Süßstand. Plötzlich hörte ich Schreie. „Hey!! Heyy!!" – es dauerte einige Zeit, bis ich realisierte, ich war gemeint. Der Händler lief mir nach und meinte, ich hätte viel zu viel bezahlt. Er gab mir 9000 SOM zurück und wünschte mir einen schönen Tag. Damit hätte ich nicht gerechnet. Ich bedankte mich herzlich für die Ehrlichkeit und wünschte auch ihm einen schönen Tag. Nicht viele Länder sind so gastfreundlich und ehrlich wie die zentralasiatischen. Dabei stechen meiner Erfahrung nach vor allem Usbekistan, Iran, Pakistan und Afghanistan heraus.

Ich stand also an der kasachischen Grenze und auch dort wurde mir ein schöner Tag gewünscht. Nach einer langen Busfahrt kamen wir am nächsten Tag in Almaty an. Von dort aus ging es für mich zum Big Almaty Lake, ein wahres Winterparadies. Wenn du ein Winterfan bist oder generell Berge und Seen liebst, ist das der richtige Ort für dich!

Merke: *Auch wenn du mal der einzige westliche Tourist bist, brauchst du dir um Sicherheit wenig Gedanken machen. Die meisten Länder weltweit zeigen eine große Gastfreundschaft.*

Lokalverkehr

Welch ein Trubel erwartete uns vor einem großen Einkaufszentrum in Bangalore, Indien, als wir uns bis zum Rikscha-Stand vorgekämpft hatten. Da wir ans andere Ende der Stadt mussten, hatten wir uns schon darauf eingestellt, dass wir wohl etwas tiefer in die Tasche greifen müssten. Wir wurden bereits vom ersten Fahrer in der Reihe angesprochen, wir sollen einsteigen. Der Fahrer, ein freundlicher und vom physischen Erscheinungsbild her klassisch-klischeehafter Inder, nannte uns einen Preis, der bei ungefähr 12 Euro lag. An diesem Punkt waren wir schon so viel in der Stadt herumgekommen, und schätzten, dass das unterste Limit für ihn (und damit dem Normalpreis, den Einheimische bezahlen!) bei circa 3 Euro liegt. Als wir ihm den Preis nannten, wollte dieser die Verhandlung weiterführen und wollte bei einem mittigen Preis weiter machen, doch dann hörten wir von hinten einen anderen Mann, der ihm mit den Worten „Okay. 500 [indische Rupien] good price. Come in, friend" seine Kundschaft abwerben wollte. Dies ließen wir uns natürlich nicht zweimal sagen und wir waren gerade im Begriff einzusteigen, als wir von vorne ein magisches „450" hörten. Ich lud meinen Rucksack bereits um, als wir aus der dritten Reihe ein „Friend! 400!" durch den generellen Lärm schallte. Unglaublich! Wir waren in einen Preiskampf von 3 Rikscha-Fahrern geraten! Während die Fahrer sich bis an die Grenze ihrer stimmlichen Möglichkeiten die Hälse wund schrieen, freuten Luca und ich uns über unseren Status als Alleinnachfrager. Am Ende wurden wir in einem Affentempo für 250 Rupien durch die Stadt kutschiert und hatten endlich mal nicht zu viel für unseren Transport bezahlt.

Es ist allerdings festzuhalten, dass der Transport mit den Rikschas preislich nicht gegen den öffentlichen Personennahverkehr in Bangalore mithalten kann. Dieser ist so stark subventioniert, dass das

Ticket für eine Einzelfahrt mit der U-Bahn uns damals umgerechnet unglaubliche 17 Cent kostete. Noch günstiger ist da nur die U-Bahn in Caracas, welche seit Frühjahr 2019 durch den Mangel an Papier keine Fahrkarten mehr drucken konnte und ihre Fahrgäste kostenlos befördert. Als Luca im April 2022 nach Venezuela reiste, war die U-Bahn immer noch gratis! An dieser Stelle sollte erwähnt werden, dass sich die Situation im Land seit der Adoption des US-Dollars deutlich verbessert hat.

Grundsätzlich ist also der Lokalverkehr in Städten, in denen noch kein funktionierender ÖPNV bereitgestellt ist, oftmals etwas teurer als erwartet. Ein „Jeepney" wird nicht immer zum „Cheapney", wenn mehrere von ihnen nacheinander genutzt werden müssen, um in entlegenere Gebiete der Philippinen vorzudringen. Ein Tuk Tuk durch die ganze Stadt kann als Tourist durchaus mehrere Euros kosten. Beim Ansteuern von mehreren Zielen innerhalb der Stadt an einem Tag samt Rückreise werden so schnell 15 Euro fällig. Deshalb ist beim Abgrasen von bestimmten Sehenswürdigkeiten eine im Voraus erstellte ungefähre Planung sinnvoll.

Merke: *Insgesamt sind Überlandbusse im Zielland oft die beste Möglichkeit, sich günstig von einer Stadt in eine andere Region des Landes zu bewegen. Innerhalb Europas greifen wir meist auf Billigfluggesellschaften zurück, weil diese preis- und zeittechnisch überlegen sind. Im Stadtverkehr ist öffentlich finanzierter Personennahverkehr, falls existent, eine gute Option. Alternativ kannst du Apps wie Uber benutzen. Da der Transport im Zielland oft weniger verlässlich ist und Verspätungen häufig eher die Regel als die Ausnahme darstellen, ist auf ein ausreichendes Zeitbudget zu achten. Zusätzliche zeitliche Belastungen fallen durch Grenzübertritte an, bei welchen wir uns aber, falls wir einen deutschen Pass besitzen, grundsätzlich wenig Sorgen vor schlechter Behandlung machen müssen.*

Kulturelle Unterschiede

Hastig spurtete ich die Stufen herauf und erblickte die Kirschblüte am Gleis. Doch es half nichts, denn als ich mich auf gut 10 Meter näherte, schloss Sakura 570 von Hakata nach Shin-Osaka die Türen und ich stand verdammt dumm da. Ich war tatsächlich vier Sekunden zu spät. Wer deutsche Verhältnisse gewohnt ist, muss da erst mal schlucken. Ich stattdessen durfte eine Stunde zusätzlich in Fukuoka verbringen. Kein Land, in dem wir waren, nimmt es mit Pünktlichkeit so genau wie Japan. Das musste ich auf die schmerzhafte Tour lernen. Ganz anderes war es da, als ich mit Luca im schwer auszusprechenden indischen Thiruvananthapuram den Bus nach Bangalore finden musste. Bezüglich der Haltestelle war nach der Buchung nichts anderes als der Name einer Kreuzung genannt worden. Wir befanden uns an einer stark befahrenen Kreuzung und jeder der Passanten, den wir befragten, wo hier denn der Bus halten würde, zeigte im wahrsten Sinne des Wortes in eine andere Richtung. Nachdem wir mehr oder weniger souverän einige Interessenten abgeschüttelt hatten, die uns angeboten hatten, sie zum Busbahnhof zu bringen, nachdem wir in ihr Auto eingestiegen wären, kamen wir an einen Herrn mit brauchbaren Englischkenntnissen, welcher für uns den Busfahrer anrief. Dieser sagte am Telefon, wir sollten an der Kreuzung warten. Dumm nur, dass unter all dem unglaublichen Lärm und Gestank der Abgase gut alle 20 Sekunden irgendein überladener Bus durch den Smog rauschte. Wir hatten keine Ahnung, welcher unser Bus sein würde und wir warteten. 10 Minuten. 20 Minuten. 30 Minuten. Der Bus kam nicht, obwohl der Herr mit uns wartete. Auf einmal schrie er aus aller Kraft und zeigte wild gestikulierend auf die andere Straßenseite. Ein ansonsten komplett unauffälliger Bus war gerade schon abgebogen und de facto an uns vorbeigefahren, doch das Wunder geschah. Der

Fahrer hatte die hastigen Bewegungen von unserer Begleitperson wohl im Rückspiegel bemerkt und hielt an. In geistig lebensmüder Verfassung spurteten wir über die riesige, dreckige Straße wie der Frosch aus *Frogger* auf Amphetaminen. Am Bus angekommen, bemerkten wir, dass der Herr gar nicht selbst einstieg. Er war nur geblieben, um uns zu helfen! Unglaublich, was für eine selbstlose Geste. Danke an dieser Stelle an den netten Inder.

Eine andere Szene erlebten wir in Marokko. Zu Beginn von BDB2 bestand die Challenge für Luca und mich darin, innerhalb von 24 Stunden vom abgelegenen Nador im Osten nach Tanger an der Nordspitze des Landes zu kommen. Völlig planlos, wie dies zu schaffen sei, half uns ein gerade am Flughafen kennengelernter Bro in unserem Alter, tatsächlich noch einen Bus (den ersten und letzten des Tages!) nach Tétouan zu bekommen. Von dort aus sollten wir uns in einem *Grand Taxi* weiter nach Tanger durchschlagen. Doch während einer Überlandfahrt gab der Bus plötzlich seinen Geist auf und wir standen mitten im marokkanischen Bergland im Nichts. Erst wussten sowohl wir Passagiere wie auch der Fahrer gar nicht, wie wir weiter nach Tanger kommen sollten. Dann die Erlösung: Es war telefonischer Kontakt zur Buslinienfirma hergestellt und ein anderer Bus war bereits auf dem Weg. Bis dieser hier war, sollten laut telefonischer Auskunft ungefähr sechs Stunden vergehen. Mit großem Glück nahm sich einer der Passagiere, ein marokkanischer Arzt, welcher der französischen Sprache mächtig war, sich unserem Problem an, nachdem wir ihm von unserem Vorhaben erzählt hatten. Mit seiner Hilfe konnten wir ein *Grand Taxi* ins Niemandsland rufen und trudelten letzten Endes tatsächlich noch 3 Stunden vor Abflug gegen 5 Uhr morgens am Flughafen in Tanger ein.

Was hiermit gezeigt werden kann, ist, dass die Vorstellungen von Pünktlichkeit je nach Land sehr weit auseinandergehen können. Dies ist bei der Reiseplanung unbedingt zu beachten, damit man nicht bitter enttäuscht wird und seinen Flug verpasst.

Merke: *Als Faustregel gilt: Wer günstig reisen will, muss um so mehr Zeit zusätzlich einplanen, je mehr sich das Land in Entwicklung befindet. Salopp formuliert also:*

Reiches Land = Auch knappe Zeitfenster machbar

Bananenrepublik = Zur Sicherheit lieber einen Tag mehr einplanen

Die Macht der Religion

Im August 2018 stand ich vor einem riesigen Problem. Während der durch mir organisierten Südostasienreise BDB3 war bereits 2 Wochen lang alles glatt gelaufen und wir hatten bereits viele der Länder dort besucht. Eine Sache bereitete mir jedoch schon seit Tagen Kopfzerbrechen. Von Malaysia aus sollten wir an einem Donnerstagabend nach Malé auf die Malediven fliegen. Dort wollte ich unbedingt eine Unterkunft auf einer der Touristeninseln, die man aus den Bilderbüchern kennt, ansteuern. Tatsächlich hatte ich durch Booking.com auch ein gutes Hotel mit moderaten Preisen gefunden. Das Problem: Die Personenfähren zu den Touristeninseln fahren jeden Tag zwischen Sonnenaufgang und -untergang in Malé ab, nicht aber, wenn es dort bereits dunkel ist. Das Riesenproblem: Freitag ist in der islamischen Welt „Tag der Versammlung", also vergleichbar mit unserem Sonntag, was je nach Land mal streng, mal weniger streng ausgelegt wird. Auf den Malediven jedoch ist ein gewisses Maß an Gläubigkeit vorhanden. Das bedeutet konkret: Freitag = keine Fähren. Ich war also in einem psychologischen Dilemma: Ich hatte am Flughafen in Kuala Lumpur Luca gerade die Info zugesteckt, in der Malé als nächste Destination angepriesen wurde. Sicher sah Luca uns gedanklich schon Kokos-Cocktails schlürfend im Liegestuhl auf einer Resortinsel. Jetzt musste ich liefern. Ihm zu sagen, dass wir die nächsten 3 Tage im relativ schäbigen Malé, wo mehr als 150.000 Einheimische auf einer Fläche von gefühlt 6 Quadratmetern zusammengequetscht sind, wäre jetzt nicht gut angekommen.

Der „normale Weg" für Urlauber der Malediven ist sicherlich die Anreise mit dem Speedboat, welches rund um die Uhr fährt und selbstverständlich auch freitags für $220 gut gestellte Snobs zu ihren Resorts bringt. Dass wir in Anbetracht unseres Budgets für BDB3 nicht weiter auf diese Möglichkeit eingehen müssen, versteht sich leider von selbst. Das Problem war also, es gab offiziell keinen bezahlbaren Transport zu unserer Insel, Thoddoo Island.

Im Flugzeug dann hatte ich eine nette Bekanntschaft mit einem Herrn neben mir. Obwohl er unschuldig einfach wirkte, waren er seine Worte sehr gewählt. Ich erläuterte ihm mein Problem und er schilderte mir, dass es eine Fruchtfähre gäbe, welche jeden Donnerstagabend noch vom Hafen in Malé abfahren würde und die verschiedensten Inseln abklappern würde. Dort würden auch immer wieder Einheimische mitfahren, jedoch sollte die Fähre bereits eine halbe Stunde nach planmäßiger Ankunftszeit unseres Flugzeuges ablegen. Jedoch meinte er, er könnte uns helfen. Außerdem schien er unser Hotel sowie dessen Inhaber zu kennen. Nach der Landung des Flugzeuges dachte ich, ich würde ihn gleich wieder in der Arrival-Halle sehen, doch dazu kam es nicht. Er wurde von einer schwarzen Limousine direkt am Rollfeld abgeholt und ich sah ihn nie wieder. Luca und ich hatten keine Zeit zu verlieren, und wir versuchten so schnell wie möglich die Einreise zu passieren sowie am Geldautomaten einige Rufiyaa zu bekommen. Das Rauschen der Wellen plätscherte im Wind, als wir von der Flughafeninsel mit einem kleinen Boot auf die Hauptinsel Malé übersetzten. In diesem Moment fühlte ich mich nicht gut, denn ich war unter Stress, und ich dachte, die Fruchtfähre hätte schon abgelegt. Schließlich hatte die Einreiseprozedur ungefähr 45 Minuten gedauert. In Malé auf der Hauptinsel angekommen, fragten wir, wo der Hafen sei. Man entgegnete uns, dass dieser sich auf der anderen Seite der Insel befinde. Für den Preis von einigen Rufiyaa durften wir auf der Ladefläche eines Transporters mitfahren. Welch ein Glück! Die Fruchtfähre hatte auf uns gewartet, obwohl uns dort niemand persönlich kannte. Ich bin mir nicht mehr sicher, wie viel wir bezahlten, aber zusammen für uns beide müssen es etwa 240 Rufiyaa gewesen sein. Falls du aber auch irgendwann die Fruchtfähre nimmst, sei gewarnt: Vielleicht liege ich auch total daneben und es war ein völlig anderer Wert.

Die Stimmung, als wir auf der Fruchtfähre waren, war unglaublich. Umgeben von ein paar einfachen maldivischen Männern und einigen verschleierten Frauen wurden wir für eine Nacht Teil der Malediven, wie sie sonst wohl nur die wenigsten Touristen erleben dürfen. Die Wogen plätscherten sanft im Wind, als die Lichter von Malé immer kleiner wurden und wir hinaus in die tiefschwarze Nacht fuhren. Das

Geräusch des altersschwachen japanischen Schiffsmotors lieferte ein wohliges Brummen, um die Szenerie rund um unser schaukelndes Schiff sonorisch zu untermalen. Quasi unter freiem Himmel, aber in ausgelegte Decken gehüllt, waren wir anfangs noch zu stark mit Adrenalin geflutet, um zu schlafen. Dies legte sich jedoch schnell und wir staunten nicht schlecht, als wir am nächsten Morgen vom Kapitän geweckt wurden. Wir waren trotz der Verspätung einige Stunden früher als geplant angekommen und wurden dort bereits freundlicherweise vom Besitzer des Hotels und einigen Locals am Hafen begrüßt.
Bis heute existieren keine Bilder von uns auf der Fruchtfähre. Der Anstand, in der islamischen Welt keine sensiblen Photos (beispielsweise von verschleierten Frauen) zu machen, sowie die Schwärze der Nacht, nahmen uns jegliche materielle Erinnerungsmöglichkeit.

Rückblickend haben wir ein unglaubliches Glück und müssen nicht zuletzt meinem Sitznachbarn im Flugzeug danken. Scheinbar handelte es sich um einen Regierungsbeauftragten oder einen Funktionär von Hotels. An dieser Stelle sei gesagt: Danke, unbekannter Divehi!

Ein weiteres Beispiel für religiös motivierte Feiertage ist der Sabbat in Israel (Freitagabend bis Samstagabend). Flugpreise nach Israel scheinen für am Samstag ankommende Maschinen manchmal niedriger als sonst zu sein, was mit schlechterer Auslastung zu erklären ist. Sabbat impliziert auch das generelle Ruhen des Eisenbahnverkehrs. In so einem Fall muss man entweder sehr lange im Flughafengebäude warten, oder auf arabische (bzw. nichtjüdische) Taxifahrer zurückgreifen. Auch hier ist deshalb zu beachten, dass man eventuell entstehende Kosten im Voraus in seine Planungen mit einbezieht.

Merke: *Durch Religion und Feiertage können Fahrpläne eingeschränkt sein oder gar ganz stillgelegt werden. Informiere dich immer vor Reiseantritt über die Religion und Einschränkungen in deinem Reiseland!*

Fazit

Wir haben gelernt, dass durch präzise Planung und die richtige Herangehensweise auch am Boden viel Geld zu sparen ist. Dies fängt bereits in Deutschland auf dem Weg zum Flughafen an, bei dem wir durch einige Tricks beim Buchen entweder günstige Zugfahrkarten oder Bustickets erwerben können. Aufgrund von gesetzlich zugesicherten Fahrgastrechten sind wir vor Stresssituationen geschützt. Falls wir an einem Bahnhof im Stadtzentrum ankommen und nicht direkt am Flughafen, können wir prüfen, ob wir bis zum Airport den Stadtverkehr nutzen können. Im Zielland angekommen, sollten wir die Lage des Flughafens und etwaige Kosten von Shuttle-Bussen bereits in unserer Kostenkalkulation berücksichtigt haben. Falls Gefahr für Leib und Leben besteht, haben wir uns bereits im Voraus um Kontakte gekümmert. In allen anderen Fällen versuchen wir auf öffentlichen Verkehr zurückzugreifen, oder kennen zumindest die ungefähr üblichen örtlichen Taxipreise. Außerdem sind wir uns bewusst, dass religiöse Feiertage den Verkehr weitestgehend stilllegen können. Nicht zuletzt planen wir in ärmeren Ländern mit schlecht ausgeprägter Infrastruktur sowie bei Grenzübertritten genug Zeit ein, damit wir nicht unseren Flug verpassen, was uns sonst teuer zu stehen käme.

Teil 3: Günstig Schlafen

Einführung

Nachdem wir nun alles von unserem Wissen im Bereich „günstig reisen" sowohl in der Luft als auch am Boden an den Mann und die Frau gebracht haben, widmen wir uns nun einem weiteren sehr wichtigen Thema. Immerhin verbringen wir fast ein Drittel unseres Lebens mit Schlafen. Da ist es wichtig, dass dies nicht zur Nebensache wird – wird es nicht, dank unserer Tipps zum Übernachten auf Reisen! Wir werden die für das kleinste Geld wahlweise erholsamsten, sichersten und aufregendsten Übernachtungsmöglichkeiten erläutern. Grundsätzlich ist erholsamer Schlaf gerade auf Reisen, wenn man viel erleben will, ungeheuer wichtig. Zu Beginn einer Reise ist man oft hochmotiviert und fühlt sich bereit für alles, was kommen mag. Nach einigen Tagen sieht dies aber häufig schon anders aus und es ist wichtig, wieder Energie zu tanken.

In diesem Teil des Buches widmen wir uns deshalb zuallererst dem Übernachten in Hotels und vergleichbaren Unterkünften. Dabei zeigen wir auf, wie man mit Hilfe von Tools wie Booking.com und einigen bestimmten Strategien auch in High-End-Hotels übernachten kann. Außerdem lassen sich auch ganze Apartments mit Ausblick auf die Skyline buchen, wenn man sich im richtigen Zielland befindet und die Buchung richtig anstellt. Im Grad des Luxus langsam absteigend beschäftigen wir uns als nächstes mit Anbietern wie Airbnb und schauen uns Hostels genauer an.

Danach ist es an der Zeit, dass wir die Plattform Couchsurfing unter die Lupe nehmen. Für den Preis von einiger Arbeit im Vorfeld lassen sich hiermit die schönsten Erlebnisse kreieren. Wir gehen auf die Punkte Sicherheit von Couchsurfing und den Missbrauch der Seite als Partnervermittlung für Sexualbekanntschaften ein. Außerdem schauen wir uns einige Parameter an, wie man zuverlässige Profile von problematischen Profilen unterscheiden kann. Wir helfen dir, selbst ein aussagekräftiges Profil zu erstellen, damit deine Anfragen angenommen werden. Anschließend zeigen wir dir, wie wir erfolgreich Leute anschreiben und was wir in unser Anschreiben packen. Einige Erfahrungsberichte runden das Thema ab.

Außerdem schauen wir uns die Voraussetzungen an, welche für das Übernachten am Flughafen benötigt werden. Wir zeigen, wie wir für unsere Sicherheit garantieren, solange wir im Reich der Träume sind. Anschließend verweisen wir auf die eine enorm wichtige Onlineressource, die unser aller Leben erleichtert. Eine Packliste der Dinge, welche für das Übernachten an einem Flughafen sinnvoll erscheinen, wird ebenfalls aufgestellt.

In diesem Teil gehen wir auch auf die Möglichkeit ein, in Verkehrsmitteln zu schlafen. Hier können wir schon jetzt sagen, dass Busse wieder das Objekt unserer Begierde sind. Diese sind oft günstiger als ein Hotelzimmer. Zudem wird tagsüber keine Zeit mit dem Transport von einer Stadt in eine andere verschwendet. Wir vergessen aber auch nicht, dass man mit dem Flugzeug ebenfalls über Nacht weite Strecken zurücklegen kann und haben außerdem noch den Nachtzug als oft vergessene Ressource im Blick.

Zum Schluss dieses Teils liefern wir einen Rundumschlag, welcher sämtliche weitere, unkonventionelle Methoden des Übernachtens abdeckt. Hier ist Raum für unsere extremsten (aber getesteten!) Guerilla-Ideen wie dem Schlafen bei einem Eingeborenenstamm, einigen fast kostenlosen Institutionen in urbanen Gebieten und nicht zuletzt dem Übernachten in der freien Natur. Doch erstmal der Reihe nach, starten wir nun in der oberen Komfort-Klasse: Hotels.

Hotels

Wer liebt ihn nicht, den Komfort und Luxus eines Hotels! Nach nächtelangen Schlummertiraden an schäbigen Orten wie Bussen, Flughäfen und der ranzigen Couch des Gastgebers braucht man manchmal, zumindest für eine Nacht, einfach eine ordentliche Unterkunft. Man kann duschen, hat seine Privatsphäre und kann am Morgen ordentlich ausschlafen und verlorene Stunden des Träumens nachholen. Die Frage ist also nicht, ob wir bei einer mehr als einige Tage anhaltenden Reise an irgendeinem Punkt in einem Hotel Station machen – die Frage ist eher, wie wir uns fürs kleinste Geld den größtmöglichen Luxus sichern. Glücklicherweise gibt es gute Ressourcen im Internet, die es uns erleichtern, ordentliche Angebote zu finden. Je nach Geschmack und Budget können wir mit Hilfe von Hotelsuchen im Internet die besten Preise zum gewählten Luxusniveau ausmachen.

Unser Favorit fürs Buchen von Unterkünften:

Hotel?
Für uns klar www.booking.com!

Es ist hier zu sagen, dass auch andere Anbieter für Hotelsuchen wie Trivago oder Expedia recht ordentliche Ergebnisse liefern. Allerdings können wir mit unserem ganzen Herzblut unterschreiben, wie mächtig die Suchalgorithmen von booking.com sind, vor allem außerhalb Europas. In unseren Breitengraden ist es generell relativ schwierig zu vernünftigen Preisen ein Hotel zu finden, wodurch wir das Buchen von Hotels eher meiden. Innerhalb von Europa gibt es genügend andere Möglichkeiten zu übernachten, wie Hostels, Flughäfen,

Nachtbusse, Jugendherbergen, Couchsurfing-Partner oder einfach bei Freunden.

Die große Stärke der Hotel-Suchmaschinen entfaltet sich in entlegeneren Gebieten außerhalb von Westeuropa. Je exotischer die Destination, desto wahrscheinlicher, dass es bei Luxushotels preisliche Ausreißer nach unten gibt. Aber auch beim Buchen von einfachen Unterkünften hilft uns booking.com sehr.

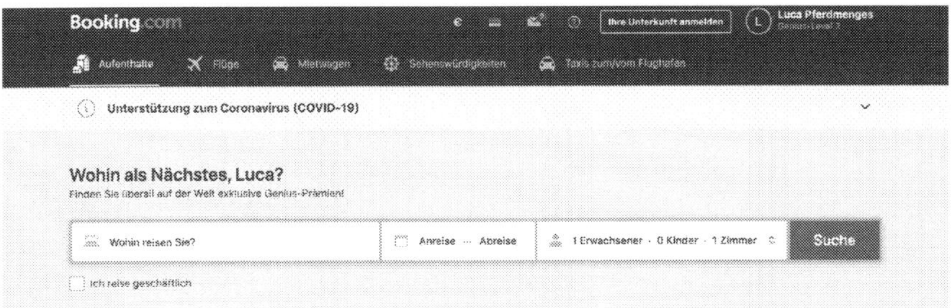

Die Startseite von www.booking.com

Luxus-Hotels

Als wir zu später Stunde die Einfahrt in das Edelhotel erblickten, hatten wir bereits eine Vorahnung, was uns erwarten sollte. Die letzte Stunde hatten wir damit zugebracht, mit U-Bahn und Taxi durch Dubai chauffiert zu werden und es war trotz Einbruches der dunklen Nacht immer noch warm und schwül. Über unseren Köpfen thronten die Lichter majestätischer Paläste und Nobelhotels. Wir liefen schneller schlagenden Schrittes zum großen Empfangsbereich außerhalb der Lobby, in dem sich Portiers würdevoll dem schwarzen Mercedes zuwandten, welcher gerade vor den Eingang vorgefahren war. Mit klopfendem Herzen schritten wir zur Türe, welche uns von einem anderen Pagen aufgehalten wurde. Und dann standen wir da, inmitten einer riesigen Lobby. Das vergoldete Interieur ging mit dem architektonisch akzentuiert eingesetztem Glas eine prachtvolle Symbiose ein. Auf den prunkvollen Sesseln in der ungreifbar großen Lobby verweilten emiratische Scheichs und konversierten ungezwungen mit westlichen Geschäftsmännern in Full-Business-Attire. Wo waren wir hier gelandet? Unterbrochen von dem Schockgedanken, dass unser Äußeres so gar nicht in diese Szenerie passen würde, wurden uns vom Rezeptionisten in akzentfreiem Englisch die Schlüssel für unser Zimmer gereicht. Mit dem vergoldeten Aufzug im fünften Stock angekommen, konnten wir es kaum erwarten, die Tür aufzusperren. Das Interieur im Zimmer glich wohl dem, was man sich hierzulande unter einer Luxus-Suite vorstellen würde. Die zwei (!) majestätischen King-Size-Betten thronten inmitten des riesigen Raumes. Das Bad wartete mit einer gigantischen Badewanne, einer Tropendusche und weiteren Annehmlichkeiten auf uns. Wir waren für eine Nacht ein Teil der Welt der Superreichen.

Die Kosten pro Person, welche uns wir für den Spaß aufgewendet hatten, lagen glücklicherweise fernab von einem finanziellen Sündenfall. Wir hatten jeder pro Nacht 25 Euro bezahlt. Das absolut Phänomenale ist, das dies nicht unbedingt schwer zum Nachmachen ist. Als Erstes wird eine Destination benötigt, in der es genug Reichtum und Luxus gibt, sodass es viele 5-Sterne-Hotels gibt, welche untereinander konkurrieren. Während dies in einigen afrikanischen Städten noch eher schwierig ist, sind die aufstrebenden Metropolen des nahen oder fernen Ostens wie Dubai, Katar, Abu Dhabi, Mumbai oder Kuala Lumpur wie geschaffen dafür. Wichtig: Das Land muss sich erst in den letzten Jahren bedeutsam entwickelt haben. Wir können diese Gesetzmäßigkeit nicht formal belegen, jedoch bestätigen alle unsere Erfahrungen dies. Wir vermuten, dass sich die Hotelbranche durch die schnelle Entwicklung noch im dynamischen Stadium befindet und die Preise noch nicht so festgefahren sind. Neben dem durch den Bauboom der letzten Jahre bedingten Angebot von 5-Sterne-Hotels im Überfluss, gibt es zudem noch häufig niedrige Löhne für die oft aus Ländern wie Nepal oder den Philippinen zugewanderten Zimmerjungen und -mädchen. Die Regel ist also: Deutschland, die USA und Japan eignen sich schlecht für Luxushotels. Indien, Indonesien oder die VAE hingegen super.

Nun müssen wir uns noch ansehen, wann der beste Buchungszeitraum ist. Unsere Erfahrung für das Abgreifen von Nobelhotels in Billiglohnländern zeigt: Im Gegensatz zum Fliegen macht es quasi keinen Unterschied, wann wir buchen. Das heißt, für den gleichen Tag sind häufig noch ebenso gute Angebote vorhanden wie beim Buchen zwei Monate vor der Reise! Somit kann man dank booking.com mit dem Buchen des Luxushotels getrost warten, bis man am Flughafen im Zielland ankommt. Dort kann man dann spontan entscheiden, worauf man Lust hat. Schließlich gibt es in Metropolen wie Dubai Angebote im Überfluss. Dies ist überdies besonders wertvoll, wenn andere Übernachtungsmöglichkeiten wie Couchsurfing (siehe Kapitel „Couchsurfing") spontan scheitern beziehungsweise abgesagt werden, da man dann immer noch die Ressource einer spontanen Hotelbuchung in der Hand hält. Obwohl die kurzfristige Absage bei Couchsurfing zum Glück eher selten vorkommt, wertet dieses Backup Couchsurfing ungemein auf, da wir so viel stressfreier reisen können. Nachdem wir also nun wissen, wann und wo wir buchen, stellt sich nun nur noch die Frage nach dem „wie". Glücklicherweise ist die Oberfläche der Website booking.com relativ selbsterklärend. Nachdem man den Namen der Stadt und die

Übernachtungstage eingegeben hat, bekommt man bereits eine Auswahl an verschiedenen Hotels gezeigt. Diese können wir nun weiter eingrenzen, indem wir bestimmte Parameter verändern. Beispiele hierfür sind neben dem maximalen Preis auch Eigenschaften wie Lage, Bewertung oder die Präferenzen des Hotels zum Thema Kreditkarten. Das Wichtigste ist für uns, in der oberen Spalte die Ergebnisse nach Preis aufsteigend zu sortieren. Somit siehst du alle verfügbaren Angebote preislich sortiert. Jetzt kannst du mit Hilfe der Suchkriterien links beispielsweise „5 Sterne" auswählen. Jetzt siehst du alle 5 Sterne Hotels preislich sortiert und kannst so schauen, ob etwas Günstiges dabei ist. Füge auch „4 Sterne" zu deinen Suchkriterien hinzu. Nicht selten sind 4 Sterne Hotels signifikant günstiger als 5 Sterne Hotels. Und ebenso selten ist es, dass 4 Sterne Hotels enttäuschen. Mit anderen Worten: Wir waren schon oft in 4 Sterne Hotels, die wir quasi als 5 Sterne Hotels wahrgenommen haben – luxuriös können eben beide sein.

Wichtig ist übrigens immer, wirklich immer, dass du die Rezensionen checkst. Alles über 7,0 kannst du buchen, ohne dir Sorgen zu machen. Lass die Finger lieber von allem was unter 6,0 bewertet ist. Das Allerwichtigste: Buche NIEMALS ein Hotel ohne Rezensionen! Ja, es gibt durchaus Fake Hotels, die gar nicht existieren. Sobald jemand jedoch in die Falle tritt und sich bei Booking beschwert, nimmt Booking diese in der Regel vom Netz.

Im nächsten Schritt bekommt man Rahmenbedingungen angezeigt wie die Zeit des Ein- und Auscheckens oder die Verfügbarkeit eines kostenlosen Frühstücks. Schließlich kann man online die Buchung abschließen und sich bequem zum Hotel begeben. Übrigens sollte man sich nicht durch ominöse Timer und Meldungen davon abhalten lassen, sich alle im Preis inbegriffenen Features durchzulesen. Booking.com möchte, dass du deine Buchung schnell abschließt, damit du es dir nicht doch noch anders überlegst. Meldungen wie: „Jetzt buchen! Der Preis steigt in 10 Minuten" sind eher ein Witz, denn die Preise ändern sich tatsächlich oft gar nicht. Sollte eine Uhr anfangen zu ticken, diese irgendwann abgelaufen sein und sich bei erneutem Laden der Seite die Preise tatsächlich erhöht haben, kann es helfen, die App neu zu installieren bzw. sich auszuloggen, die Seite mit anderer IP-Adresse aufzurufen oder einfach einige Minuten zu warten. Neben diesen zugegebenermaßen nicht besonders seriösen Timern und Meldungen, sind wir mit Booking.com bisher immer gut gefahren und auch die Bezahlung lief bisher immer problemlos ab.

In letzter Zeit sind diese „Timer" aber ohnehin recht selten geworden.

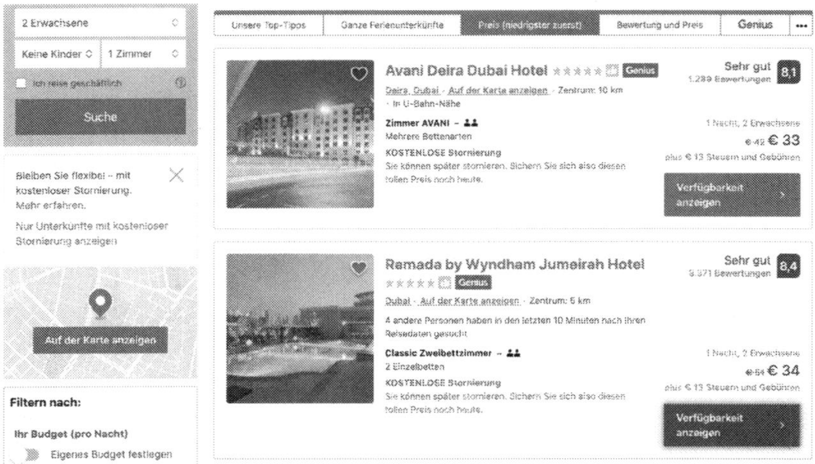

Bild oben: In Städten wie Dubai finden sich tolle Angebote für Luxushotels. Wie du siehst, ist es der Preis für 2 Personen. Weniger als 17€ für ein schickes 5 Sterne Hotel in Dubai ist auf jeden Fall eine Ansage. Und das Beste: Solche Angebote gibt es ständig und an fast jedem Tag.

Bild unten: In Ländern wie Indien kann man sogar für 7 Euro pro Person und weniger in 5- Sterne-Hotels übernachten.

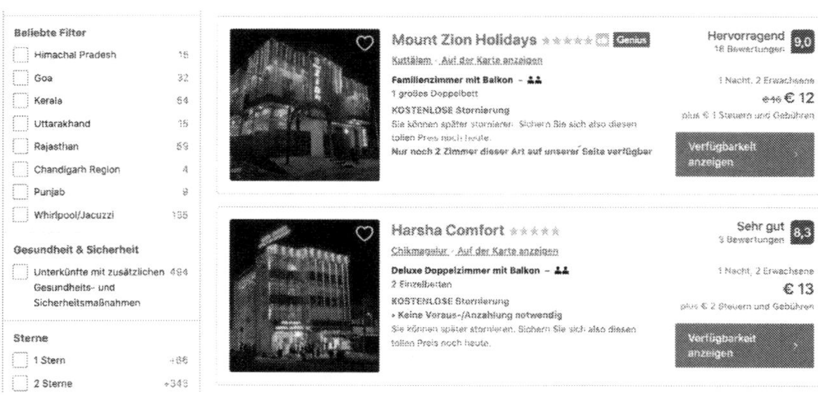

Übrigens: Solltest du aus irgendeinem Grund nicht so auf Luxus stehen, kannst du booking.com natürlich trotzdem nutzen, um billige

Hotels zu buchen. Lass dabei einfach die Filter wie „5 Sterne" weg. Es gibt so viele Hotels auf dieser Welt ohne Sternbewertung, die trotzdem genau so komfortabel sein können.

Merke: *booking.com ist unsere Anlaufstelle für Hotels. Wir sind flexibel, was Komfort und Preis angeht. Schon für wenig Geld können wir Abstecher in die Welt des absoluten Luxus machen. Wer noch mehr Geld sparen möchte, kann auf günstigere Hotels zurückgreifen.*

Apartments

Darf es noch etwas großräumiger sein? Da zu zweit zu Reisen die Kosten für Unterkünfte pro Person bereits deutlich reduziert, oft sogar halbiert, birgt das Reisen mit noch mehr Personen neue Optionen wie dem Buchen von günstigen Apartments. Diese sind aber auch schon eine echte Alternative, wenn man nur zu zweit reist! Luca und ich übernachten regelmäßig in luxuriösen Apartments, wenn wir vom Übernachten an weniger prunkvollen Orten mal eine kurze Auszeit benötigen. Auch hier kann man teilweise sehr nahe in die Welt der Reichen und Schönen hinein schnuppern. Im August 2018 hatten wir in Kuala Lumpur ein unglaubliches Schnäppchen gemacht. Wir residierten für eine Nacht in einer Suite eines Hochhauses mit Top-Ausblick auf die Skyline. Unsere persönliche Betreuerin, ein liebes Mädchen in unserem Alter namens Wanda, hatte uns bei der Schlüsselübergabe aufmerksam die Details des Apartments erklärt. Die Apartments neben, über und unter uns waren vor allem an ausländische Geschäftsmänner vermietet, welche Wochen und Monate im Luxuskomplex residierten. Anscheinend hatten wir tatsächlich eine Möglichkeit entdeckt, für nur eine einzige Nacht und für 20 Euro pro Person in dieses Apartment einzuziehen.

Während Luca bei einem ausgiebigen Bad (fragt mich nicht, was Luca immer so verdammt lange in der Badewanne macht!) neue Kräfte schöpfte, stürzte ich mich noch einmal ins Nachtleben der pulsierenden malaiischen Millionenmetropole. Einige Stunden später war es schließlich an der Zeit, endlich in den gut gesicherten Turm zurückzukehren. Während ich die äußeren Schranken mit Hilfe meines Chipschlüssels problemlos passieren konnte, wurde ich innen vor eine echte Herausforderung gestellt. Der gesamte Komplex war stark gesichert und verfügte dementsprechend über mehrere Zugänge. Ebenso viele prachtvolle Aufzüge reihten sich an unterschiedlichen Stellen im Erdgeschoss aneinander. Da zu dieser späten Stunde sich innen kein zweiter Pförtner mehr befand und ich nicht wieder nach außen den weiten Weg zum Pförtner des Haupttores machen wollte, beschloss ich, einfach den erstbesten Aufzug zu nehmen. Schließlich kannte ich die Nummer meiner Etage und die des Zimmers und dort angekommen würde ich dieses schon irgendwie finden. Selbstsicher schritt ich über die Schwelle des Aufzuges und drückte eine Taste. Die Türe schloss sich langsam und nichts passierte. Moment! War es in gehobenen Hotels nicht so, dass man das Schaltpult erst durch Scannen der Zimmerkarte aktivieren konnte? Ungläubig drückte ich den Schlüssel an die dafür vorgesehene Stelle. Wieder passierte nichts! Ich grübelte. Drückte noch einmal auf die Zahl meines Stockwerkes. Nichts. Vielleicht war der Aufzug kaputt? Ich betätigte fest die Taste für das Öffnen der Tür. Wieder nichts! Kurzes Durchatmen, dann entschlossenes Drücken der Notruftaste. Kein Laut. Es muss gerade in dem Moment gewesen sein, in dem ich realisierte, dass ich gefangen bin, als es dann passierte. Mit einem Schlag ging das Licht aus. Hier ging also nun offiziell nichts mehr. Ich erinnere mich noch sehr gut an die Situation, in der die Hände zu schwitzen anfingen und ich unruhig wurde. Als ich das Handy herausholte, um Licht zu machen, der Schock! Ich sah, dass ich nur noch wenige Prozent Akku besaß. Ich konnte noch mithilfe der Taschenlampe die Notrufnummer anleuchten, welche in die Wand eingraviert war. Um Akku zu sparen, machte ich die Taschenlampe wieder aus, bevor ich den Anruf tätigte. Es dauerte zwei Minuten, bis sich ein Hausmeister meldete, weitere zwei, bis die Situation erklärt war und circa zehn Minuten, bis dieser vor Ort war. Ich war annehmbar in ein zusätzliches Sicherheitssystem des Hauses geraten, durch welches jedem Zimmer der Aufzug zugeordnet wird, der sich tatsächlich im selben Block befindet. Möchte eine unbefugte Person eine der oberen Etagen betreten, wird sie vom System automatisch daran gehindert. Da die meisten Bewohner ohnehin als Langzeitgäste residierten, bekommen sie eine ausführliche Einweisung mit detaillierten Informationen beim Einziehen. An uns als ungewöhnliche Gäste für eine Nacht war diese Info wohl vorbeigegangen. Weder Wanda noch Booking.com hatten diesen Punkt behandelt und ich war erschöpft aber froh um die Erfahrung, als ich mich in unserem Apartment auf der Couch niederließ.

Für 23 Euro pro Person kann man in unglaublich luxuriösen Apartments schlafen.

Weitere gebührenpflichtige Übernachtungsmöglichkeiten

Natürlich möchten wir uns nicht nur einäugig auf einen Anbieter an Buchungsseiten stützen. Schließlich ist davon auszugehen, dass in der Praxis booking.com nicht immer das beste Ergebnis erzielt. Zwar ist es für uns am bequemsten, immer dort zu buchen, aber wer Zeit hat, kann durch Vergleich von verschiedenen Seiten unter Umständen noch bessere Ergebnisse erzielen. Dies beschränkt sich nicht nur auf klassische Suchmaschinen für Unterkünfte wie Trivago, Expedia oder HRS, sondern umfasst auch Plattformen wie Airbnb. Zu diesem Thema ist zu sagen, dass Jan hier bisher erst ein paar Male Erfahrungen machen konnte (welche im Übrigen gut waren). Allerdings ist er seit einem unrühmlichen Zwischenfall, an dem er und seine Freunde Schuld waren und auf den hier nicht länger eingegangen werden soll, vom System gesperrt. LOL

Vor allem in Regionen, wo die Hotels recht teuer sind, können sich Airbnb's lohnen. Bahamas, Kuba und andere Urlaubsdestinationen fernab einer Metropolregion eignen sich super für eine Airbnb-Buchung. Oft gibt es Angebote, bei denen du zum Beispiel in einem Zelt im Garten des Gastgebers schläfst. So etwas findest du fast nie auf Booking.com, auf Airbnb aber recht häufig.

Hostels und Jugendherbergen

Manchmal befindet man sich in luxushoteltechnisch schlechten Lagen wie Island. Und manchmal muss trotzdem eine Unterkunft her. Hart am Limit stotterten wir die fast 30 Euro pro Nacht ab, welche wir für die billigste auffindbare Unterkunft, ein schäbiges Hostel in Hafnarfjördur aufbringen mussten. Generell sind wir unterm Strich öfter in Hostels als in Luxushotels, wenn wir eine feste Unterkunft buchen. Ausgesprochen selten sind die Erfahrungen dabei so mies, wie ich sie im Sommer 2016 in Paris machen durfte. Laut Booking.com lag die günstigste Jugendherberge nahe des Gare de l'Est der französischen Hauptstadt circa zehn Minuten zu Fuß vom Bahnhof entfernt. Es handelte sich um ein mit fünf Franzosen geteiltes Sechsbettzimmer. Als ich in meiner damaligen jugendlichen Unschuld und Schüchternheit spätabends leise und vorsichtig das Zimmer betrat, war eins der Betten leer und vier Personen waren friedlich am Schlafen. Ich war gerade eingeschlafen, als ein verstörender Ton, welcher von Gang kam und sich bei zunehmender Lautstärke immer wieder wiederholte, die Ruhe der Nacht störte. Mit einem Knall wurde auf einmal die Tür aufgerissen. Ein völlig betrunkener und mutmaßlich substanztechnisch anderweitig nicht unter der vollen Kontrolle seines Bewusstseins stehender Franzose warf sich durch den Raum. Er schrie immer wieder die 2 aufeinanderfolgenden französischen Schimpfwörter „Putain! Putain de merde!". Während ich mir im Unklaren war, ob die Inneneinrichtung des Zimmers die Nacht überleben würde, dauerte es noch eine Ewigkeit, bis die Schreie aus dem Bett unter mir verstummten. Es müssen so um die zwei Stunden gewesen sein. Ich kann gedanklich nicht mehr rekonstruieren, ob es schließlich der Sicherheitsdienst war, welcher den Schlussstrich gezogen hatte, oder doch eher die einschläfernde Wirkung des

Alkohols irgendwann einsetzte.

Glücklicherweise kommen solche Erfahrungen extrem selten vor. 99 Prozent der fremden Zimmergenossen sind sehr zivilisiert, gerade in ferneren Ländern. Dementsprechend geben wir neben dem Buchen von günstigen Luxus-Hotels ebenso uneingeschränkte Empfehlung für das Buchen von günstigen Hostels. Sollte tatsächlich einmal die Ruhe der Nacht durch aufmüpfige Zimmergenossen gestört werden, ist man zumindest im Nachhinein um eine Erfahrung reicher.

Auch Hostels und Jugendherbergen buchen wir meist auf booking.com. Wie bereits erläutert, wählen wir einfach in der oberen Spalte die Option „Preis (niedrigster zuerst)" aus. Die billigsten Ergebnisse sind, vor allem in entwickelten Ecken des Globusses, fast immer Hostels. Es gibt übrigens nicht gerade wenige Länder, in denen es absolut keine Hostels gibt. Pakistan ist zum Beispiel unterkunftstechnisch nicht immer so billig wie z.B. Bali, einfach weil es in Pakistan keine Hostels gibt – auf Bali eben schon. Ab und zu passiert es, dass man auf Booking.com keine Hostels findet, es sie aber gibt. Wenn du mit den Ergebnissen nicht zufrieden bist, versuche dein Glück mit der kostenfreien App „Hostelworld" und suche dort eine Unterkunft. Oft hat Hostelworld eine bessere Auswahl von Hostels als Booking. Bisher waren meine Erfahrungen mit Hostelworld übrigens immer super.

Wenn du allerdings auch dort nicht fündig wirst, suche einfach mal nach „Hostel near me" auf Google Maps. Es gibt einige wenige Unterkünfte, die sich, meist wohl aus ethischen Gründen, bewusst nicht auf Booking etc. listen lassen. Auch müssen Unterkünfte selbstverständlich eine Kommission an Booking zahlen. In Montréal, Kanada beispielsweise ist seit über 30 Jahren das Hostel „Auberge Chez Jean" die billigste Unterkunft. Auf Booking findet man dieses Hostel jedoch nicht. Im Zweifel lohnt es sich, alle Möglichkeiten auszutesten.

Du bist selbstbewusst? Try that!

Die Nacht war bereits über Fukuoka hereingebrochen, als ich beschloss, nach einer Party eine der Japanerinnen aus unserer Gruppe zu ihrem Kapselhotel zu begleiten. Nicht nur durch den Alkohol bedingt, liefen meine Pläne jedoch in andere Richtung. Wir waren uns beide zuvor nähergekommen und es lag nahe, dass ich eine alternative Schlafmöglichkeit ansteuern würde. Ein Blick auf mein Handy fand einige Treffer für Stundenhotels und ich ging mit ihr in die Richtung der Ergebnisse. Nach einigen Minuten Fußmarsch im richtigen Viertel für derartige Angebote angekommen, wunderte ich mich, dass keines der Zielobjekte auch nur ansatzweise durch klischeehafte Leuchtschrift mit Aufschriften wie „Love Hotel" oder ähnliches gekennzeichnet war. Stattdessen waren sämtliche Eingänge wohl eher diskret gehalten und ich hatte keine Ahnung, wie ich den Eingang finden sollte und japanisch konnte ich damals auch noch nicht, nicht mal Katakana. Meine Begleitung, der englischen Sprache leider nicht mächtig, war wohl auch noch traditionell eingestellt und machte keine Anstalten, an dieser Stelle zu führen oder zu helfen. Ich fragte einen vorbeikommenden Japaner nach der Adresse. Das Ergebnis war für nicht zufrieden stellend – er fing an, auf Japanisch mit meiner Begleitung zu reden! Nicht nur das, die beiden hatten auf mehr als drei Minuten eine angeregte Konversation und es schien so, als ob es Uneinigkeiten gäbe. Schließlich zeigte mir der junge Mann mit dem Finger eine Richtung an, in die wir gehen sollten. Ich nahm meine Begleitung bei der Hand und wir gingen in diese Richtung. Die Straßen wurden immer leerer und dunkler und ich spürte förmlich die Besorgtheit der Dame neben mir. Von kurzen „Chotto!"-Ausrufen begleitet bekam sie sichtbar Angst, wo ich sie denn hinführen würde. Schließlich machte sie vor einem Supermarkt halt und entschuldigte sich kurz, sie müsse auf Toilette. Ich wartete draußen und bekam allmählich kalte Füße. Was dachte sie von mir? Würde sie die Polizei rufen? Was würde ich erwidern, wenn gleich ein Wachtmeister kommen würde? Als sie nach nicht weniger als 15 Minuten wieder herauskam, beschloss ich, die ganze Aktion wegen Unheimlichkeit abzubrechen und mit ihr zum Hostel zu gehen. Sie tippte ihre Adresse in mein Handy ein und wir gingen los. Als wir nach gut 20 Minuten endlich angekommen waren, der Schock. Ihre Augen wurden riesig und man konnte ihre Panik spürbar fühlen. Das Hostel war nicht ihres, denn, wie sich am nächsten Tag herausstellte, hatten wir versehentlich den Weg zu einem Hostel mit ähnlichem Namen gewählt. Nachdem wir fast eine Stunde später tatsächlich die Odyssee beendet hatten, musste ich in einem Park übernachten, da mein Hostel bereits geschlossen hatte.

Nicht immer enden solche Aktionen so spektakulär wie diese, aber es zeigt, dass man unglaubliche Erlebnisse haben kann, wenn man sich für ein selbstbewusstes Leben entscheidet. Speziell auf Reisen zugeschnitten bedeutet das, dass man, falls man keine Unterkunft gebucht hat und noch Energie übrig hat, diese Sinn bringend einsetzen kann. Wenn man Feste oder Clubs besucht, lernt man unglaublich viele Menschen kennen und es kann passieren, dass sich damit die Übernachtungsfrage löst. Zum einen kann dies durch Flirten passieren (Mehr dazu in Teil 4, Kapitel „Jemanden Abschleppen"). Ebenso gut kann man coole Freunde kennenlernen, mit welchen man eine gute Zeit haben kann und welche dich am Ende des Abends nicht einfach stehen lassen werden, weil du einer von ihnen geworden bist. Du bist dann Teil der Gruppe und einen sicheren Schlafplatz zu finden, wird mit hoher Wahrscheinlichkeit vom Chef der Gruppe für dich organisiert werden.

Couchsurfing

Bereits am Flughafen werden wir von unserem Gastgeber abgeholt. Es fährt mit uns in eine Wäscherei. Wir schauen uns einen großen Platz in der Stadt, so wie das National Monument an. Aufgrund der parallel in der Stadt stattfindenden Asienspiele und der Tatsache, dass es sich um einen Sonntag handelt, gibt es in Jakarta deutlich weniger Verkehr. Glücklicherweise darf unser Gastgeber jeden Tag Auto fahren, denn er ist ein Mann von Relevanz. Wir fahren zum Fischmarkt, welcher im Internet als überteuerte Touristenfalle verschrien ist und es ist phänomenal. Weniger gut für Vegetarier geeignet gibt es eine Auswahl an riesigen Aquarien, aus denen die erst wenige Stunden vorher gefangenen Fische frisch zubereitet werden. Anschließend geht es weiter in ein gehobenes Hotel der Stadt. Wir nehmen den Aufzug, um direkt in den 56. Stock zu einer High-End-Rooftop-Party eingeladen zu werden. Luca wird vom Pförtner nicht reingelassen, weil er sich nicht als über 18 ausweisen kann (und das heißt in Indonesien etwas!). Unser Gastgeber redet kurz mit dem Chef und dann sind wir drin. Die High-End-Society Jakartas umgeben von ein paar schick gekleideten italienischen und britischen Touristen, welche am Eingang umgerechnet 20 Euro gelöhnt haben, um Teil der befremdlichen Szenerie zu sein. Nur so am Rande, der benannte Chef hatte übrigens eine *Aura* von mindestens 102 Metern. Unglaublich – wir haben noch nie solch einen Menschen kennengelernt.

Wir bekommen einen Drink nach dem Nächsten hingestellt und lassen uns mit einem Taxi alle drei zurück zum Haus unseres Gastgebers bringen.

Was wir für den ganzen Spaß bezahlt haben: Nichts. Null. Absolut verdammt noch mal keinen Pfennig.

Dabei war es nicht mal so, dass wir die Gastfreundschaft unbedingt so ausnutzen wollten. Wir haben geradezu darauf bestanden, irgendetwas zu bezahlen. Aber unser Gastgeber ließ es einfach nicht zu. Es ist moralisch falsch, wegen solchen Geschichten Couchsurfing zu betreiben. Aber solche Geschichten passieren. Genauso wir wir zahlreiche weitere unglaubliche, wundervolle Erfahrungen machen durften. Man kann also auch als Couchsurfer luxuriös reisen. Das genaue Gegenteil erlebte Luca in Brasilien, als sein Gastgeber in einer *Favela* residierte. Obwohl objektiv betrachtet hier jeder Real zusammengehalten musste war die Herzlichkeit der Menschen überwältigend und eine unglaubliche Erfahrung. Wir möchten deshalb nicht sagen, dass man Couchsurfing des finanziellen Vorteils wegen ausprobieren sollte oder sich anmelden sollte, um die Kosten für ein Hotel zu sparen. Was man aber sagen kann ist, dass hier die unglaublichsten Erfahrungen auf dich warten. Jeder Tag während Couchsurfing katapultiert dich in einen völlig anderen Lebensentwurf, den du so noch nicht gesehen hast. Egal ob du männlich, weiblich, jung oder alt bist: Couchsurfing ist eine unglaubliche Ressource und deshalb möchten wir in diesem Kapitel behandeln, wie du erfolgreich mit der Plattform arbeiten kannst und neue, fürs Leben haltende Freundschaften knüpfen wirst. Zuerst einmal gehen wir dafür auf den wohl am häufigsten vorgebrachten Einwand ein, welcher Sicherheitsbedenken umfasst. Wir zeigen dir, wie du sicher bleibst und was es mit der besonderen Rolle des Geschlechts auf sich hat. Anschließend zeigen wir, wie ein erfolgreiches Profil aufgebaut ist, damit Anfragen angenommen werden. Als nächstes widmen wir uns den verschiedenen Anschreibe-Techniken, ehe wir noch einmal das Gelernte in einem Fazit Revue passieren lassen.

Update seit 2020: Couchsurfing ist nicht mehr kostenlos. Man muss seit Mai 2020 etwa 15€ pro Jahr zahlen, um die Seite nutzen zu dürfen. Wir finden das natürlich mies, weil dadurch viele Nutzer die Plattform verlassen haben. Wir hoffen, dass sich Couchsurfing von der Krise erholt und vielleicht sogar wieder kostenlos wird.

Sicherheit von Couchsurfing

Es gibt immer noch viele Leute welche denken, Couchsurfing besteht hauptsächlich aus Sozio- oder Psychopathen. Insgesamt lässt sich sagen, dass das Risiko durch Couchsurfing an einen Metzgermeister-Massenmörder zu geraten, wohl sehr klein ist. So klein, dass es unserer Meinung nach hundert Mal wahrscheinlicher ist, auf der Straße vom Flughafen in die Stadt abgeschlachtet zu werden oder im Auto bei einem Unfall zu verunglücken. Es ist so dermaßen gering, dass wir nicht weiter drauf eingehen müssen. Die Frage ist eher, wie zuverlässig unser Host ist und wie gut er/sie sich um uns kümmern wird. Bei sehr dünnen Profilen mit wenigen Rezensionen kann es beispielsweise passieren, dass man an jemanden gerät, der gar nicht antwortet. Überhaupt ist es normal, dass von 10 angeschriebenen Personen vielleicht zwei antworten und eine Person dann tatsächlich Zeit hat, uns aufzunehmen. Deshalb picken wir uns bereits beim Anschreiben die Profile heraus, welche zuverlässig erscheinen. Personen mit ausgebautem Profil haben durch die Rezensionen einen gewissen „social proof". Überhaupt sind die Rezensionen ein Schlüssel zum Erfolg. Bisher ist uns noch nicht bekannt, dass Rezensionen gefälscht worden wären. Es ist bei Couchsurfing nämlich nicht so einfach wie bei Instagram oder YouTube, wo man sich unkompliziert Likes und Klicks kaufen könnte. Anders formuliert: Es würde auffallen, wenn eine Rezension unorganisch wäre. Das System Couchsurfing funktioniert und es gab diesbezüglich für uns noch keine Probleme. Grundsätzlich können wir nach einer Registrierung überall anfragen, auch bei den Premium-Mitgliedern, welche „verifizierte Profile" haben. Diese haben neben mehr Zeit auch mehr Geld in Couchsurfing investiert, da die „Verifizierung" einmalig circa 50 Euro kostet. Deshalb sind diese Mitglieder meistens auch besonders zuverlässig. Ein weiterer Punkt neben der Anzahl und Art der Rezensionen ist der Inhalt der Profilbeschreibung. Wer viel schreibt, hat schon einiges an Energie in Couchsurfing hineingesteckt. Demnach ist auch eine positive Antwort wahrscheinlicher. Zudem empfehlen wir, immer nur Leute des gleichen Geschlechts anzuschreiben. Unsere Erfahrung hat gezeigt, dass die meisten Frauen vorrangig Frauen akzeptieren und Männer eben Männer hosten. Außerdem ist ein gewisses Maß an Verständnis für jegliche sexuelle Ausrichtungen aufzubringen. Ich würde aus persönlichen Erfahrungen sagen, dass circa 50 Prozent der männlichen Nutzer schwul sind. Dies variiert stark nach Land, aber es ist durchaus wichtig, sich diesen Umstand in Erinnerung zu rufen. Normalerweise ist dies aber überhaupt kein Problem und meistens wird man vom Host in Laufe des Abends dann mal nach eventueller Freundin etc. gefragt. Alle Leute, bei denen ich bisher zu Gast war, waren aber sehr freundliche Menschen und haben meine sexuelle Ausrichtung genauso akzeptiert wie ich ihre. Es gab nie ein Problem, dass ich so stark angemacht wurde, dass es mir unwohl wurde. Einmal fragte mich ein Host mitten in der Nacht, ob er mir die

Füße massieren konnte, was in dieser Situation für mich ziemlich lustig war und was ich dankend ablehnte. Grundsätzlich gibt es 3 Typen von Männern auf Couchsurfing:

– Positive Menschen, welche dir ihre Welt zeigen möchten und dich bei dir aufnehmen
– Positive Menschen, welche dir ihre Welt zeigen, dich aufnehmen und sich vielleicht unterbewusst mehr erhoffen (aber auch mit diesen kann man eine wunderschöne Zeit verbringen)
– Schwierig wird es, wenn Jungs nur bei Couchsurfing angemeldet sind, um sexuelle Kontakte zu knüpfen und es mit Grindr & Co. verwechselt haben

Letztere erkennt man mehr oder weniger daran, dass sie sich in ihrem Profil zu diesem Punkt äußern. Während die zweite Gruppe viel zu höflich und zurückhaltend wäre, ja sogar peinlich berührt, dies zu kommunizieren, ist die dritte Gruppe da eher offen. Bei Stichwörtern wie „open for everything", „I am a gay dude looking for friends" etc. meide ich das Profil. Für Personen, welche tragischerweise kein Y-Chromosom besitzen, noch einmal unsere Empfehlung: Mädels, fragt von vornherein nur bei Frauen an und erspart euch unnötigen Stress, außer ihr wollt ohnehin die Erfahrung sammeln.

Ein aussagekräftiges Profil

Nach dem Auswählen des Reiseortes und Zeitraumes bekommt man eine Liste von Profilen angezeigt, bei welchen man nun anfragen kann, ob sie dich hosten können. Zudem wird angezeigt, wie viele der Anfragen sie in der Vergangenheit beantwortet haben und wann sie sich das letzte Mal eingeloggt haben. Dies sind wichtige Indikatoren, ob sich ein Anschreiben überhaupt lohnt. Wir empfehlen an dieser Stelle, jeden Tag eine Person anzuschreiben und wenn die Person nicht geantwortet hat, es am nächsten Tag nochmal bei einer anderen Person zu probieren. Falls man auf einen Schlag gleich 10 Personen anschreibt, hat dies den Nachteil, dass man zum einen sein Wochenlimit der normalen Version von Couchsurfing erreicht hat und zudem plötzlich mehrere Zusagen für das gleiche Datum haben kann. In diesem Fall muss man dann Tag und Abend/Nacht irgendwie aufsplitten, um niemanden nachträglich abzuweisen, was uns auch schon passiert ist. Wovon hängt es nun ab, ob man eine positive Rückantwort bekommt? Ganz klar vom Profil.

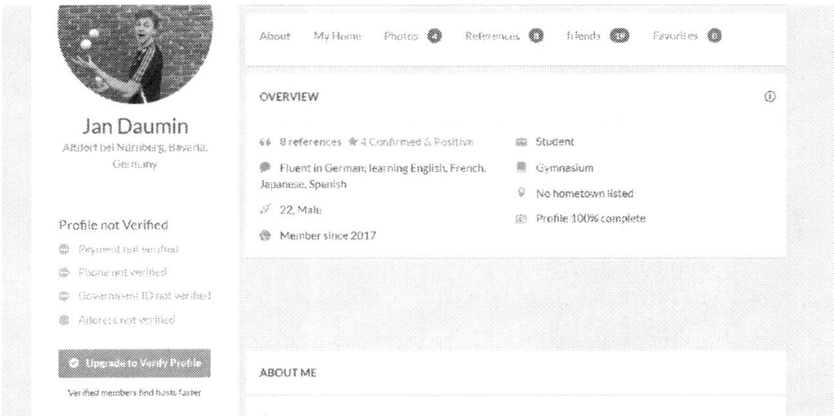

Jans Profil

Was gehört in ein gutes Profil? Als Erstes ist es unabdingbar, ein Profilbild hochzuladen. Je mehr Bilder von dir auf deiner Seite verfügbar sind, desto besser. Anschließend ist es eine gute Idee, die Sprachinformationen auszufüllen, damit Hosts wissen, ob sie überhaupt mit dir kommunizieren können. Was den Text anbelangt, gilt die Faustregel: So viel wie möglich und so positiv wie möglich. Schreibe über deine Interessen, Filme und Bücher, die du magst, deine Stärken oder Schwächen sowie lustige Situationen, welche dir ereilt sind. Es macht dich greifbar und menschlich und außerdem wird bereits eine Bindung hergestellt, falls du beispielsweise die gleiche Musik wie dein potenzieller Gastgeber hörst.

Sei kreativ und schreibe dir in deinem Profil alles von der Seele, was du denkst!

Meiner Meinung nach sinnvoll ist es, die Existenz einer Freundin oder Ehefrau zu erwähnen. Dies dient dazu, Menschen des dritten Typs (siehe oben) fernzuhalten. Bisher hat dies immer super funktioniert und ich habe mich von meinen Gastgebern nie in Bedrängnis gebracht gefühlt.

Anschreibetechniken

Was das Anschreiben betrifft, rate ich, so kreativ wie möglich zu sein. Je mehr deine Nachricht nach Copy und Paste wirkt, desto kleiner ist die Wahrscheinlichkeit einer positiven Rückantwort. Schreibe etwas zu dir, zu deinem Gastgeber und warum du genau ihn ausgesucht hast und gerne mit ihm Zeit verbringen würdest. Um Zeit zu sparen, habe ich einen Text über mich entwickelt, den ich tatsächlich jedes Mal kopiere und einfüge. Allerdings ergänze ich diesen jedes Mal mit ein oder zwei Zeilen für meinen Gastgeber, welche ich individuell schreibe. Manchmal ändere ich aber auch die Strategie und schreibe mir alles von der Seele, was ich gerade denke. Du hast Fragen zum Zielland? Perfekt, trage diese gleich in der ersten Nachricht zusammen. Zum einen bekommst du aus erster Hand Informationen zu deiner Destination. Als willkommener Begleiteffekt macht dich das aber auch menschlich und sympathisch und dein potenzieller Gastgeber wird versuchen, dir so sehr wie möglich zu helfen.

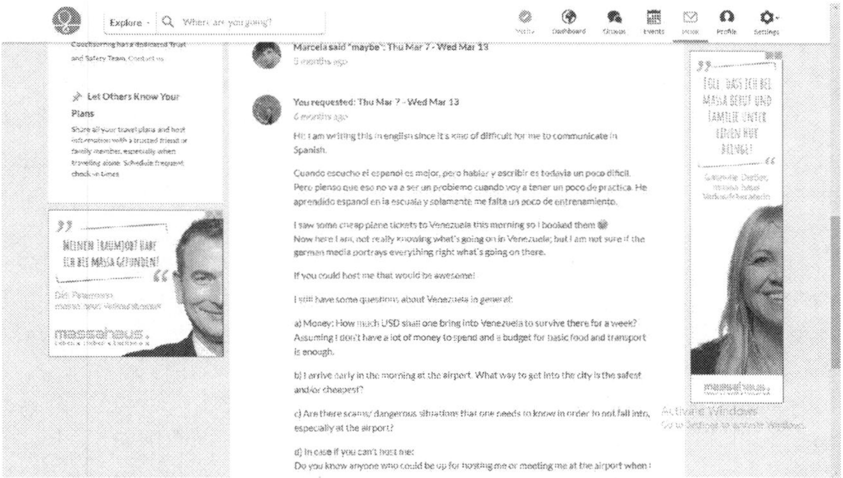

Eines meiner Anschreiben

Eine weitere Möglichkeit besteht darin, einen öffentlichen Trip zu erstellen. Auf diese Weise kann es passieren, dass du von Hosts angeschrieben wirst, welche dich von ihrer Seite aus zu dir einladen. Auch dies ist schon vorgekommen und gerade in Regionen mit wenig Tourismus und aktiver Couchsurfingszene, kann es manchmal passieren, dass sich die Hosts geradezu auf den mit Rucksack bepackten *Gringo, Farang oder Gaijin* stürzen. Meistens ist es aber eher so, dass sich der Reisende bemühen muss, einen Host zu finden.

Couchsurfing ist unglaublich – behandle es auch so!

Als ich am späten Abend von Shinji am Bahnhof in Shinjuku abgeholt wurde, wanderten wir durch die dunklen Gassen Tokios vorbei an zahllosen Getränkeautomaten. Mein Freund zeigte mir einen Ort, an dem wir für 5 Euro Ramen essen konnten, was in Tokio wirklich eine Ansage ist. Beim Essen meinte er dann: „übrigens, Gäste sind bei meinem Dorm nicht erlaubt". Jetzt muss man durchaus sagen: Ja, so etwas kann bei Couchsurfing passieren und irgendwie trifft meinen Gastgeber auch keine Schuld. Allerdings wollten wir es nach kurzer Diskussion zumindest probieren, mich mit in den Dorm zu schmuggeln. Zusammen entwickelten wir einen riskanten Plan: Ich sollte mich als sein US-amerikanischer Austauschschüler John aus Texas ausgeben, bei dem mein Gastgeber in der Vergangenheit ein halbes Jahr lang gewesen war und welcher zuvor schon in Japan gewesen war. Mit etwas Glück würde der Pförtner nicht bemerken, dass etwas nicht stimmte. Mit dünnem Atem erreichten wir das Universitätsgebäude und schoben die Tür langsam auf, welche knarrend ächzte. Der Pförtner war da, und er schien tatsächlich nicht zu bemerken, dass der westliche Ausländer vor ihm die Identität gewechselt hatte! Unglaublich aber wahr: Wir schlichen in den dritten Stock und obwohl es unter der Woche war, floss der Alkohol in gesundheitlich bedenklicher, dekadenter Menge.

Couchsurfing ermöglicht Erfahrungen und Erlebnisse, welche anderweitig wohl nie möglich gemacht worden wären. An dieser Stelle möchten wir mit dem Hinweis schließen, dass die Plattform ein Geben und Nehmen ist. Sei in jedem Fall so respektvoll und zuvorkommend gegenüber deinem Gastgeber wie möglich. Schließlich bietet dir ein zuvor vollkommen Fremder seinen Schlafplatz an und lässt dich für kurze Zeit Teil deines Lebens werden. Deshalb sollten wir zu jeder Zeit diesen Umstand zu schätzen wissen und was auch immer passiert, versuchen, so freundlich und positiv wie möglich bleiben. Auf der anderen Seite ist es natürlich schön, der Community etwas zurückzugeben, indem du selbst eines Tages hostest. Je nach Lage deiner Unterkunft in Deutschland schwanken die Anfragen jedoch beträchtlich. Solltest du also in einer Kleinstadt wohnen, kann es durchaus einige Jahre dauern, bis überhaupt mal die erste Anfrage reinkommt.

Mit unserem Couchsurfing-Host in Jakarta, Indonesien

Merke: *Couchsurfing ist ein absolut sicheres und phänomenales Tool, welches dir ermöglicht, in den Alltag der lokalen Bevölkerung einzudringen und tolle Erfahrungen zu erleben. Um die Plattform effektiv zu nutzen, bietet es sich an, primär beim gleichen Geschlecht anzufragen. Ein aussagekräftiges Profil und ein starkes Anschreiben bilden die Grundlage für akzeptierte Anfragen. Sortiere auf der anderen Seite bereits im Voraus die Profile aus, bei welchen ersichtlich ist, dass sie CS offensiv als Partnervermittlung nutzen. Sei stets höflich und verständnisvoll, wenn du bei deinem Host eintriffst und versuche langfristig der Community ein Stück zurückzugeben und irgendwann selbst Reisende zu hosten.*

Falls Couchsurfing mal nicht erfolgreich sein sollte, da sich über die Plattform niemand findet, haben wir hier noch einen Spezial-Tipp: Was auch immer dein Hobby ist, gibt es im Zielland sicher auch Menschen, welche dieses Hobby teilen. Ob es eine bestimmte Sprache ist, die du lernst, eine Sportart, welche zu ausübst, oder ein Hang zu einer Musikgruppe. Durchstöbere das Internet nach Facebook-Gruppen und Seiten, in und auf denen sich diese Menschen aufhalten. Beispiele: „indonesische Jongleure“, „Badminton-Spieler in Manila“,

„Schachclub Thailand". Es empfiehlt sich hier natürlich, wie grundsätzlich immer, auf Englisch zu suchen. Wenn du Kontakt mit diesen Leuten aufnimmst, werden sie dich ebenfalls gut aufnehmen, da du bereits durch dein Hobby Teil der Gruppe bist. Wenn du dann im Zielland die Gruppe triffst, beispielsweise an einem Abend in ihren Räumlichkeiten besuchst, werden sie froh sein, für einen Abend einen Gast aus solcher Ferne begrüßen zu dürfen. Jemanden zu finden, der dich dann hostet oder dir günstige Unterkünfte empfiehlt, welche vielleicht nicht mal einen Internetauftritt haben, ist von dort aus ein Katzensprung.

Du hast ein langweiliges Leben ohne interessanten Beruf, Hobbys und Sinn? Sagen wir, du liegst den ganzen Tag depressiv auf der Couch. Dann versuch es mit der Gruppe, in der sich Leute im Zielland ähnlichen Herausforderungen stellen und untereinander in Kontakt stehen. Oder setzte deine Muttersprache gewinnbringend ein und lade dich zum Stammtisch der Deutschlernenden im Zielland ein! Alternativ kann auch im schon bestehenden Freundeskreis gefragt werden, ob jemand Kontakte ins Zielland unterhält oder vielleicht sogar schon mal selbst dort war. Falls das auch nicht geht: Frag einen der Autoren, die kennen sicher Leute! :)

Instagram: @thegermantravelguy @jandaumin

Schlafen am Flughafen

Diese Möglichkeit eignet sich gut, wenn dein von dir gebuchter Flug am Folgetag zu sehr früher Stunde abhebt. Wenn der Flug noch vor 9 Uhr morgens startet, kann es passieren, dass man mit öffentlichen Verkehrsmitteln morgens nicht mehr rechtzeitig zum Flughafen kommt. Schließlich ist zu beachten, dass man bei manchen Flughäfen mindestens 3 Stunden vorher am Ort des Geschehens eintreffen sollte (mehr dazu findet sich in Erfahrungsberichten im Internet). Unter diesen Umständen kann es passieren, dass eine Hotelbuchung ebenfalls hinfällig wird, da sich diese schlichtweg nicht lohnt. Gerade in Luxushotels ist der Termin fürs Auschecken oft bei circa 12 Uhr mittags und man kann den späten Vormittag noch dazu nutzen, die Annehmlichkeiten des hauseigenen SPAs zu erkunden. Wenn man um 4 morgens auscheckt kommt man nicht in den Genuss dieser Angebote. Auch Couchsurfing kann problematisch werden, wenn man schon um 5 Uhr morgens wieder weiter muss. Näheres lässt sich am besten im Voraus mit dem Gastgeber absprechen.

Glücklicherweise gehen viele Flughäfen ausgesprochen liberal um mit Reisenden, die schon den Tag zuvor am Flughafen anreisen. Allerdings sind nicht alle Flughäfen so entspannt: Die Policen reichen von völlig korrekten Beamten, mit denen wir nachts im Terminal jongliert haben (Posen) und tropischer Ruhe auf Guadeloupe (Pointe-à-Pitre), wo wir zwischen zwei Schaltern nachts unsere Luftmatratzen aufgeblasen hatten. Das andere Ende der Leiter bilden Flughäfen, welche sich in Liegeposition befindliche Reisende konsequent wecken und sie in Sitzposition zwingen (Teheran Imam Khomeini) bis hin zum schlimmsten Fall, Flughäfen, welche nachts für einige Stunden komplett schließen (Paris-Beauvais). Letztere bilden glücklicherweise die absolute Ausnahme. Im Rahmen dieses Kapitels werden wir zeigen, wie wir es genau technisch durchführen, wenn wir uns dazu entscheiden, an einem Flughafen zu schlafen. Anschließend zeigen wir dir eine sehr gute Onlineressource zu diesem Thema. Schließlich liefern wir dir eine kleine Packliste mit von uns empfohlenen Dingen, welche für das Übernachten an einem Flughafen sinnvoll sind.

Duldung und Sicherheit

Die Mitarbeiter im Flughafenmanagement befinden sich in einer Bredouille. Einerseits möchten sie allen Reisenden einen möglichst reibungsfreien Ablauf am Flughafen ermöglichen. Sie legen Wert darauf, dass Reisende sich wohlfühlen und problemlos ihre Flüge auch am frühen Morgen wahrnehmen können. Deshalb ist es in vielen Fällen unabdingbar, auch die Reisenden zu berücksichtigen, welche auf den öffentlichen Personennahverkehr angewiesen sind oder von Bekannten schon am Vorabend am Flughafen abgesetzt werden. Zum anderen dürfen sie die Bestimmungen nicht zu lax auslegen, da sonst die Tore des Flughafens mit Obdachlosen oder Drogenabhängigen geflutet werden würden. Was sich durchgesetzt hat, ist meistens die unausgesprochene Regel, dass ein für den nächsten Tag gültiges Weiterflugticket auch zu einem Aufenthalt im Terminal über Nacht qualifiziert. Dies ist jedoch nicht immer so, und manche Flughäfen schließen, wie schon oben erwähnt, für einige Stunden in der Nacht ganz ihre Pforten. Außerdem wird es unterschiedlich ausgelegt, ob es okay ist, sich irgendwo hinzulegen oder nicht. Aus Erfahrung können wir glücklicherweise sagen: In über 80 Prozent aller Fälle ist es okay. Dann kann man sich irgendwo auf eine Bank oder den Boden legen oder sogar seinen Schlafsack ausrollen und sich einen Wecker stellen. Dies fühlt sich vielleicht beim ersten Mal befremdlich an, nach einigen Übernachtungen ist es aber voll okay und wie auch viele andere Reisende freuen wir uns, eine kostenlose Nacht verbringen zu können. Wichtig ist dabei, nicht erst die Flughafenpolizei zu fragen, sondern es einfach zu machen. Hintergrund ist ein psychologisches Phänomen. Wenn wir fragen, ob wir im Terminal schlafen können, bringen wir die Polizisten in eine unangenehme Entscheidungs- und Drucksituation. Mit größerer Wahrscheinlichkeit werden sie den für sie sicheren Pfad gehen und den Vorschlag ablehnen, weil sie dann keine Probleme haben und es für sie der Weg des geringsten Widerstands bedeutet, die Ordnung aufrechtzuerhalten.

Wenn wir uns jedoch voll ausgebreitet haben, ist die Hemmschwelle für das Sicherheitspersonal größer, von sich aus auf uns zuzugehen –

vor allem, da wir klar erkennbar keine Probleme verursachen.

Nun benötigen wir also nur noch einen guten Platz zum Schlafen. Dass Steckdosen gold wert sind, muss hier nicht weiter erläutert werden. Ein anderer zu berücksichtigender Gesichtspunkt bei der Wahl eines guten Schlafplatzes ist auch unsere eigene Sicherheit: Obwohl die Community der Flughafenschläfer im Großen und Ganzen korrekte Leute sind, welche ebenfalls ein paar ruhige Stunden verbringen wollen, versuchen wir immer, möglichst an einer Wand, jedoch weit entfernt vom Eingang, zu übernachten, um einen Überblick über die Gesamtsituation im Flughafen zu behalten, bevor wir einschlafen. An dieser Stelle noch einmal der Hinweis: Der Mensch ist übermäßig auf Sorge vor Diebstählen oder Überfällen programmiert! In Wirklichkeit will dir konvergierend gegen niemand etwas Böses und das gesellschaftliche Miteinander funktioniert, bis auf ganz wenige Ausnahmen, besser als erwartet. Besonders am Flughafen, an dem viele weltoffene Reisende aus verschiedenen Kulturen aufeinandertreffen, kommt es vernachlässigbar selten zu Diebstählen. Luca und ich gehen immer so vor, dass wir unser Gepäck immer hinter uns werfen, und die wichtigsten Items wie Pass, Handy und Brieftasche in die Hosen- oder Bauchtasche stecken, bevor wir schlafen. Am Morgen, wenn wir aufgewacht sind, war bisher auch immer noch alles da.

Wenn du ängstlicher bist, kannst du auch wahlweise auf deiner Tasche schlafen oder deinen Rucksack mit einem Zahlenschloss irgendwo festketten.

Woher wissen wir nun, ob unser Flughafen übernachtende Reisende toleriert oder nicht? Glücklicherweise gibt es eine ganze Community von Reisenden, welche schon seit vielen Jahren Geld sparen und auf überteuerte Flughafenhotels verzichten. Auf der Internetseite www.sleepinginairports.net existieren ganze Seiten voll mit Einträgen von Erfahrungen zu den einzelnen Flughäfen der Welt. Ein kurzer Check dort beim Aufstellen der Übernachtungsplanung liefert erstaunlich schnell eine Antwort, inwieweit der Flughafen geeignet ist. Außerdem werden hilfreiche Tipps zum Übernachten an Flughäfen kommuniziert. Diese betreffen entweder spezifisch den ausgewählten Flughafen oder vervollständigen generell das Portfolio an Tricks und Kniffen zum Übernachten am Airport. Zu guter Letzt wird jedes Jahr eine Liste der 10 besten und schlechtesten Airports für übernachtende Fluggäste erstellt. Zum Zeitpunkt der Erstellung dieses Buches lieferte sich der in Korruption versinkende Flughafen Port Harcourt (Nigeria) ein heißes Kopf-an-Kopf-Rennen mit dem ebenfalls, jedoch real versinkenden Airport Jubas (Südsudan). Zu Letzterem schreibt ein Besucher der Seite sinngemäß:

„Der Flughafen Juba hat sich in den letzten Jahren stetig verändert: Mittlerweile befindet er sich innerhalb einiger Zelte, welche am Boden mit verrotteten Holzbrettern gestützt werden. Die Sitze sind gebrochen und die Leute fallen in die überall vorhandenen Löcher der Fußbodenbretter […]"

Es gibt sie also noch, die echten Abenteurer auf diesem Planeten!

Die besten Airports zum Schlafen sind laut der Seite sleepinginairports.net Singapur (SIN), Seoul (ICN) und Helsinki (HEL).

Übernachtung: Luftseite oder Landseite

Dies ist eine Frage, die ebenfalls auf der oben genannten Internetseite diskutiert wird. Falls auch die Luftseite 24 Stunden geöffnet hat, kann es sinnvoll sein, noch abends durch die Sicherheitskontrolle zu gehen. Das geht, auch mit einer mobilen Bordkarte, bei weitem nicht immer. Oft wird der QR-Code auf der Bordkarte erst 4 oder 5 Stunden vor Abflug „freigeschaltet", um durch die Sicherheit zu gehen. Bei einem Transit am Flughafen hast du das Problem nicht. Noch am Vorabend durch die Sicherheit zu gehen bietet sich vor allem dann an, wenn wir nur mit Handgepäck reisen und kein Aufgabegepäck abgegeben werden muss. Außerdem sollte das Leitungswasser am Flughafen trinkbar sein, damit die Luftseite zu empfehlen ist. Da durch die Sicherheitskontrolle *normalerweise* keine literweise abgepackten Getränkevorräte mitgenommen werden dürfen, kann es passieren, dass die entspannte Atmosphäre der Luftseite sich schnell ändert, wenn Shops geschlossen sind und das Leitungswasser ungenießbar ist. Grundsätzlich spricht aber nichts dagegen, es zu probieren, auf die Luftseite zu wechseln, sobald dies möglich wird. Dort gibt es, wenn man sich nicht gerade in Berlin-Schönefeld aufhält, häufig gepolsterte Bänke oder Teppiche. Außerdem kann man sich voll ausbreiten, braucht sich absolut keine Sorgen um seine Sachen machen und wird selten von jemandem gestört.

Packliste für den Flughafen

Zeit zu besprechen, welche die wichtigsten Items sind, die bei einer Flughafenübernachtungssession gebraucht werden könnten. Als Erstes ist hier ein Wecker zu nennen. Man kann entweder das Handy benutzen, aber da ich meines immer ausgeschaltet in die Hosentasche stecke, habe ich einen kleinen batteriebetriebenen *Wecker*, wie man ihn für ein paar Euro kaufen kann. Diesen stelle ich zur Sicherheit direkt neben mich. Die Erfahrung hat gezeigt, dass das Handy zu oft Akkuprobleme hat (Einschub von Apple User Luca: „Ich hatte noch nie Probleme mit meiner iPhone + Apple Watch Wecker Kombi"), wenn es darauf ankommt. Aus diesem Grund ist auch eine *Powerbank* zu empfehlen. Mit einem *internationalen Steckdosenadapter* kann diese beispielsweise über Nacht aufladen, während man schläft. Außerdem ist es praktisch, einen kleinen *Schlafsack* oder eine *ausrollbare Matte* dabei zu haben, damit man nicht dreckig wird, falls man auf dem Boden schlafen muss. Schlafsäcke können extrem kompakt sein. Schau einfach mal auf Amazon nach „Travel Sleeping Bag Small" o.ä. und du wirst erstaunt sein, wie klein Schlafsäcke sein können. Neben den oben genannten Dingen ist es auch von Vorteil, genügend *Essen* einzupacken. Essen an Flughäfen ist teuer. Warum nicht vorbereitet sein und nicht dem 15€ Snack zum Opfer fallen?

Beim Packen ist es außerdem sich sinnvoll, sich vor Augen zu halten, dass einige Dinge in Deutschland u.U. günstiger sein können als im Zielland. Dies betrifft besonders Produkte, welche das Zielland nicht selbst produziert und die ohnehin von internationalen Herstellern importiert werden müssen. Deutlich zeigte sich das im Iran, wo die Preisspanne zwischen Gütern extrem hoch ist, abhängig davon, ob diese im Land hergestellt sind oder nicht. Einfache Lebensmittel sind vergleichsweise günstig. Für spezifische Produkte wie *Sonnencreme* jedoch muss unter Umständen tiefer in die Tasche gegriffen werden als in einem deutschen Supermarkt. Für alle Fälle hat einer von uns immer ein *Rolldeo* dabei (der Andere riecht angeblich immer gut). Falls man ein Print-Ticket hat, welches man öfters ausdrucken kann, kann man eine Kopie neben sich legen, um das Risiko zu minimieren, dass man vom Sicherheitspersonal geweckt wird, um das Ticket zu zeigen, während man bereits schläft. Als besonders wichtig können sich *Kopfhörer* erweisen, da an manchen Flughäfen 24 Stunden lang Dauerbeschallung mit Sicherheitshinweisen Programm ist. Auch Bauarbeiten mitten im Terminal, die lautstärketechnisch jedem Jet auf dem Rollfeld Konkurrenz machen, haben wir schon erlebt. Eine *Schlafmaske* eignet sich super für Flughäfen, die nachts heller beleuchtet sind als ein Stadion im Flutlicht. Alternativ kann man übrigens versuchen, einen abgelegeneren (und somit dunkleren) Platz zu finden. Nicht selten gibt es Büroräume in Airports, in denen nachts niemand arbeitet. In den Fluren davor ist es meist recht dunkel und man kann ungestört schlafen: Wien Airport Landseite, dritte Etage oben ganz rechts. Madrid Barajas Luftseite Terminal 2 Erdgeschoss, nahe der D-Gates. Und so weiter.

Falls man der Schlafposition verwiesen wird und sich irgendwo hinsetzen muss, ist es gut eine Ressource zu haben, mit der man arbeiten kann, wie ein *Buch*. Für paranoide Menschen empfehlen wir zudem ein *Zahlenschloss*, mit dem das Gepäck zusätzlich gesichert werden kann.

Merke: *Am Flughafen zu übernachten ist eine gute Option, wenn man für den nächsten Tag ein gültiges Flugticket hat. In jedem Fall erspart man sich viel Stress und Ärger, wenn man zuvor auf www.sleepinginairports.net die Hinweise für den betreffenden Airport checkt. An vielen Flughäfen kann man besser übernachten, als man denkt. Falls man Glück hat und die Luftseite 24 Stunden lang geöffnet ist, kann man auf einfachem Wege dort einen ruhigen Platz finden. Die Landseite ist etwas hektischer, da es hier noch keine Zugangsbeschränkung gibt und das Sicherheitspersonal gerne etwas schneller eingreift. In jedem Fall gibt es eine Hand voll sinnvoller Gegenstände wie Kopfhörer oder eine Powerbank, welche einem das Leben erleichtern können.*

Übernachten in Verkehrsmitteln

Um etwa 3 Uhr nachts muss es gewesen sein, als der Bus seine Geschwindigkeit verringerte, um einen Rastplatz anzusteuern. Die ganze Meute an Passagieren war bereits vor mir wach geworden und stürmte mit ihrer Brieftasche heraus, um sich die Beine zu vertreten. Als ich schummrig die Augen öffnete, konnte ich meinen Augen nicht trauen: Nichts anders als ein riesiges Duty-Free-Einkaufszentrum tat sich mir hell beleuchtet auf. Mit griechischen, kyrillischen und lateinischen Buchstaben wurde einladend in heller Leuchtschrift verkündet, dass man 24 Stunden geöffnet habe und außerdem alle Produkte sehr billig seien. Misstrauisch stieg ich ebenfalls aus – der Bus war außer mir bereits leer und tatsächlich war zu dieser ungewöhnlichen Uhrzeit der komplette Komplex an der bulgarisch-griechischen Grenze bestens mit Ein- und Verkäufern gefüllt.

Busreisen über Nacht können so einige Überraschungen bieten. Wir erklären in diesem Kapitel, welches die zur Wahl stehenden Verkehrsmittel sind, wenn man die Nacht auf der Strecke verbringen möchte.

Nachtbusse

Grundsätzlich ist eine Übernachtung in Verkehrsmitteln aus zwei Gründen ratsam – zum einen ist die Übernachtung wie auch am Flughafen de facto kostenlos, solange man den Weg ohnehin zurücklegen müsste. Zum anderen verschwendet man keine Tageszeit, welche man auch anderweitig nutzen könnte, mit dem Transport der eigenen Person zu einem anderen Ort. Insgesamt also die beste Voraussetzung, um sich die Nacht rollend auf der Straße um die Ohren zu schlagen. Busse sind für gewöhnlich billig und unkompliziert. Das Licht wird bei Übernacht-Fahrten normalerweise herunter geregelt und man kann im Sitzen gut schlafen. Anders beispielsweise im Zug, wo Großraumwägen oft nachts ausgeleuchtet bleiben und Abteilwägen durch die problematische Anordnung der Sitze direkt zueinander ein Ausstrecken der Füße limitieren. Anders ausgedrückt, man müsste extra Geld (meistens viel!) für einen Liegewagen bezahlen. Der Bus ist wunderschön unbürokratisch und einfach buchbar. Es gibt meistens mehrere Unternehmen, sodass zu unterschiedlichen Zeiten verschiedenfarbige Busse verschiedene Destinationen ansteuern, ohne dass man unterwegs umsteigen müsste. Wenn man zu zweit unterwegs ist, kann man das Risiko, neben einer ungewollten Person sitzen zu müssen, minimieren. Meistens benehmen sich aber auch die anderen Reisenden so, dass man halbwegs schlafen kann. Insgesamt ist der Bus hier also durchaus von uns zu empfehlen. Teilweise ist die Reise durch die Nacht sogar der Reise über Tag überlegen, da man im Bus oft ohnehin nicht so viel machen kann und es sinnvoll sein kann, die Zeit mit Schlaf zu füllen.

Nachtflüge

Von Anwohnern gehasst, von Fluggesellschaften des Öfteren angeboten: Nachtflüge und Quasi-Nachtflüge sind ein spezielles Thema. Auch als Passagier bedeuten Nachtflüge nicht automatisch einen erholsamen Schlaf. Entweder die Flugzeit beträgt nur wenige Stunden – sodass die Zeit zum Schlafen ohnehin knapper bemessen ist als die Abstände der Sitze – oder man wird sowieso alle 30 Minuten ungewollt geweckt. Falls die Zeit zum Schlafen lange genug ist, um voll ausgeschlafen zu sein, wacht man mit großer Wahrscheinlichkeit in einer anderen Zeitzone auf und der Schlafrhythmus wird ohnehin herausgefordert. Zusätzlich kommen relativ anstrengende Prozesse wie Sicherheitskontrolle und dem Warten vorm Gate hinzu, welche häufig mit dem Stehen in langen Schlangen verbunden sind. Insgesamt würden wir aus Erfahrung sagen, dass es zwar durchaus möglich ist, einen Flug so wahrzunehmen, dass man sich eine Übernachtung spart. Real gesehen führt dies jedoch zu sehr größer Müdigkeit und ist langfristig eher anstrengend, da zwischen Passkontrollen am Boden und Essensausgaben in der Luft, von welchen man manchmal wach wird, insgesamt relativ wenig Zeit für effektiven Schlaf bleibt. Wir haben schon erlebt, dass auch nachts manchmal zu interessanten Zeiten Menüs serviert werden, wie beispielsweise ein Frühstück um 3 Uhr morgens. Auch wenn man selbst nichts bestellt hat, wird die Wahrscheinlichkeit erhöht, durch den Nebenmann wach zu werden.

Auch durch Turbulenzen kann der Schlaf gestört werden.

Allerdings heißt all dies sicher nicht, dass man im Flugzeug gar nicht schlafen könnte. Eigentlich schlafen Luca und ich ständig im Flugzeug. Es ist eher so, dass der Schlaf nicht so tief, lange und erholsam ist. Aber müde genug um sofort einzuschlafen sind wir eigentlich fast immer, wenn wir das Flugzeug betreten. Ich war teilweise auf meinen Reisen schon so übermüdet, dass ich sowohl Start als auch Landung verpasste und in einem Fall erst vom Flugbegleiter geweckt wurde, als die anderen Passagiere schon alle ausgestiegen waren.

Zusammenfassung zu Nachtflügen: Eine ungewohnte Flugzeit muss kein Grund sein, stattdessen einen teureren Flug zu buchen. Schlafen an Bord ist durchaus möglich, sodass man schon mal eine Übernachtung am Boden aussparen kann. Allerdings ist man unter Umständen nicht so ausgeruht wie gewohnt und muss sich am nächsten Tag seine Energie möglicherweise etwas besser einteilen.

Der Nachtzug

In einigen Ländern gibt es die Möglichkeit, per Nachtzug von einer Stadt in die andere zu reisen. Als wir im Februar 2020 im Iran waren, hatten wir sehr nette Menschen in unserem Abteil, die mit uns Datteln, Brot und Tee teilten. Dabei waren wir wirklich müde. Der Hintergrund: Die Nacht zuvor hatten wir bereits nicht geschlafen. Dort hatten wir am Flughafen Imam Khomeini neun Stunden auf ein Kulanz-Visa-On-Arrival des Grenzbeamten gehofft, weil wir im Vorfeld keinen Fuck auf gar nichts gegeben hatten. Glücklicherweise wurde uns dieses nach der Ablösung am Morgen tatsächlich bewilligt, sodass wir uns am Abend auf den Weg zum Bahnhof Teherans machen konnten. Doch statt Schlaf wartete auf uns eine zweite und dritte Teerunde, welche großzügig von den Iranern in unserem Abteil ausgegeben wurde. Da wir freundlich sein wollten, nahmen wir die Einladung zum Gespräch an und tranken mit, bis uns die Augen vor Müdigkeit zu fielen. Das Gespräch muss zu diesem Zeitpunkt bereits sehr tief und hitzig gewesen sein, irgendwas über Soleimani und Atomwaffen-Embargos. Ich war auf jeden Fall zu müde um weiter am Gespräch teilzunehmen, aber es war ein cooler Abend. Damals fuhren wir übrigens von Teheran aus in den Norden Irans, nach Tabriz, um uns mit Jongleuren zu treffen.

Im August 2012 hatte ich meine erste Reise mit einem Nachtzug von Deutschland aus. Damals stand der RZD-Zug noch den halben Abend am Gleis 1 des Frankfurter Hauptbahnhofes bereit, um Reisende aus ganz Westeuropa aufzunehmen und sie weiter in Richtung Moskau zu transportieren. Auch wenn der Zug der russischen Eisenbahngesellschaft (Stand 2020) immer noch fährt, wurde anderswo das Netz der Nachtzüge stark ausgedünnt. Nicht nur in Deutschland, sondern auf der ganzen Welt ist dieses Phänomen zu beobachten, dass Züge durch Nachtbusse ersetzt werden. Allerdings haben viele Leute noch einen verklärten Blick auf diese Entwicklung und romantisieren so stark, dass sie deutlich mehr bezahlen, als sie das für einen Bus täten. Sicherlich haben Züge den Vorteil, dass man sich dort hinlegen kann. Insgesamt richten sich die Preise aber nach Level des Komforts, und wer einen richtigen Schlafwagen nutzen möchte, muss dementsprechend mehr bezahlen. Deshalb raten wir insgesamt, sich erst Busse und Flugzeuge anzusehen, um über Nacht zu reisen. Für kurze Strecken, welche man in einer Nacht zurücklegen kann, sind erstere oft bedeutsam günstiger, während für Langstrecken Flugzeuge schneller und manchmal billiger sind. Nachtzüge haben dann ihre Berechtigung, wenn Busse wie in unserem Bangalore-Beispiel für uns Ausländer nicht auffindbar sind, weil es keine Haltestellen gibt, oder wenn eine wirklich lange Strecke per Landweg zurückgelegt werden muss. Wir sind insgesamt der Meinung, dass der Nachtzug wohl seinen Zenit überschritten hat, aber uns in speziellen Fällen noch gute Dienste erweisen kann.

Merke: *Wer die Nacht in einem Verkehrsmittel verbringt, welches er ohnehin nutzen würde, kann ohne zusätzliche Kosten die Nacht überbrücken. Auf diese Weise kann man morgens fit an der Wahldestination aufwachen und kann die Zeit, die einem zur Verfügung steht, während es hell ist, voll nutzen. Je nach Verkehrsmittel gestaltet sich die Reise durch die Nacht unterschiedlich komfortabel. Nachtbusse sind im Allgemeinen günstig, leise und dunkel, was sie zu einer sehr guten Wahl macht. Nach einem Nachtflug wirklich fit zu sein ist dagegen nicht immer einfach. Nachtzüge scheinen ihren Zenit bereits überschritten zu haben und finden nur auf wenigen Strecken ihre Anwendung. Wenn man jedoch kein Problem mit hellem Licht hat, kann man z.B. in Deutschland auf normale Züge zurückgreifen, welche durch die Nacht fahren.*

Echte Abenteuer

Es gibt sie, die unkonventionellen Orte, an denen man übernachten kann, wenn man absolut kein Geld übrig hat, um für eine Unterkunft zu zahlen. Dies betrifft sich entwickelnde Länder, wo das Preisniveau eher niedrig ist, nicht so stark wie Deutschland. Hierzulande kann es durchaus wirtschaftlich sinnvoll sein, die Nacht am Bahnhof zu verbringen, anstatt 70 Euro für ein Hotel zu zahlen. Während Bahnhöfe deutlich schäbiger und wilder als der geregelte Ort eines Flughafens sind, haben wir noch eine Reihe weiterer Möglichkeiten zusammengestellt, wo man überall für Geld oder kostenlos nächtigen kann.

Es gibt sie noch, die Erfahrungen, die etwas schwer zu teilen sind, da man sich als Außenstehender die Erlebnisse ausgesprochen schlecht vorstellen kann.

Wir für unseren Teil hatten einen Flug auf die ungezähmte, noch nicht touristisch erschlossene Karibik-Insel Dominica unternommen. Dort hatte Luca über das Internet Denus, einen Mann der indigenen Kalinago oder Kariben, kennengelernt, welcher uns gegen eine kleine Spende in Richtung des Reservates zu seiner Familie im Osten der Insel nehmen wollte. Dort konnten wir für zwei Nächte im Regenwald schlafen. Ursprünglich hatte Denus mit seiner Familie angefangen, an einer inspirierenden Erlebnisunterkunft samt Zipline und Naturpool für Touristen im Urwald zu arbeiten. Allerdings kam 2017 Hurrikan Maria, welcher einen Großteil von Dominica dem Erdboden gleich machte. Glücklicherweise konnte Denus seine Familie und sich selbst vor Eintreffen des Sturmes in einem riesigen selbstgemachten Loch eingraben, wodurch die Familie überlebte. Auf jeden Fall standen wir nun am Flughafen Dominicas und hielten ungläubig Denus Wegbeschreibung in den Händen. Dominica ist ein einziger Wald. Es gibt im Prinzip eine Straße, die einmal um die Insel herumführt. Dann gibt es kleine ungeteerte Wege, die *in* den Wald hineinführen. Jedenfalls sollten wir irgendwann links abbiegen. Wann? Keine Ahnung. Alles was wir verstehen konnten war, dass wir zu einem roten Stein laufen sollten, von wo aus man eine Plane sehen konnte. Von dort aus würde Denus uns 500 Meter weiter entfernt abholen. Jetzt muss man sich das mal vorstellen! Es gab keine Angabe zum Landesteil, zur Region, keine Angabe zur Stadt oder zum Dorf. Dieser rote Stein konnte überall auf 746 Quadratkilometern sein, der Fläche der Insel. Nach vielen verschiedenen Personen, mit denen wir gesprochen hatten, hatte einer der Menschen eine Idee, in welchem Teil der Insel sich der Stein befinden könnte. Dort ankommen fragten wir weiter, bis wir schließlich tatsächlich nach einigen Stunden auf Denus und seine Familie trafen. Um in ihr Lager vorzudringen, mussten wir allerdings erst einen reißenden Fluss überqueren, in dem sich Lucas GoPro verabschiedete, als diese von der Strömung weggerissen wurde. Luca und ich konnten uns selbst glücklicherweise, ohne zu sterben, ans andere Ufer navigieren und so starteten 3 wundervolle Tage bei Denus' unglaublich lieber und inspirierender Familie.

Nachdem wir uns Denus und seiner Familie vorgestellt hatten, gab es zunächst einen Snack, welcher aus Früchten und Tansy-Tee bestand. Im Laufe des Nachmittags hatten wir die Gelegenheit, Denus bei seiner Arbeit zu begleiten. Diese bestand zunächst darin, Früchte zu ernten und diese zum Lager seiner Familie zu bringen. Wir sahen ihn dabei, wie er auf eine circa 15 Meter hohe Palme kletterte. Er erklärte uns, dass man etwas Übung brauche und zeigte uns die richtige Technik. Geschafft haben wir es jedoch trotz seiner Tipps nicht, senkrecht auf die Bäume zu klettern. Später erzählte uns seine Frau, dass ihr Mann vor gut einem Jahr aus 10 Metern einmal herabgestürzt war und schwere Kopfverletzungen davontrug. Nachdem wir unser fruchtbasiertes Mittagessen zu uns genommen hatten, war die nächste Arbeit des Nachmittags, einen der Onkel von Denus zu besuchen, welcher tiefer im Wald lebt. Wir mussten dort einige Decken abholen, sowie Früchte ernten. Der Weg führte uns zunächst ein Stück an der Hauptstraße entlang. Dort konnten wir ein bisschen Zuckerrohr snacken, welches wild am Straßenrand wuchs. Nach circa einer Stunde Weg war die Stelle erreicht, von der aus wir uns tiefer in den Wald schlagen mussten. Zunächst konnten wir dabei auf einem fahlen Weg entlanglaufen, da links und rechts gerade erst eine Buschschicht war, welche noch keine Bäume hervorgebracht hatte. Nach dem Hurrikan

Maria, der die Insel praktisch zerstörte, war es in großen Teilen der Insel zu einem biologischen Reset gekommen, bei dem sämtliche Bäume entwurzelt worden waren. An diesen Stellen war deshalb zum Zeitpunkt unseres Aufenthaltes erst die Buschschicht nachgewachsen. Nach und nach begaben wir uns jedoch in wilderes Gelände, wo auch der Boden unstetiger wurde und wir wieder von Bäumen umringt waren. Da Denus sehr schnell spurtete, taten wir uns beide schwer, Schritt zu halten. Vor allem problematisch war es, dass er nicht auf uns wartete, sondern grundsätzlich nach vorne schaute. Es lag deshalb allein in unserer Verantwortung, ihm hinterherzukommen, um nicht vom Urwald verschluckt zu werden. Nach circa einer weiteren Stunde spürten wir, dass es etwas feuchter roch und wir hörten das Rauschen eines Flusses. Hinter einer Weggabelung sahen wir, dass sich unter uns ein massiver Fluss auftat. Die Kalinagos hatten an dieser Stelle zwischen zwei Bäumen mit Seilen und einer Holzplatte eine flaschenzugartige Konstruktion errichtet. Der Fluss konnte dadurch überquert werden, dass man mit Schwung auf das morsche, hölzerne Brett springt und sich durch die Wucht bis zur anderen Seite zieht. Die Strecke zwischen den Baumwipfeln schätzten wir mit etwa 20 Metern, nach unten zum reißenden Fluss tat sich ebenfalls etwa dieselbe Strecke auf. Am ehesten vergleichen kann man das Ganze mit einem Element im Hochseilgarten, nur, dass es in der dominicanischen Version weder eine Sicherung noch doppelten Boden gab und unter dem Parcours der Tod wartete, sollte die Station nicht richtig ausgeführt werden. Denus erklärte uns kurz, wo wir uns wie festzuhalten hatten und schwang sich als erstes mühelos über den Fluss. Seine Technik war so gut, dass er fast keine Kraft brauchte, sich auf die andere Seite zu zeihen. Als zweites war ich an der Reihe und ich hatte klapprige Füße. Zum ersten Mal in meinem Leben begriff ich, dass Höhenangst ein Luxusproblem der Zivilisation ist, da man in solchen Situationen wie in Dominica einfach liefern muss, egal wie der psychische Zustand ist. Ich hatte Angst, dass ich abrutschen würde, was mit mittlerer bis mittelhoher Wahrscheinlichkeit Fall den Tod bedeutet hätte. Ich weiß auch nicht, was ich getan hätte, wenn ich allein in der Situation gewesen wäre. Da Luca jedoch noch hinter mir war und ebenfalls die Schlucht überqueren musste, sprang ich auf den Holzscheitel und klammerte mich mit schwitzigen Händen an die Halterung zum Seil. Ich kann mich im Nachhinein nur noch daran erinnern, dass ich extremen Fokus hatte, mit aller meiner Kraft die Halterung zu umklammern, sollte das Holzbrett kippen.

Interessanterweise hatte ich bei meiner Umklammerung keine Angst, sondern war nur noch fokussiert, bis ich auf der anderen Seite angekommen war und Denus mir half, auf den Ast des Baumes auf der anderen Seite zu steigen. Dies scheint wohl eine Reaktion des Körpers zu sein, dass Angst ab dem Moment ausgeblendet wird, ab dem man nicht mehr zurückkann und es keine Alternative gibt, als zu funktionieren. Auf der anderen Seite angekommen, mussten wir uns noch circa eine Stunde lang durch unwegiges Gelände manövrieren, bis wir endlich beim Onkel ankamen. Neben einer Marihuana-Plantage warteten dort auch die Decken auf uns, welche wir auf uns verteilten, damit wir alle zurück zu Denus´ Lager mitnehmen konnten. Auf dem Rückweg brach plötzlich schon die Dämmerung über uns hinein, sodass wir die schwierige Hochseilpassage im Halbdunkeln absolvieren mussten. Psychologisch gesehen weiß man zum Glück, dass man etwas auch noch einmal schaffen kann, wenn man es bereits einmal getan hat. Als wir die Hauptstraße erreichten, war es dann komplett finster und wir mussten mit einer Taschenlampe den Weg ausleuchten. Vor dem Camp von Denus Familie konnten wir den reißenden Fluss mit den glitschigen Steinen dadurch bezwingen, dass Denus unserem komplett vollgepackten Trio mit der Taschenlampe im Mund ausleuchtete. Am nächsten Morgen bot man uns an, zusammen zum Boiling Lake, einer der Haupt-Sehenswürdigkeiten Dominicas, zu wandern. Was wir uns als gemütliche dreistündige Wanderung vorstellten, entpuppte sich als sechsstündiges Martyrium – one way. Die sehr schwefelhaltige Luft in der Nähe des Vulkans gab uns schließlich den Hinweis darauf, bald am vulkanisch beheizten See angekommen zu sein. Jedoch wurde es auch immer schwerer zu atmen. Als wir ins Tal des Sees hinabstiegen, mussten wir zudem noch einige Flüsse mit kochend heißen Wasser passieren. Dies war sehr gefährlich, da ein Abrutschen auf einem der glitschigen Steine schwere Verbrennungen oder den Tod nach sich ziehen kann. Der See selbst ist übrigens nicht zum Baden geeignet – bei Temperaturen nahe 90° ist dies eine hübsche Möglichkeit, sich das Leben zu nehmen – die extreme Hitze dürfte deine Leiche schnell zersetzen. Nachdem wir das Ufer erreicht hatten und von Denus gewarnt worden waren, nicht zu nahe an den See heranzutreten, waren wir bereits komplett erschöpft. Irgendwie schafften wir den sechsstündigen Weg zurück zum Lager.

Mit Denus, einem eingeborenen Kalinago beim Boiling Lake in Dominica

Merke: *Manchmal kann man für sehr wenig Geld die wildesten Erfahrungen machen. Suche einfach immer länderspezifisch nach interessanten Aktivitäten, deinen Aufenthalt zu gestalten und versuche Locals über das Internet kennenzulernen.*

Pleite? Try that!

Nicht immer müssen Übernachtungen so spektakulär ablaufen wie im Dominica-Beispiel. Für Freunde der extremen Low-Budget-Idee bieten sich auch hierzulande eine Reihe von Möglichkeiten, wie man die Nacht in Sicherheit zu bringen kann. Besonders erholsam sind diese Orte zwar nicht, aber für so wenig Geld einen warmen, sicheren Ort für die Nacht zu finden, ist einer Erwähnung wert. Die Rede ist von 24 Stunden geöffneten Supermärkten und Schnellimbissen. Hierzulande trifft dies vor allem auf McDonalds zu, welcher in größeren Städten manchmal die ganze Nacht geöffnet hat. Man kann sich eine Pommes ordern und sich irgendwo hinsetzen. Sollte man irgendwann vom Personal befragt werden (was bisher bei uns nicht vorkam), kann man notfalls aus den vollen Schöpfen und einen Burger oben drauf bestellen, was das Personal glücklich stimmen kann. Hinlegen kann man sich jedoch meistens eher nicht – dies wird nicht so gerne gesehen. Eine weitere Möglichkeiten sind 24 Stunden Dönerbuden, welche in den größten Metropolen Deutschlands in Bahnhofsnähe zu finden sind. Andere Länder sind da noch ein bisschen weiter und erlauben 24 Stunden Supermärkte. Diese kleinen *Convenience Stores* sind beispielsweise im asiatischen Raum sehr verbreitet und verfügen häufig über einige Stühle und Tische. Als ich in Japan für eine Nacht keine Unterkunft hatte, kaufte ich ein dort ein Getränk und setzte mich an einen der Tische. Nicht sehr komfortabel, doch ich konnte zumindest für ein paar Stunden schlafen. Solche Orte sind prädestiniert, wenn man Geld für Übernachtungen sparen will, aber keine andere Ressource mehr offen steht. Der Kauf eines billigen Produkts qualifiziert häufig schon zum Sitzenbleiben für längere Zeit. Dies ist vor allem der Fall, wenn die Mitarbeiter schlecht bezahlt werden, keine Management- und Entscheidungsfunktionen tragen und es ihnen auch ziemlich egal ist was du tust, solange sie ihre Ruhe haben.

Alleine in der Natur schlafen?

Wir hatten uns noch am Flughafen in kurze Hosen und T-Shirt umgezogen: Als wir in den ersten Tagen des neuen Jahres 2018 spätabends das erste Mal in unserem Leben auf Malta ankamen, hatte ich eine tolle Idee: Ich wollte direkt ein Bad im Meer nehmen! Ich zog Luca hinter mir her und wir liefen durch die mit kurzem Gras bewachsenen weiten, offenen Felder Maltas. Der Plan war für mich völlig klar: Ab zum Meer! Ab ins kühle Nass! Badespaß! Sonnen am Strand! Dass es fast elf Uhr abends war und die Sonne bereits untergegangen war, konnte man Luca anmerken, denn seine Motivation verringerte sich minütlich. Vor allem, als wir nach einer Stunde Fußmarsch immer noch nicht an einer Küste angekommen waren und die einzigen Umrisse, welche wir in Richtung der Küste erblickten, eine große Fabrik umzeichneten. Luca und ich beschlossen, als wir hier in den Weiten der Prärie mitten im Nirgendwo riesige Steinplatten sahen, uns dort niederzulassen und zu schlafen. Wir legten uns auf die Steinplatten. Die philosophische Diskussion über das Sein und das Universum unter wundervollem Sternenhimmel fand nicht statt, denn wir waren, von den Reisetagen davor ermüdet, sofort eingeschlafen. Circa 2 Stunden später wachten wir fröstelnd und aneinander gekuschelt auf. Wir waren extrem unterkühlt, da die Steinplatten nachts extrem an Temperatur verloren hatten. Wir bemerkten, dass wir uns durch unseren Überlebensinstinkt während des Schlafens fast aufeinandergelegt hatten, aber nun hatte der Körper ein letztes Warnsignal abgesetzt und uns bei frostigen Januartemperaturen aufgeweckt. Wir wussten, wir müssten uns schleunigst aufwärmen. Aber wohin sollten wir? Es war in unserer Gegend niemand und außerdem gab es nicht ein Gebäude in Sichtweite, wo wir hinkonnten. Die einzige Möglichkeit bestand für uns darin, zurück zum Flughafen zu laufen. Der circa einstündige Marsch durch die Nacht zurück brachte uns ans Ende unserer Kräfte, denn unsere Körper, durch die Kälte ohnehin schon geschwächt, konnten nicht mehr so viel leisten wie sonst. Als wir gegen halb vier Uhr morgens die Türe zum Flughafen aufstießen, und uns sofort die wohlige Wärme erreichte, ließen wir uns *direkt* neben die Tür in einen beheizten Bereich fallen. Ich glaube wir haben bis circa elf Uhr morgens dort geschlafen, ohne dass irgendjemand uns gestört hatte. Was wir in dieser Nacht auf jeden Fall gelernt haben ist, dass eine bestimmte Verantwortung für das eigene Leben darin besteht, eine Übernachtungsmöglichkeit zu organisieren. Besonders in kalten Gebieten kann es gefährlich werden, draußen keine Unterkunft zu haben. Außerdem können Sicherheitsbedenken eine Rolle spielen. In der letzten Nacht auf Dominica hatten wir am nächsten Morgen einen Flug, aber waren schon wie gewohnt abends am Flughafen. Im Internet hatten wir keine Informationen bezüglich Öffnungszeiten vorgefunden und so war es sehr bitter, als wir bereits um 20 Uhr aus dem Flughafengebäude entfernt wurden. Wir setzten uns auf eine Bank, wo eine Stunde später der Schock einsetzte: Das komplette Areal um den Flughafen wurde geschlossen und wir wurden vor das Tor gesetzt. Es fing stark zu regnen an und wir waren mitten auf der Straße der karibischen Insel. Während der Regen immer stärker wurde, standen wir vor einem verschlossenen Flughafentor zwischen den rauschenden Wogen des Meeres auf der einen Seite und dichtem Urwald auf der anderen. Der Regen durchtränkte unsere Kleidung und zitternd und frierend wurden wir uns unserem ersten Fehler bewusst: Wir hätten vor unserem Rausschmiss auf die Beamten zugehen sollen und fragen sollen, ob irgendjemand uns in der Situation helfen könnte. Dies hatten wir klar verpasst. Während wir in Gedanken schweiften, kam plötzlich ein Schatten auf uns zu. Als dieser größer und größer wurde, sahen wir von der anderen Seite der Landstraße einen seltsam schlendernden Mann mit einem deformierten Gesicht und einer Flasche Alkohol auf uns zu laufen. Das Adrenalin schoss durch unsere Blutbahnen und wir gingen ein paar Schritte schneller. Als er fast an uns vorbei ging, machte er plötzlich wenige Schritte in unsere Richtung, blieb stehen und raunte. Wir beschleunigten und überlegten hastig, ob es denn jetzt ein Zeichen von Schwäche war, uns jetzt umzudrehen, um zu prüfen, ob er uns folgen würde. Der Regen plätscherte laut, übertönte die Geräusche der Schritte und wir hatten keine Ahnung, ob er zurück in unsere Richtung lief. Ich war extrem unsicher und beschloss, zu den Steinen am Wasser zu gehen, um zu sehen, ob er auch diesen Weg ging. Luca und ich verharrten an unserer Stelle umgeben von zischenden Wellen. Patschnass drehten wir uns panisch um, nur um zu sehen, dass der Mann bereits ein ganzes Stück weg von uns in die andere Richtung weitergelaufen war.

Nach kurzer Besprechung einigten wir uns darauf, beim erstbesten Haus zu klingeln und unsere Situation zu schildern. Glücklicherweise war die Familie sehr warmherzig und wir wurden für eine Nacht aufgenommen und wurden am nächsten Morgen mit einer anderen Person zum Flughafen gebracht. Zwar hatten irgendwelche Personen mit Messern in der Nacht die Reifen des Autos der Familie zerschlitzt (soviel zur Sicherheit nachts auf Dominica), zum Airport schafften wir es aber trotzdem und waren außerdem für die Nacht in Sicherheit gewesen.

Wir hatten uns das erste Haus ausgesucht, haben unser Problem geschildert, es hat funktioniert, die Leute haben uns sogar etwas zu essen gegeben und wir konnten dort schlafen. Bei solch einem Vorhaben ist die Erfolgswahrscheinlichkeit von mehreren Faktoren abhängig:

- Wie groß ist die Wahrscheinlichkeit, dass am entsprechenden Ort ein Tourist aufkreuzt? In Orten mit hoher Tourismusdichte sinkt die Wahrscheinlichkeit fast auf 0, dass man aufgenommen wird.
- Wie ist die allgemeine Sicherheitslage? Wenn sie gut ist, haben die Leute potenziell weniger Bedenken, dich aufzunehmen.
- Wie exotisch siehst du aus? Es dürfte eher die Chancen steigern, aufgenommen zu werden, wenn du europäisch aussiehst, da du einen Exoten-Bonus hast.
- Wie schutzbedürftig wirkst du? Wenn zum Beispiel ein kleines weinendes Mädchen vor der Tür steht, sind die Leute eher gewollt, zu helfen.
- Wie reich wirkst du? Wenn du sehr wohlhabend aussiehst, schalten die Leute vom Modus „Hilf einem Schutzbedürftigen“ in den Modus „Hier kann man etwas verdienen“; wenn du dann in Wirklichkeit arm wie eine Kirchenmaus bist und nicht wirklich etwas zahlen kannst, werden die Leute diesen Umstand nicht akzeptieren.

Merke: *Es besteht die Möglichkeit, exotische Übernachtungsmöglichkeiten auszuprobieren. Jedoch haben diese oft wärme- oder sicherheitstechnische Einschränkungen. Vor allem beim Übernachten in der freien Natur ist auf jeden Fall darauf zu achten, dass der Körper nicht zu stark auskühlt. Falls ein Gepäckstück hinzu gebucht wurde, kann unter Umstand der Einsatz eines Zeltes sinnvoll sein. Was urbane Gebiete anbelangt, kommt es extrem auf die Destination an, ob man beispielsweise auf Parkbänken etc. schlafen kann oder wir in unterschiedlicher Intensität dringend davon abraten würden. Während wir bereits in Deutschland schon davon abraten würden, stufen wir es beispielsweise in Japan bei warmem Wetter als unbedenklich ein. Als ich dort war, habe ich erfolgreich eine halbe Nacht in einem bekannten großen Park verbracht. Weitere Optionen für besonders stark aufs Budget bedachte Reisende liefern 24-Stunden-Läden, welche oft Sitzmöglichkeiten bieten und welche einen warmen und gesicherten Rahmen für die Nacht stellen können.*

Fazit

Nachdem wir mittlerweile billige Flüge finden können und auch der Transport zum Flughafen günstig hergestellt ist, wissen wir jetzt über Übernachtungen ausreichend Bescheid. Wir haben zusammen gezeigt, dass anscheinend sündige Abstecher in die Welt des Luxus durchaus finanzierbar sind. Booking.com hilft uns, sowohl High-End-Hotels wie auch Angebote im Niedrigpreissegment aufzuspüren. Dabei können auch Apartments mitberücksichtigt werden. Zudem können wir mittels Couchsurfing auf echte, authentische Weise Land und Leute kennen lernen. Mithilfe dieser Ressource lernen wir das echte Leben der Bevölkerung kennen und treffen schnell auf unglaublich nette Menschen. Die gebildeten Freundschaften halten oft ein ganzes Leben und erschaffen interessante Verbindungen in ferne Länder. Sollte mal etwas nicht klappen, haben wir interessante Backups, wie zum Beispiel 24 Stunden lang geöffnete Supermärkte. Für den Fall, dass wir am nächsten Morgen einen Flug vom Airport aus wahrnehmen werden, wissen wir nun alles über das kostengünstige Übernachten am Flughafen. Eine interessante Option ist, unseren Schlaf ebenfalls mit uns auf die Reise zu verlagern: Je nach Verfügbarkeit können wir Zeit und Geld sparen, wenn wir uns über Nacht mit dem Verkehrsmittel unserer Wahl von einer Stadt in die Nächste bewegen.

Teil 4: Praktische Reisetipps / Lebe dein Leben

Einführung

In einer Welt, in der wir durch Ängste gesteuert werden, hält das Schicksal wundersame Geschichten für die wenigen Erlesenen bereit, welche es wagen, ihre Komfortzone zu verlassen. Die Angst vorm Versagen und die Angst vor Zurückweisung hindern uns daran, unser volles Potential auszuschöpfen und jeden Tag aus den Vollen zu greifen. Das Reisen bietet eine wunderbare Möglichkeit, seinem grauen Alltag zu entfliehen und endlich in sich selbst aufzugehen. Wer einmal angefangen hat, im Rahmen einer Abenteuerreise fremde Länder zu erkunden, wird auch immer wieder dahin zurückfinden. Reisen bietet tiefste Erfüllung und ist nicht an die Meinung der Gesellschaft gekoppelt. Nichts ist richtig oder falsch, man kann sich selbst ausprobieren, wenn man in die große weite Welt startet; in der einen niemand kennt und alles neu ist. In der man seine Komfortzone ausbauen kann und wahre Selbsterfüllung finden kann. Wo jeder in seinem eigenen Tempo die Schritte vornehmen kann, die er oder sie sich traut. Auf dem Bildschirm des Entertainmentprogramms eines Air-France-Fluges stellte die Hauptdarstellerin einer japanischen Komödie fest:

„Miracles happen to people who take action"

Grundsätzlich ist es eigentlich so, dass wir uns viel zu wenig im Leben trauen. Wir sind darauf programmiert, uns in unseren Köpfen immer die Risiken, aber nie die Chancen auszumalen. Was passiert, wenn wir den Flug verpassen? Wenn uns die Einreise verweigert wird? Wenn wir überfallen werden? Ängste bestimmen unser Leben, und doch sind sie in den meisten Fällen nicht zielführend. Denn wenn wir den Flug tatsächlich verpassen, weil beispielsweise unser Bus eine

Panne hat, dann ist das eben unser Schicksal und wir haben keine Möglichkeit, dies zu beeinflussen. Wir könnten dem sicherlich vorbeugen, in dem wir einen Tag früher anreisen oder ein anderes Verkehrsmittel benutzen. Aber dann können andere Dinge passieren, auf die wir keinen Einfluss haben. Sich zu ärgern ist direkt formuliert im Grunde genommen eine Verschwendung an Zeit. Deshalb findet sich in diesem Teil des Buches der Appell, speziell auf Reisen, einfach mal den Kopf auszuschalten und die Dinge auf sich zukommen zu lassen. Denn gerade dann, wenn wir uns die wenigsten Gedanken machen und alles auf uns zukommen lassen, ereilen uns die schönsten Erfahrungen.

Um tatsächlich die Angst vor dem Unbekannten abzulegen, haben wir in diesem letzten Teil unseres Buches bestimmte Punkte herausgesucht, auf welche wir weiter eingehen möchten. Zuerst sprechen wir nochmals die Sicherheit im Ausland an. Wir zeigen, dass Sicherheitsbedenken meistens überflüssig sind und nur in wenigen bestimmten Situationen ein geistiger Wechsel hin zu weniger YOLO und mehr Verantwortung sinnvoll ist.

Ein weiterer Punkt, welcher vielen Menschen Kopfzerbrechen bereitet, ist die notwendige Organisation im Vorfeld einer Reise in Form von Visa, Impfungen, oder Reiserouten.

Im darauffolgenden Kapitel gehen wir endlich weg von potenziellen Problemen und schreiben über die schönen Dinge des Lebens, welche tolle Chancen bereithalten. Dies ist neben der lokalen Küche auch die Welt der Shoppingmöglichkeiten, der Kontakt mit Locals sowie der filmischen Dokumentation der Eindrücke.

Schließlich erzählen wir dir von unseren Einstellungs-Hacks, welche uns geholfen haben, das Unbekannte auf Reisen mit offenen Armen zu empfangen, auch wenn unser Bauchgefühl mulmig war. Unsere Empfehlung geht hier ganz klar hin zur Devise: Wenn du dir unsicher bist, mach es!

Im letzten Kapitel möchten wir die Produktivität auf Reisen behandeln. Wir erklären dir, wie wir das meiste aus unserem Tag machen, wenn wir uns auf Reisen befinden. Mit einem kurzen Fazit, welches sich klar pro Reisen ausspricht, beenden wir diesen letzten Teil des Buches.

Sicherheit im Ausland

Je nachdem, wo du unterwegs bist, kann es sinnvoll oder gar notwendig sein, ein niedriges Profil zu halten. Was ich damit meine ist, nicht aufzufallen. Undercover zu sein, sozusagen. Oft geht es damit einher, die lokale Kultur zu respektieren. Wenn du weiblich bist, musst du zum Beispiel im Iran ein Kopftuch tragen. Das ist per Gesetz geregelt und sollte demnach auch unbedingt befolgt werden. In Pakistan zum Beispiel ist dies nicht der Fall. Dort musst du kein Kopftuch tragen, doch es kann sinnvoll sein. Wenn du zum Beispiel blonde Haare hast, fällst du automatisch auf (auch als Mann natürlich). Wer schon mal in Pakistan war, weiß, wie direkt die Menschen sein können. Sie werden eben nicht lange zögern und mit dir eine Konversation anfangen. Natürlich kann das extrem spannend sein. Es gibt jedoch auch Zeiten, wenn du genau das nicht möchtest – jeder möchte mal seine Ruhe haben. Mir zum Beispiel wird es zu anstrengend, wenn mich 20 Pakistanis hintereinander ansprechen und nach meiner Nummer fragen. Und ich bin männlich, jetzt kannst du dir vorstellen, wie es ist, wenn du eine Frau bist. Du solltest mich jetzt nicht falsch verstehen, Pakistanis sind wirklich freundliche Menschen und meinen es nur gut. Die Frequenz kann eben nervig werden. Übrigens ist es in Pakistan üblich, Gäste zum Essen einzuladen. Im November 2020 waren wir für 2 Wochen dort. Wir haben oft auswärts gegessen. Ich glaube, wir wurden häufiger eingeladen als dass wir etwas zahlen mussten. Sei es von Gästen am Nachbartisch, Freunden oder gar Restaurant-Besitzern – die Menschen haben so eine hohe Gastfreundschaft, es ist wirklich beeindruckend.

Internationales Dinner in Karachi, Pakistan. Auch hierzu wurden wir eingeladen!

Im Anschluss bin ich nach Kabul, Afghanistan geflogen. Dort habe ich das „Undercover Sein" auf ein neues Level gebracht. Dort geht es nämlich weniger darum, nicht angesprochen zu werden, als um knallharte Sicherheit. Die Entführungsrate in Afghanistan ist extrem hoch. Ohne Locals solltest du ohnehin fast nie vor die Tür gehen. Es ist schlicht und ergreifend zu gefährlich, wenn du dich nicht auskennst und kein Pashto oder Dari sprichst. Wenn du mit Locals unterwegs bist, ist trotzdem Vorsicht geboten. Um möglichst nicht aufzufallen, besorgen wir uns des Öfteren lokale Kleidung. Ich hatte also ein traditionelles Outfit an und immer eine Kopfbedeckung, um meine blonden Haare zu vertuschen. Und wieder ist es wichtig, mich nicht falsch zu verstehen. Natürlich sind 99,9% der normalen Bevölkerung in Afghanistan freundliche Menschen, die dir nie etwas tun würden. Doch es gibt eben eine hohe Entführungsrate durch die Taliban und den IS, sodass du keineswegs als „reich", „westlich" oder überhaupt „anders" auffallen solltest.

Auch außerhalb von Kriegsregionen kann es mal brenzlich werden. So wie für Jan während der Venezuela-Krise:

Als am Abend des 9. März 2019 angezündete Autoreifen und brennende Mülltonnen das vom Stromausfall eigentlich komplett verdunkelte Caracas an einigen Stellen der Stadt in ein lichtes

Flammenmeer hüllten, war ich gerade mitten im Auto neben drei venezolanischen Jungs. Wir waren auf dem Rückweg von einer Bar. Da es keine Straßenbeleuchtung gab, war das Autofahren eher schwierig. Die Straße war mit Schlaglöchern übersät und unser Freund am Steuer umschiffte diese gekonnt. Bis auf eines. Der Wagen blieb daran hängen und das Auto ließ sich nicht mehr zufriedenstellend beschleunigen. Ein platter Reifen vorne links! Wir konnten nicht weiterfahren und mussten hier und jetzt den Ersatzreifen montieren. Es musste niemand explizit aussprechen, dass es jetzt sicherheitstechnisch kritisch war, aus dem Auto auszusteigen und den Reifen auszutauschen. Wir waren in einer unsicheren Gegend in Caracas vor einem Barrio. Wir einigten uns kurz, wer wo mit anpacken sollte und dann öffneten wir die Tür. Bis auf den dünnen Verkehr und das Geschrei von einigen weiter entfernten Aufständen, war es deutlich stiller als erwartet. Es roch nach Benzin und verbranntem Gummi. Blitzschnell bewegte sich jeder nach draußen und versammelte sich um das Pannenrad herum. Innerhalb von 5 Minuten hatten wir den Reifen abmontiert und konnten jetzt mit der Montage des Ersatzes beginnen. In dieser Zeit kamen vielleicht 10 Autos vorbei, aber niemand hielt an und wollte uns etwas Schlechtes. Die Montage des Ersatzreifens dauerte sogar deutlich kürzer als 5 Minuten und bald waren wir wieder im Auto. Wir konnten das Auto weiter durch die Dunkelheit der Nacht zu unserer Wohnung navigieren. Auch objektiv gesehen schwierige Situationen führen nicht zwangsläufig zu einer Katastrophe.

Der Punkt ist, Leute sind oft freundlicher als man denkt. Gerade in als gefährlich bezeichneten Staaten rückt die Bevölkerung oft erstaunlich nah zusammen und hilft sich, so gut es geht. 2022 hat Luca ebenfalls Venezuela bereist und machte einen Stopp im „gefährlichsten Ghetto Lateinamerikas" – Petare. Dass die Menschen verwirrt waren, einen weiß-blonden Gringo in Petare zu sehen, wäre eine Untertreibung. Doch genau das gab mir in gewisser Weise ein Stück Sicherheit. Die Leute wussten gar nicht, was sie mit mir anfangen sollten. Also kamen sie zu mir, starteten Konversationen und zeigten mir ihre selbstproduzierte Rapmusik. Kurz darauf wurde ich in insgesamt 4 (!) Haushalte eingeladen und alle gaben mir etwas zu trinken und boten mir sogar Essen an. Im ärmsten *Barrio* von Venezuela ist das keine Selbstverständlichkeit!

Die Menschen sind freundlicher als man denkt

Wenn man populären Internetgrafiken Glauben schenkt, ist im

Grunde genommen jedes zweite Land der Erde eine No-Go-Zone. Nicht nur Russland, der Iran oder Nordkorea sind auf der Karte blutrot gefärbt, sondern auch politisch dem westlichen Block zugehörigen Länder sind teilweise als äußerst gefährlich eingestuft. Wenn man dann zum ersten Mal das Land betritt, ist man oft erstaunt. Die Einwohner besitzen differenzierte Meinungen und auch in scheinbar autoritären Regimen oder Ländern mit starker religiöser Prägung werden im täglichen Leben politische Diskussionen geführt. Man lernt, dass bestimmte, vom westlichen Wertesystem maßgeblich geprägte Zusammenhänge zwischen Ethnizität, Religion und Charakter so nicht existieren und wir vielmehr alle Teil einer Menschheitsfamilie sind! Auch wenn es immer wieder Hass zwischen zwei Gruppen kommt, haben quasi überall auf der Welt die Menschen eine Gemeinsamkeit: Sie sind hilfsbereit und im Herzen freundlich gesinnt, wenn es drauf ankommt. Es scheint manchmal vielmehr so, dass sie durch politische Führer oder mediale Darstellungen von oben gegeneinander aufgehetzt werden. Selbst in offensichtlich schwierigen Situationen gibt es oft einen Grund, warum Menschen so handeln, wie sie handeln. Wenn Beispielsweise auf offener Straße ein Überfall stattfindet und wir bedroht werden, heißt das nicht zwangsläufig, dass man uns direkt tot sehen möchte. Stattdessen können eine Vielzahl von Gründen hinter hinter der Situation stehen. Vielleicht ist der Angreifer so verarmt, dass diese fragwürdige Methode an Geld zu kommen, die einzige ist, um die Familie zu ernähren. Vielleicht hat die bettelnde Frau, welche uns bespuckt hat, weil wir ihr kein Geld gegeben hat, in der Vergangenheit schlimmste Dinge erlebt, welche sich in diesem Verhalten manifestieren. Sogleich wir der öffentlichen und gesellschaftlichen Ordnung betreffende Verfehlungen im Verhalten wie oben genannte aufs Schärfste verurteilen: Wir versuchen, egal was auch passiert, so ruhig wie möglich zu bleiben und uns nicht von vorschnellen Emotionen leiten zu lassen. Denn die toxische Aktion ist nicht direkt gegen uns gerichtet – vielmehr wäre jedem beliebigen Passanten das gleiche passiert, wenn er an unserem Ort und unserer Stelle gewesen wäre. Von daher besteht kein Grund, uns zusätzlich aufzuregen, da *wir persönlich* in dieser Situation keine Schuld tragen.

Toxische Menschen

Überall auf der Welt gibt es wunderbare Menschen, die dir helfen möchten. Sprich sie (aktiv) an, um unglaublich tolle Momente zu erleben. Selbst wenn du eine toxische Person ansprichst, die dir etwas

Böses will, wird sie in dem Moment, wo du von dir aus auf sie zugehst, kurz im defensiven Modus sein, sodass du genug Zeit hast, dir einen Eindruck zu verschaffen. Du erwischst sie quasi auf ihrer menschlichen Seite. Diese Personen sind es schließlich gewohnt, von sich aus auf die Leute zuzugehen und die Diskussion in eine Richtung zu lenken. Solltest du solche Muster im weiteren Gesprächsverlauf erkennen, wird es meist sehr schnell deutlich, da die Person inkongruent wirkt und du kannst dich freundlich verabschieden und weiterziehen.

Februar 2019, Niš, Serbien. Wir werden von einem älteren, aber kräftigen Herrn angesprochen und gefragt, woher wir stammen. Wir antworten freundlich, dass wir aus Deutschland sind und erzählen frohgemut von unseren Reisen. Er lädt uns ein, uns die Stadt zu zeigen und irgendwie verpassen wir den Moment, cool zu reagieren und dankend abzulehnen. Wenig später befinden wir uns in einem Lokal. Glücklicherweise in einem vertrauenswürdigen, schließlich ist es sauber und gut eingerichtet. Es sind andere Gäste außer uns am Speisen. Zusätzlich ist es hellster Tag und so ahnen wir nichts Böses, als er irgendwelche Gerichte ordert und Schnaps bestellt. Er erzählt uns in gebrochenem Deutsch, dass er als Fernbusfahrer arbeitet und für einen Subunternehmer von Flixbus regelmäßig nach Deutschland fährt. Wir können an dieser Stelle alle zusammen nur hoffen, dass er dies nicht genauso alkoholisiert tut, wie sein Auftritt in diesem Lokal war. Als wir gehen möchten, besteht er darauf, uns zum Flughafen zu bringen. Wenn so etwas passiert und dein Gegenüber dich am Gehen hindern möchte, weißt du für gewöhnlich: Glückwunsch, du steckst bereits in einer heiklen Situation. Hier cool zu bleiben ist dann eine Aufgabe auf Messers Schneide. In unserem Fall eskalierte die Situation. Ich sagte zum Kellner, wir würden dann unser Essen zahlen. Unser freundlicher Gastgeber bestand darauf, dass wir seine Schnäpse und sein Essen ebenfalls zahlen sollten. Man merkte, wie sein vom Alkohol geplagtes Gesicht schauderte. Seine zornigen Augen blitzten auf, während er drohend mit bohrendem Blick durch meine Augen hindurch starrte: „Du bist ein Arschloch!" schrie er durch den ganzen Raum. Was sollten wir tun? Sollten wir die Polizei rufen? Wir konnten kein Wort serbisch. Wir mussten ihn irgendwie abwimmeln. Ich entschuldigte mich und ging auf die Toilette, um Zeit zu gewinnen. Er blickte mich wortkarg an und ich spürte eine unausgesprochene Drohung auf meinem Schultern. Ohne mich umzudrehen lief ich ins Bad, schob die schwere Eisentür auf, warf kurz einen hastigen Blick in den Spiegel, um meinen von Angst geplagten Blick zu überprüfen und stellte mich ans Pissoir. Ich öffnete den Hosenknopf und...ich konnte nicht. Ich hatte Angst. In meinem Kopf war das Szenario, dass ich offensichtlich einen Mann verärgert hatte, mit dem man es sich besser nicht verscherzt. Sollte er jetzt mit einer scharfen Klinge in der Hand hereinkommen, hatte ich keine Fluchtmöglichkeit. Er war betrunken und ich hätte mit leerer Hand gegen Messer kämpfen müssen. Ich riss die Augen auf, rannte zurück zur Tür. Als ich die Klinke nach unten drücken wollte, bewegte sie sich bereits. Mein Herz blieb fast stehen. Sollte das wirklich passieren? Kam er jetzt gerade herein? Oh, Scheiße...

Ich riss die Tür auf, und da war niemand. Ich eilte zurück zu unserem Platz, wo Luca immer noch angespannt und unschlüssig auf mich wartete, während der Herr wild gestikulierend und fluchend herumfuchtelte. Ich lief zum Kellner und erklärte die Situation, dass wir keinesfalls für den Herrn zahlen würden und ich bin diesem Kellner unglaublich dankbar.

Obwohl wir offensichtlich westliche Touristen darstellten und ihm schweißgebadet hastig auf Englisch die Situation schilderten, verteidigte er uns vor den Augen der anderen Gäste gegen seinen Landsmann – und wer schon mal in östlichen Ländern war, kann bestätigen, dass Landsleute dort zusammenhalten. Wir hatten letzten Endes genug Zeit aus dem Lokal zu eilen und draußen angekommen rannten wir so schnell wir konnten.

Alltagskriminalität vermeiden

Als wir, auf der zwischen Frankreich und den Niederlanden geteilten Insel St. Martin in der Karibik, bereits zwei Nächte im Hotel geschlafen hatten, wollten wir Geld sparen. Deshalb verbrachten wir die letzte Nacht am Strand in einem Liegestuhl, hörten Musik und spielten ein Wurfspiel mit Sandsäcken, welche am Boden auslagen. Als es immer noch dunkel war, mussten wir zu Fuß eine Strecke von circa 60 Minuten zurücklegen, um in den französischen Teil zu kommen, in dem wir den ersten Bus zum Flughafen nehmen konnten. Auf dem Weg zur offenen Grenze – es war immer noch zappenduster – kam uns auf menschenleerer Straße ein bedrohlich wirkender Mann entgegen. Sichtbar alkoholisiert stolperte er auf uns zu. Wir waren unschlüssig, wie wir reagieren sollten. Der Mann fragte nach Bargeld und kam uns dabei sehr nahe. Wir lehnten höflich ab und gingen weiter, woraufhin der Mann die Richtung änderte, um uns zu folgen. Einige Meter später hatte er uns wieder eingeholt und es kam zum erneuten Zusammenstoß. Die Stimmung von seiner Seite aus wurde immer aggressiver. Glücklicherweise kam in diesem Moment ein holländischer Autofahrer vorbei, der gerade Urlaub gemacht hatte. Dieser drohte mit einem Polizeianruf und half uns somit maßgeblich, einer gewaltsamen Konfrontation zu entkommen.

Rückblickend betrachtet, gab es einige Hinweise, welche die Problematik der Situation bereits erahnen können: Zum einen waren wir nachts auf einer schwach befahrenen Straße zu Fuß unterwegs. Zum anderen befanden wir uns mitten in der Karibik. Insgesamt existiert eine Reihe von Indikatoren, welche auf eine gesteigerte Gefahr hinweisen können:

- Es ist entweder nachts oder spätabends, in jedem Fall dunkel

- Der Ort des Geschehens liegt in Lateinamerika und der Karibik, oder Afrika
- Es ist so wenig los, dass keine größeren Menschenmassen vor Ort sind
- Es handelt sich um ein weitgehend urbanes Gebiet oder eine Zufahrtsstraße zu diesem
- Es ist bekannt, dass es an einem Ort schon in der Vergangenheit häufig zu Problemen gekommen war

Natürlich können überall sicherheitstechnisch unglückliche Situationen auftreten, aber es kann sich in bestimmten Situationen lohnen, wenn einige der Punkte zutreffend sind, auf jeden Fall eine Unterkunft zu suchen.

2022. Französisch Guiana. Ich war gerade von einer waghalsigen Reise nach Guyana und Suriname wieder in Französisch Guiana angekommen. Es war Sonntag, die Straßen leer und das Wetter heiß. Ich lief ein wenig abseits der Hauptstraße und plötzlich packte mich ein kräftiger, dunkelhäutiger Mann und ließ mich auf Französisch wissen, er wolle Geld. 2€. Ich hätte ihm sofort 2€ gegeben, hatte allerdings kein Euro-Bargeld an mir. Er glaubte mir nicht, hielt mich und meinen Rucksack fest und schrie mir ins Gesicht: „Deux EUROSS!!", woraufhin ich einen 10 Pfundschein empor zog und ihn ihm in die Hand drückte. Er jedoch hatte wohl noch nie Britische Pfund gesehen und ist komplett ausgerastet.

„DONNE MOI 2 EUROOS!!! J'AI DIT DONNE MOI DEUX EUROS", schrie er mich erneut lauthals an und hielt mich dabei fest im Griff. Es wurde so laut, dass Anwohner die Situation hörten und auf die Straße eilten. Etwa 30 Personen haben mir geholfen, den Aggressor loszuwerden und pferchten mich in einem sicheren Restaurant ein, welches wenige Meter vom Geschehen entfernt lag. Die Inhaber drohten dem Angreifer mit einem Polizeianruf, worauf dieser sich schneller vom Acker machte als Grünkohl bei der Oktoberernte.

Ich bin den Menschen im Restaurant so dankbar, dass sie mich in dieser Situation unterstützt haben. Es unterstreicht unsere These, dass ein Überfall unwahrscheinlicher wird, wenn mehrere Menschen vor Ort sind. Wenn es kein Restaurant gegeben hätte, wäre die Situation wohl nicht nur deutlich teurer als 10 Britische Pfund geworden, sondern auch deutlich gefährlicher.

Im Falle eines Falles

Selbstverständlich ist die Eventualität eines Überfalles nie ganz auszuschließen, auch wenn die Wahrscheinlichkeit für das Eintreten verschwindend gering ist. Eher zur Vervollständigung neben all den anderen Informationen deshalb der Hinweis, wie wir uns in einer solchen Situation verhalten würden. Im Grunde genommen befolgen wir nur eine Regel (und leben bis zum heutigen Tage gut und glücklich damit):

Im Falle eines Überfalles, gib unverzüglich dein Handy und dein Geld ab. Wehre dich unter keinen Umständen, auch nicht verbal.

Diese Regel gilt sobald sichtbare Waffen beim Aggressor zu erkennen sind, was bei mir in Französisch Guiana *zum Glück* nicht der Fall war. Vorher kannst du versuchen, mit netten Worten und kleineren Beträgen das Schlimmste zu vermeiden (wie es mir mit Hilfe von weiteren Personen in französisch Guiana gelungen ist).

Nach dem Überfall, verfolge den Räuber nicht. Falls du deine Kreditkarte verloren hast, versuche zuerst, diese sperren zu lassen. Je nach Land ist es hilfreich, nicht die Polizei zu rufen, um sich weitere Probleme zu ersparen. Wenn du Zeit hast, kannst du zudem vor der Reise einen USB-Stick mit all deinen wichtigen Daten wie einer Reisepass-Kopie anfertigen. Außerdem nutzen wir Google Drive zur Aufbewahrung unserer Fotos und Videos. Teilweise kann es in Ländern, welche durch eine hohe Korruption geplagt sind, sinnvoll sein, auf Tagesreisen ohnehin nur eine ausgedruckte Kopie des Reisepasses mitzuführen. Dies verhindert, dass die Polizei den Pass abnimmt und Geld für die Herausgabe verlangt. Was das Handy belangt, würde ich auch in hochsensiblen Gebieten dazu raten, dieses bei mir zu tragen. So hat man im Falle eines Überfalls auch etwas zum Aushändigen. Mein venezolanischer Couchsurfing-Host, welcher in seinem Leben circa zehn Mal ausgeraubt wurde, empfiehlt zudem, das Handy in die Unterhose zu stecken. Dasselbe wurde Luca in den Favelas Brasiliens empfohlen. In solchen Fällen sollte man einfach auf die Locals hören. Sie werden nicht ohne Grund zu solchen Vorgehensweisen raten. Wir empfehlen in jedem Fall, in unsicheren Gebieten einen Zweitgeldbeutel zu haben, den man an tieferer Stelle im Rucksack verstaut. Wichtig ist an dieser Stelle zu verstehen, dass auch für den Angreifer eine Überfallsituation sehr stressig ist. Sein Plan ist, möglichst schnell und unbeschadet aus dieser Situation herauszukommen. Deshalb möchte er dir keinesfalls etwas antun, kann sich aber unter Umständen selbst bedroht fühlen und eventuell mitgeführte Waffen benutzen.

An dieser Stelle nochmal der Hinweis: Wehre dich in keinem Falle! Selbst wenn der Angreifer noch ein Kind ist, ist das Alter in dem Moment, wo er eine Waffe hat, nicht mehr relevant. Die interessante Frage ist, wo genau aggressives Betteln endet und wo ein Überfall beginnt. Dies ist ein durchaus schwieriger Punkt. Wir würden sagen, dass sich Überfälle in expliziten Aussagen äußern, in denen der Imperativ verwendet wird (z.B „Gib mir dein Geld!" oder „¡dame tu teléfono!") und außerdem eine Waffe offen oder verdeckt gezeigt wird (auch: Griff in die Jacke). Im Zweifelsfall würden wir tendenziell raten, eher defensiver aufzutreten und lieber einmal zu schnell die Habseligkeiten herauszugeben als einmal zu spät.

Überfälle mit Entführungsabsicht sind die schwerwiegende Steigerung. Glücklicherweise haben wir noch nie derartige Situationen auf unseren Reisen miterlebt. Diese Problematik scheint sich auf einige wenige Länder wie Somalia (nicht Somaliland) zu konzentrieren. Die einzige Möglichkeit, mit solchen Situationen umzugehen, ist, sie zu vermeiden. Sollte man irgendwann in solch eine Situation geraten, rate ich zum Beten. Luca und ich haben aber ausgemacht, dass wir in diesem *sehr* unwahrscheinlichen Szenario beide sofort versuchen, um jeden Preis wegzulaufen. Einmal in der Hand der Taliban oder der Al-Shabab-Miliz schwinden die Chancen erheblich, lebendig zurück nach Deutschland zu kommen.

Die meisten Menschen sind gut

Nach diesem eher abschreckenden Kapitel nun wieder die Hinwendung zu positiveren Dingen. Insgesamt lässt sich sagen, dass die Menschen in so vielen Gebieten der Erde unglaublich freundlich und hilfsbereit sind. Du kommst mit einem Problem nicht klar oder benötigst weitere Informationen? Sprich die Leute auf der Straße und in deiner Umgebung an. Du weißt nicht, wo du als Nächstes hinsollst? Rede mit den Leuten um dich herum. Du bist generell verloren und wünschst dir nichts sehnlicher als deine Heimreise? Rede mit den Leuten, sie werden dich auf andere Gedanken bringen und du wirst dich bald wieder in einer besseren Situation wiederfinden. Überhaupt lassen sich durch Kommunikation so dermaßen viele Probleme lösen, dass es sich einfach nicht lohnt, vor sich hin zu schweigen. Wenn du mit dieser Grundeinstellung durch deine Reise und durchs Leben gehst, werden gute und schöne Dinge passieren. Es gibt beinahe schon eine Garantie des Schicksals, dass es so sein wird.

Merke: *Überall auf der Welt gibt es wundervolle und hilfsbereite Leute. Sprich sie an und rede mit ihnen, um ihre Welt zu verstehen und in andere Länder und Kulturen einzutauchen. Dabei ist es ganz normal, dass man bisweilen auch negative Erfahrungen sammeln wird. Lasst uns die aufregende Achterbahnfahrt der Gefühle auf Reisen bewusst wahrnehmen und zu schätzen wissen. Im Extremfall eines Überfalles, gib alle geforderten Sachen heraus und verhalte dich ruhig. Stelle nicht die Überlegenheit des Angreifers physisch oder verbal in Frage und provoziere nicht. Glücklicherweise sind Überfälle sehr selten, sodass die Wahrscheinlichkeit recht klein ist, einem zu begegnen. 99 Prozent der Erfahrungen auf Reisen sind wie durch ein Wunder positiv.*

Gastfreundschaft wertschätzen

In vielen Ländern der Welt herrscht eine starke Abendkultur. Es ist nicht selten, Restaurants zu sehen, welche bis fünf Uhr morgens geöffnet haben und in welchen sich ab Mitternacht Geschäftsmänner neben ganzen Familien um die Tische scharren. Als wir um 2 Uhr nachts in Tiflis, Georgien ankamen, herrschte ungefähr so viel Betrieb wie in meiner deutschen Heimatstadt am Tag. Nicht immer spielt sich dabei das Leben ausschließlich in der Innenstadt ab, sondern auch in den Außenbezirken wird manchmal einiges geboten. Der Vorteil an letzteren ist vor allem, dass vieles nochmal deutlich billiger ist. In Baku, Aserbaidschan, haben wir an einem Essensstand am Rand der Stadt für einen Euro so viel Nahrung bekommen, dass wir danach für den ganzen Tag nichts mehr gebraucht haben. Es lohnt, sich deshalb auch das Umfeld der Stadt genauer anzusehen.

In einigen weniger touristisch erschlossenen Gebieten der Welt kann es passieren, dass man zum Teetrinken eingeladen wird oder anderweitig verwöhnt wird. Dinge welche uns (kostenlos) in verschiedenen Ländern angeboten wurden: Grüner Tee, schwarzer Tee, Tansy-Tee, literweise Chai, ein komplettes Abendessen im teuersten Restaurant der Stadt, Plundergebäck, Haschisch, ein Mega-Buffet im Gartenrestaurant, eine Matratze in einem Office-Loft zum Schlafen, Exkursionen, Stadtbesichtigungen, ein teures Sushi-Buffet, …

Wenn wir solch eine Einladung erhalten, macht es Sinn, aufs Bauchgefühl zu hören. Wir haben bisher die meisten der Einladungen angenommen und sind damit um viele Erfahrungen reicher geworden. Sofern man selbst die Leute anspricht und man mit ihnen ins Gespräch kommt, passt es eh meistens. Wenn wir von anderen angesprochen werden, müssen wir kurz prüfen, ob wir die Einladung annehmen können, bevor wir es tun.

Jemanden abschleppen

Erlebnisorientierten Menschen empfehlen wir, bei der Buchung einer Unterkunft einfach direkt für zwei Personen zu buchen. Der Preis für ein Einzel- oder Doppelzimmer unterscheidet sich oft nicht großartig, aber mit einem Doppelzimmer hat man eine viel bessere Logistik. Man ist flexibel. In Kolumbien habe ich eine Freundin kennengelernt, die von Haus aus Wayyuu spricht und mit der die Kommunikation nicht immer einfach war. In solchen Situationen, wo man sich als Mann um tausende Dinge kümmern muss, ist es gut, sich zumindest um die Unterkunft keine Sorgen mehr machen zu müssen. Bei einem gebuchten Doppelzimmer weißt du, dass es keine Probleme an der Rezeption geben wird. Auch wenn es bei einem Einzelzimmer in vermutlich 70% der Fälle irgendwie klappt jemanden mitzubringen, ist es schön, zumindest diesen Unsicherheitsfaktor rausbekommen zu haben, bevor was läuft. Es ist wahnsinnig frustrierend, mitten in der Nacht zu versuchen, eine neue Unterkunft zu buchen. Es ist außerdem wirtschaftlich nicht sinnvoll, weil man am nächsten Morgen um 11 eh wieder übermüdet rausgeworfen wird. Selbst wenn die Zimmerbegleitungen wechseln, leistet dir ein Doppelzimmer treue Dienste und in den wenigsten Fällen wird hier irgendjemand was sagen. Alternativ kann es sinnvoll sein, in der ersten Nacht im Land in einem Hostel zu schlafen, um mit möglichst vielen Menschen ins Gespräch zu kommen und Kontakte zu knüpfen. Danach kann man ja abschätzen, ob es sinnvoll ist, noch weiter im Hostel zu schlafen oder ob der Schritt zum Zweipersonenzimmer für die nächste Nacht bereits gerechtfertigt ist. Ein weiterer Hinweis: „Twin Room" steht nicht immer für zwei getrennte Betten und bei einem „Double Bed" kriegt man manchmal die Twin Room-Version. Zumindest in den günstigen Absteigen. Es lohnt sich deshalb manchmal, bei der Buchung nochmal anzugeben, was man möchte, dass auch die Arbeiter an der Rezeption checken, was du genau willst. Gegebenenfalls hilft eine mündliche Beschwerde beim Einchecken mit dem Verweis auf international gängige Regeln der Hotellerie. Aber kein Scherz, ich hab mich schon für mehr als nur eine Nacht im Bett von Luca und seiner Freundin wiedergefunden, weil „Triple Bed Room“ sich als XXL-Familien-Ehebett entpuppt hat. Außerdem lohnt es sich, bei der Buchung einer Unterkunft auf die Bewertungen zu schauen. In Kiev bin ich einmal mies gescammt worden, da die gebuchte Unterkunft gar nicht existierte. Solche Frauds lassen sich aber vermeiden, wenn man davor prüft, ob schon andere Gäste in der Unterkunft genächtigt haben, welche über ein organisches Rezensionsprofil verfügen. Mit anderen Worten sei noch einmal gesagt: Buche niemals eine Unterkunft ohne Rezensionen!

Von Sprachen und Essen

Im Internet existiert noch ein Video von Luca und mir, in dem wir im kulinarisch siebten Himmel schweben, nachdem wir den Wochenmarkt von Riga hinter uns gelassen hatten. Für nur wenige Euros hatten wir uns dort mit Erdbeeren, Blaubeeren und Kuchen den Bauch vollgeschlagen. Selbst sachlich-nüchtern muss man objektiv zugeben: Es handelte sich um nichts weniger als eine dekadente, abnormale Orgie der Völlerei. Bis zum heutigen Tag bleibt Riga durch seinen Wochenmarkt bei uns in Erinnerung. In Bukarest hatten wir nach dem Kauf einiger Kilo Heidelbeeren für sehr wenig Geld eine ganze Stunde zu tun, unser erworbenes Gut zu verzehren. In China schlugen wir beim 10 Cent Eis zu und weltweit fielen wir sowieso überall ein, wo irgendetwas Essbares verkauft wurde: Von Pupusas in El Salvador bis Kürtőskalács in Ungarn – es gibt *immer* etwas zu entdecken. Eines der absoluten Highlights war ein Schnellimbiss am Bahnhof einer indischen Großstadt, bei dem wir unseren kompletten Tisch mit verschiedensten Currys zustellten. Für insgesamt circa 1,20€ reisten wir kulinarisch einmal quer durch die nordindische und südindische Küche. Die wunderschönen Weiten der Kulinarik liefern interessante Eindrücke für Reisende. Dies ist vor allem deshalb so schön, weil zwei tolle Tatsachen zusammenkommen. Erstens: Die Küche im Zielland ist exotisch. Zweitens: Das Preisniveau ist oft niedriger als in Deutschland. Somit können wir uns je nach Land unbeschwert frei von finanziellen Restriktionen durch den Himmel der Kochkunst bewegen und sowohl Straßenimbisse als auch Luxus-Restaurants mitnehmen. Während wir eines Mittags in Dubai noch schnell bei „Yemeni Street Food" gehalten hatten und den freundlichen Inhaber gefragt hatten, was zu empfehlen sei, dinierten wir einige Stunden später in einem noblen Spezialitätenrestaurant. Essen bietet einmalige Einblicke in die Kultur eines Landes und ist in jedem Sinne ein Highlight.

Dabei sei auch gesagt: Luca lebt seit einiger Zeit vegan und schafft es in 95% aller Reisen, dies aufrecht zu erhalten. Scheue dich also nicht, wenn du aus moralischen oder gesundheitlichen Gründen bestimmte Dinge nicht essen darfst oder willst. Das ist völlig okay. Wenn du zum Beispiel aus moralischen Gründen auf Fleisch verzichtest, lerne einfach den Satz „Ich bin Vegetarier" in der Landessprache. Die Leute werden wertschätzen, dass du etwas in ihrer Sprache mitteilst und sie werden deine Entscheidung in den allermeisten Fällen ohne Probleme akzeptieren. Auch wenn das Konzept des Veganismus in vielen Ländern nicht bekannt ist, kann man sich trotzdem über Umwege verständigen.

In Pakistan zum Beispiel kann man mit den Worten „only sabzi" (nur Grünes) klarstellen, dass man sich pflanzlich ernährt und kein Fleisch möchte. Wenn du keine Milch konsumierst, sag etwas wie „mooooh milk me no" und die Leute werden dich irgendwie verstehen. Du siehst, dass Kommunikation auf Reisen durchaus interessant werden kann. Spätestens wenn man irgendwann anfängt, wild mit Händen und Füßen zu gestikulieren, wird die Situation für beide Seiten unterhaltsam. Wie oft habe ich mich schon mit Verkäufern aus einer Mischung von Tierlauten und Gesten verständigt? *So* oft!

Wenn ich eines auf Reisen gelernt habe, dann, dass man zum Kommunizieren nicht unbedingt dieselbe Sprache sprechen muss.

Ein großer Helfer im Zweifelsfall ist übrigens die Offline-Funktion von Google Translate. Dort kannst du eine komplette Sprache herunterladen und auf der Stelle ohne Internet ganze Sätze übersetzen lassen.

Merke: *Sei selbstbewusst, deine (Essens-) Präferenzen zu schildern. Auch wenn du die Landessprache nicht sprichst, kann man sich erstaunlich gut mit Gesten und international anerkannten Geräuschen verständigen. Lade dir Google Translate runter und mache Gebrauch von der extrem nützlichen Offline-Funktion. So kannst du im Notfall fast alles präzise übersetzen lassen.*

Shopping

Manche Währungen machen es möglich, dass Shopping auch für uns Männer ein Hochgenuss ist und wir Stunden verbringen können, durch die Geschäfte zu schlendern. Während authentische westliche Markenprodukte meist überall auf der Welt umgerechnet in Euro den gleichen Preis haben, kann man auf einheimische Produkte ausweichen. In Ländern mit stark abgewerteter Währung ist es möglich, ausgesprochen viel für sein Geld zu bekommen. Zudem gibt es in exotischen Ländern oft ein breites Angebot an Waren im Niedrigpreissegment, welche es so in Deutschland noch nicht gibt. Ein Beispiel bildet China mit seiner unglaublich günstigen Unterhaltungselektronik. Auch wenn sich das Gerücht noch lange halten wird, chinesische Ware sei grundsätzlich minderwertig, hat sich bereits ein starker Industriezweig mit hoher Reputationsbindung gebildet. Dort liefern Unternehmen qualitativ hochwertige Top-Produkte an den Verbraucher. Dass all diese Produkte oft für uns Deutsche schwer zu beziehen sind, macht das Shoppen auf einer Reise sehr attraktiv. Mittlerweile findet jedoch auch in den großen Elektrogeschäften ein Umdenken statt und immer mehr dieser importieren Waren werden auch hierzulande angeboten. Zudem hilft Alibaba Marketplace preisbewussten Verbrauchern, günstige Produkte zu beziehen. Trotzdem bietet das Vor-Ort-Sein in einem anderen Land immer noch ungeahnte Möglichkeiten. Neben Wochenmärkten, Restaurants, Boutiquen, Souvenirläden und Fachgeschäften für sämtliche Güter ist auch der Bereich der Erwachsenenunterhaltung interessant. Wer hier einem bestimmten Laster wie dem Glücksspiel frönen will, hat dort unter Umständen weniger rechtliche Auflagen, so wie mehr Höchstausschüttungen pro Stunde als in Deutschland. Auch Tanz- und Serviceclubs sind für Interessierte eine wertvolle Ressource.

An dieser Stelle gehen wir nicht weiter auf die sich eventuell auftuenden Möglichkeiten ein und verweisen auf die unendlichen Weiten des Internets zur Informationsbeschaffung.

Unser bester Tipp: Frage Locals, wo man billig shoppen gehen kann. Es lohnt sich im Grunde immer, auf Bazare und Märkte zu gehen, auch wenn diese schwieriger zu finden sind.

In China habe ich unseren Übersetzer gefragt, ob man hier (in Shijiazhuang) irgendwo preiswerte elektronische Rasierer kaufen könne. Daraufhin brachte er mich in ein riesiges Hochhaus, in dem auf 6 Etagen Elektronikartikel verkauft werden. Während ich in Deutschland für einen derart hochwertigen Rasierer wohl über 60€ hätte blechen müssen, bekam ich ihn in Shijiazhuang für 9€. Im Anschluss kaufte ich mir noch ein paar iPhone-Ladekabel für je 1€.

Afghanistan ist übrigens mit ziemlicher Sicherheit das günstigste Land der Welt, auch, wenn es von vielen Quellen oft übersehen wird. Tourismus ist eben fast nicht vorhanden. Streetfood kriegst du für etwa 0,11€ und für den gleichen Preis auch eine Fahrt im Minibus. 10 AFS (etwa 11 Cent) ist wirklich ein Standardpreis für Straßenverkäufer. Sei es Zuckerrohrsaft, Bolani, ein gegrillter Maiskolben, Granatapfelsaft oder andere Leckereien – all das kostet je 11 Cent!

Eine Jeans auf dem lokalen Bazar kannst du ohne Probleme für einen Euro ersteigern. Billig, oder?

Merke: *Shopping in anderen Ländern kann sich extrem lohnen, weil du teilweise enorm viel für dein Geld kriegst. Halte dich dabei immer an Locals und frage, wo man günstige Dinge kaufen kann.*

Mit Locals sprechen

Als wir am Hauptbahnhof Sofias spät abends etwas vor Mitternacht durch die Unterführung rannten, hatten wir nur ein Ziel: Wir wollten unbedingt noch die letzte U-Bahn zum Flughafen erwischen. Im monumentalen Unterbau der Station angekommen, erblickten wir eine Gruppe bestehend aus einem Jungen und zwei weiblichen Begleitpersonen in unserem Alter. Wir prüften kurz, ob sie Englisch verstanden und erläuterten unser Problem. Die Gruppe half uns direkt mit dem Ticket und dem Einsteigen in den richtigen Zug, da sie ebenfalls in die Richtung des Flughafens fahren mussten. Wir kamen mit den Dreien ins Gespräch und freundeten uns schnell mit ihnen an. So kam es, dass wir wenige Minuten später auf eine Party eingeladen wurden. Wir wollten mitgehen, aber mussten zum Flughafen! Unsere Gastgeber waren enttäuscht, aber konnten unsere Verpflichtungen natürlich verstehen. Allerdings konnten wir aushandeln, dass wir zumindest in Kontakt bleiben würden. Als wir wenige Wochen später wieder in Sofia waren, zeigten uns unsere neuen Freunde die Stadt und wir hatten bereits jemanden, an den wir uns wenden konnten.

Wenn man sich in einem fremden Land aufhält, ist es immer eine gute Idee, mit den Menschen um sich herum ins Gespräch zu kommen. Auch dies ist eines der Dinge, welche man sich gezielt während seiner morgendlichen Routine in Erinnerung rufen kann. Beispielsweise kann es sinnvoll sein, sich als Ziel zu setzen, mindestens 5 Leute in der Stadt anzusprechen. Oftmals ist es erstaunlich einfach, Freundschaften zu schließen. Viele Leute überall auf der Welt haben zudem hochinteressante Geschichten zu erzählen. Diese Geschichten verdienen es, gehört zu werden. Wenn wir Menschen zuhören, können wir diese Geschichten aufnehmen, welche uns helfen die Motivationen und Prinzipien der Bürger überall auf der Welt ein bisschen besser zu verstehen. Zudem wirken wir auf Personen oftmals sympathisch, wenn wir diesen zuhören. Es lohnt sich definitiv, Verbindungen bis in weit entfernte Länder zu unterhalten.

Filmen und Fotografieren

Eine gute Tätigkeit in fremden Ländern, mit der allein man schon den Tag komplett füllen könnte, ist das Fotografieren oder Filmen. Beides hält die Vergänglichkeit des Moments und die einzigartigen Eindrücke fest. Viele Reisende wie auch wir haben ein Projekt am Laufen, in das sie ihre durch die Reise gewonnene Inspiration einfließen lassen und ihre Erlebnisse festhalten. Bei uns war es zu Beginn das Videoprojekt *Blumen der Blamage,* welches sehr zwanglos gegründet wurde. Wir wollten unsere Erfahrungen festhalten, damit wir uns in vielen Jahren alles noch einmal ansehen können. Seitdem Luca auf seiner Mission ist, jedes Land der Welt zu bereisen, lebt er zunehmend von Social Media und seinen Reisevideos auf TikTok.

Egal, ob man mit einem kleinen Fotoblog anfängt, oder einige Videoclips dreht – am Anfang wird man alles hauptsächlich für sich selbst machen. Bleibt man am Ball, werden manchmal andere Personen auf das Projekt aufmerksam und es beginnt zu wachsen. Nicht zuletzt deshalb ist es auf jeden Fall eine sinnvolle Tätigkeit, seine Reise mit Fotos, Videos und Verschriftlischungen zu dokumentieren. Und selbst wenn sämtliche deiner Materialien nur für den privaten Gebrauch bestimmt sind oder sie auf einer alten Festplatte geparkt werden. In einigen Jahren, wenn du die Bilder und Eindrücke wiederentdeckst, ist es ein tolles Gefühl.

Dabei sei gesagt, nicht alle Länder und Menschen reagieren gleich auf eine Kamera. Während es in Europa das Normalste der Welt ist, Sehenswürdigkeiten oder sich selbst zu filmen, ist vor allem in extrem armen Gegenden hohe Vorsicht geboten. Besonders in konservativ geprägten Gegenden Afrikas werden die Leute nicht glücklich sein, wenn du einfach die Kamera draufhältst. Stichworte sind hier Chad, Niger, Mali, Zentralafrikanische Republik und einige weitere.

Unser Tipp: Lege dir eine kleinere Kamera z.B. eine GoPro zu, um nicht so aufzufallen. In wirklich extremen Situationen haben wir sogar eine Stiftkamera dabei, um komplett verdeckt zu bleiben. Eine Stiftkamera kannst du für etwa 30€ auf Amazon kaufen und dir anschließend ans Hemd o.ä. stecken.

Merke: *Im Ausland gibt es eine Reihe von attraktiven Aktivitäten, welche darauf warten, entdeckt zu werden. Wir empfehlen an dieser Stelle, sich morgens nach dem Aufstehen einen Tagesplan mit Dingen zu erstellen, welche man an diesem Tag erleben möchte. Zum einen bietet die Küche des Landes schöne Möglichkeiten, in die Kultur einzutauchen. Quasi jedes Land hat seine eigenen Spezialitäten und es lohnt sich definitiv, so viele wie möglich zu probieren. Neben kulinarischen Gütern können auch andere Dinge oftmals deutlich günstiger als in Deutschland eingekauft werden. Indem man sich mit der lokalen Bevölkerung unterhält, kann man interessante Leute kennenlernen und die Rahmenbedingungen und Gesetzmäßigkeiten in ihrem Leben verstehen lernen. Sich selbst ein persönliches Projekt wie eine Fotostrecke oder eine Videoserie für für die Reise vorzunehmen, hilft, den Fokus zu bewahren. Das Gute an solchen Projekten ist, dass jeder kleine eingefangene Ausschnitt zum großen Ganzen beiträgt und somit einen positiven Impuls liefert.*

Notwendiger Organisationskram

Jeder kennt das Problem, wenn die To-do-Liste explodiert. Spätestens in dem Moment, in dem eine Liste existiert, welche die einzelnen deiner To-do-Listen katalogisiert, weißt du: Es ist zu viel. Auch beim Reisen treten organisatorische Schwierigkeiten auf. So muss zum Beispiel für manche Länder bereits im Vorfeld ein Visum organisiert werden. Hier ist es sinnvoll, sich über die Regelungen des Zielreiselandes im Klaren zu sein.

Außerdem ist es sinnvoll, sich über Impfungen zu informieren, da diese in manchen Ländern teilweise sogar für die Einreise zwingend gefordert werden. Auch die Planung der Reiseroute kann einen vor größere Probleme stellen. Zu guter Letzt gibt es einiges zu den verschiedenen Kreditkarten zu sagen, welche sich als entweder günstig oder teuer entpuppen können.

Auf Internetseiten wie der des Auswärtigen Amtes lassen sich Informationen bezüglich der verschiedenen Einreisebestimmungen abfragen. Bei Ländern, für die ein Visum notwendig ist, ist zu prüfen, ob man mit einem Transitvisum Geld sparen kann. Während ein „normales" Touristenvisum gut und gerne an die 100 Euro kosten kann, ist ein Transitvisum oft schon für 15 Euro zu haben. Einige Länder wie China bieten es sogar kostenlos an. Um ein Transitvisum nutzen zu können, muss je nach Rechtslage des Landes innerhalb einer bestimmten Zeit, z.B. 24 Stunden, die Ausreise erfolgen. Während in manchen Ländern die Zeit gerade so für einen schnellen Stadtbummel reicht, sind andere Nationen in ihren Visapolicen großzügiger. Deshalb ist unbedingt im Einzelfall abzuklären, welche Regeln genau gelten. Manchmal muss man in der Region um den Flughafen bleiben, manchmal darf man innerhalb von fünf Tagen das komplette Land bereisen. Insgesamt lässt sich durch die Möglichkeit des Transitvisums viel Geld sparen. An dieser Stelle betonen wir nochmal die Wichtigkeit, sich die Bedingungen für das Transitvisum genau anzusehen. Als ich beispielsweise die Planung für eine Reise durchgeführt hatte, wollte ich für Indien ein Transitvisum beantragen. Ich hatte auf verschiedenen Internetseiten gelesen, dass man das Land innerhalb von 72 Stunden wieder verlassen haben muss. Dies wäre für uns kein Problem gewesen, da wir laut unseren Flugtickets etwas unter 70 Stunden Aufenthalt hatten. Erst bei näheren Recherchen fand ich eine weitere Bedingung: Man durfte sich maximal drei Tage in Indien aufhalten. Anscheinend war beim Zusammentragen der Informationen auf einigen Internetseiten die Anzahl der Tage lax in Anzahl der Stunden umgerechnet worden. Nach tieferer Recherche auf einer offiziellen Seite der indischen Regierung fand ich in einem Informationsblatt die klare Aussage, dass es sich um maximal 3 aufeinanderfolgende Kalendertage handelt, in denen die Ein- und Ausreise abgewickelt werden muss. Dies stellte meine komplette Kostenplanung auf den Kopf, weil unter meinen speziellen Umständen nun ein Touristenvisum für 90 Euro pro Person beantragt werden musste: Die Einreise nach Indien fand an einem Montagnachmittag statt, die Ausreise jedoch am Donnerstagmorgen. Obwohl ich also unter den 72 Stunden bleiben würde, verpasste uns die Sonderregelung mit den Kalendertagen also einen kleinen finanziellen Genickbruch.

Eine lustige Situation gab es zudem am Flughafen Xiamen. An diesem hatte ich einen Transit, als ich bei einer dort beheimateten Fluggesellschaft ein Ticket gebucht habe. Doch anscheinend waren sowohl der am Schalter sitzende jüngere Grenzbeamte wie auch sein Chef mit dem Begriff „24 Stunden-Visum“ nicht vertraut. Nachdem ich schon zu zweifeln anfing, ob meine Informationen bezüglich des Transitvisums akkurat waren, wurde eine dritte Person hinzugeholt. Ein streng aussehender Beamter mit einem wenig behaartem Kopf, aber dafür umso mehr Orden an der Uniform, kannte anscheinend die Abkommen zwischen China und der EU deutlich tiefer und half mir schließlich bei der Einreise. Nach gut zwei Stunden der Erklärungsnot war meine Einreise mit Ach und Krach gelungen.

Insgesamt lässt sich sagen, dass die Einreise und die Ausreise zwei der wenigen Situationen sind, an denen sich penible Korrektheit auszahlt. Zum einen ist es sinnvoll, die Visabestimmungen genau zu kennen, indem man sich im Voraus informiert hat. Es sind zwei der wenigen Orte, an denen die Devise „einfach mal hinfahren und mit den Leuten reden" in jedem Sinne an ihre Grenzen gerät. Wir haben es oft genug trotzdem gemacht und hatten teilweise ziemliche Probleme. Deshalb gilt es, sich unbedingt im Voraus nach den Einreisebestimmungen zu erkundigen! Zum anderen versuchen wir den Grenzbeamten immer mit dem nötigen Respekt und Ernst gegenüberzutreten. Challenges zwischen Luca und mir lassen wir im Bereich der Ein-und Ausreise sowie des Zolls komplett ausgeklammert, weil man sich es hier wirklich schnell verscherzen kann.

Nichtsdestotrotz sollten wir hier erwähnen, dass wir schon des Öfteren nicht ganz legal eine Grenze passiert haben. Im Januar 2021 sind wir zum Beispiel per Minibus von Südafrika an die Grenze zu Eswatini (früher Swasiland) gefahren. Es war einer der ganz seltenen Fälle, in denen die Informationen des Auswärtigen Amtes nicht akkurat waren. Um was genau es ging, soll hier nicht weiter erläutert werden. Wichtig ist nur, dass wir uns somit an Locals gehalten haben und mit ihnen durch den Busch die Grenze passiert haben, selbstverständlich illegal. Dass so ein Verhalten zu Problemen führen kann, muss nicht weiter erklärt werden. Plötzlich hörten wir Schüsse und rannten so schnell wir konnten. Dann waren wir drin. In Eswatini. Illegal. Wir hatten keinen Einreisestempel und mussten somit das Land auch wieder auf illegalem Wege verlassen. Bei der Ausreise sollte es aber nicht so einfach werden. Im Busch angekommen, kurz vor der „Grenze" (also dem Stacheldrahtzaun mit Loch, den es zu durchqueren galt), stoppte uns eine schwerbewaffnete Militär-Einheit Eswatinis und ließ uns 2 Stunden lang in der Sonne sitzen. Wir hatten unheimliches Glück, dass wir in dieser Situation nicht verhaftet wurden. Letztendlich mussten wir die Soldaten bestechen, dass sie uns die Grenze illegal passieren lassen würden. Es hat zum Glück alles funktioniert und trotzdem war es eine heikle und gefährliche, ja gar lebensbedrohliche Situation. An internationalen Grenzen kommt es nicht selten zu Schüssen, wenn Wachmänner illegale Einwanderer entdecken.

Hier unser Appell: *Seid vorsichtig, was Grenzen angeht.*
Aber auch: *Man findet irgendwie immer eine Lösung ;)*

Impfungen und Krankheiten

Wir unterscheiden hier strikt zwischen Pflichtimpfungen, welche man in bestimmten Ländern für die Einreise laut Bestimmungen benötigt, sowie der individuellen Vorsorge vor Reise- und Tropenkrankheiten. In die erste Kategorie fällt vor allem die berühmt-berüchtigte Gelbfieberimpfung. Da lebende Erreger, wenn auch in unbedenklicher Dosis, gespritzt werden, kann man sich die Stunden und Tage nach der Impfung etwas unwohl fühlen. Manche afrikanischen und südamerikanischen Länder fordern bei der Einreise einen Nachweis dieser Impfung. Sollte man diese Staaten bereisen wollen, hat man also nicht wirklich eine Wahl. Ebenfalls zu beachten ist, dass auch eine andere Gruppe von verschiedenen Ländern einen Impfnachweis fordert, falls man zuvor in einem Gelbfieber-Risikogebiet war. Glücklicherweise übernehmen einige der gesetzlichen Krankenkassen die Kosten für diese Impfung. Deshalb bietet es sich an, die Arzt- und Apothekenrechnung gut aufzubewahren, um sie danach an die Krankenkasse weiterzureichen. Es ist dabei zu beachten, dass die Impfung einige Wochen vor der Reise stattfinden muss. In diesem Sinne sollte man sich frühzeitig informieren und gegebenenfalls einen Arzt anrufen. Im Internet findet sich dabei eine Liste an Ärzten mit tropenmedizinischer Ausbildung, welche solche Impfungen durchführen. Die Gelbfieberimpfung reicht übrigens ein Leben lang. Zusätzlich empfehlen wir die Schutzimpfungen gegen Tollwut, Hepatitis A, Hepatitis B, Meningokokken und Typhus.

Neben den Impfungen, welche im Voraus stattfinden, gibt es noch verschiedene Möglichkeiten, sich während der Reise vor Tropenkrankheiten zu schützen. Die beiden prominentesten Krankheiten, Malaria und Dengue, werden dabei beide von Stechmücken übertragen.

Es besteht die Möglichkeit zur Prophylaxe gegen Malaria während der Reise in Form von täglichen Tabletten. Das kann allerdings gesundheitlich zehrend sein und ist deshalb nur bei bestimmten Reiseverläufen zu empfehlen. Ich selbst habe während unserer Reise durch Namibia, Botswana, Sambia, Tanzania und Uganda eine Prophylaxe genommen. Ich musste also täglich eine Tablette Antibiotikum namens „Doxycyclin" einnehmen. Körperlich ist das natürlich nicht ganz ohne. Allerdings ist mir das deutlich lieber, als im schlimmsten Fall an Malaria zu erkranken.

Übrigens ist das Risiko für Malaria, sofern man sich nur in größeren Städten aufhält, eher gering. Das gilt zumindest außerhalb von Westafrika. Wir versuchen, mit Mückenspray und langärmliger Kleidung eine gute Expositionsprophylaxe zu unternehmen. Dass man irgendwann trotzdem gestochen wird, ist dabei nicht zu vermeiden. Allerdings können wir das Risiko minimieren, indem wir Mückenspray nutzen, lange Kleidung tragen, vor dem Einschlafen Stechmücken im Zimmer töten und grundsätzlich wachsam sind.

Seit neustem zählt zu den Reiseimpfungen natürlich auch die heißdiskutierte Covid-19 Impfung bzw. Impfungen. Stand Oktober 2022 verlangen viele Staaten der Welt zur Einreise noch immer entweder eine vollständige Impfung gegen Covid-19 (also mind. zwei Dosen) *oder* einen maximal 72 Stunden alten PCR-Test. Mehr und mehr Länder lockern jedoch ihre Einreisebeschränkungen und meine persönliche Vermutung ist, dass in naher Zukunft keine Corona-Impfungen oder Tests mehr vorgeschrieben sein werden.

Alle Informationen zu Impfungen und Krankheiten findest du auch auf der Website des Auswärtigen Amtes. Generell ist die Seite *die* Anlaufstelle für offizielle Informationen zum Reiseland.

Kreditkarten und Banken

Es existiert eine Vielzahl an Kreditkartenanbietern und verschiedensten Produkten. Manche der Karten bieten annehmliche Extra-Services wie eine eingeschlossene Reiseversicherung, während andere Kärtchen saftige Spezial-Gebühren beim Abheben von Bargeld berechnen. Es scheint so, als ob sich die Karten und Konditionen auch ständig ändern. An dieser Stelle verzichten wir deshalb an eine Auflistung, sondern verweisen auf ein sehr gutes Reiseportal im Internet: www.reisetopia.de bietet auf Deutsch sämtliche Informationen für luxuriöses Fliegen in der Business- und First Class. Zudem gibt es eine große Sektion, welche sich mit Meilensammeln und Kreditkarten befasst. Ersteres ist für Luca und mich erst seit kurzem interessant, da selbst beim „Bezahlen" mit Meilen Steuern und Gebühren fällig werden. Diese liegen oft deutlich über dem Preis von günstigen Economy-Flügen, weshalb wir unsere Ausflüge in die Welt des Luxus häufiger nur auf Hotels beschränken. Die Sektion über Kreditkarten ist jedoch sehr zu empfehlen, da objektiv und informativ auf alle wichtigen Konditionen der verschiedenen Karten eingegangen wird und zudem die Beantragung ebenfalls gut beschrieben ist. Vor allem wer oft und lange reist, kann mit der Wahl einer für ihn passenden Kreditkarte viel herausschlagen.

Luca verwendet seit längerer Zeit N26, eine Online-Bank, welche im Business-Paket für 9,99€ im Monat viele Vorteile aufweisen kann. Eine allgemeine Reiseversicherung ist inkludiert und beim Abheben von Bargeld im Ausland fallen keine Gebühren an. Die Bank fokussiert sich auf Expats und digitale Nomaden, die viel reisen und nicht immer nur in Deutschland sind. Ein weiterer Vorteil: Man kann sein Geld in der App in verschiedene „Spaces" legen. Spaces können zum Beispiel für Ersparnisse, Urlaubsreisen oder andere Dinge angelegt werden. Die dabei inkludierte Mastercard selbst kann aber nur auf den Haupt-Space zugreifen. Das heißt, du kannst nur so viel Geld abheben, wie im Moment im Haupt-Space liegt. Wenn du also 90% deines Geldes in andere Spaces legst, ist im Falle eines Diebstahls/Scams deiner Kreditkarte auch 90% deines Geldes zu 100% gesichert. Davon abgesehen kannst du deine Kreditkarte in der App innerhalb von einer Minute sperren lassen. Bei den traditionellen Banken wie der Sparkasse ist das nicht immer so einfach, weil man nicht selten Hotlines anrufen muss, lange Wartezeiten hat und generell erst einen Mitarbeiter braucht. Wir sprechen hiermit eine volle Empfehlung für N26 aus. Solltest du dich für N26 entscheiden (geht übrigens auch völlig kostenlos ohne das Paket-Upgrade), sei doch so lieb und nutze meinen N26 Referral-Link: **www.n26.com/r/lucap7920**

American Express Platinum Kreditkarte

Die Platinum Kreditkarte von Amex ist womöglich die beste Kreditkarte für Vielflieger, nicht zuletzt zum Meilensammeln. Sie kostet 55€ pro Monat, inkludiert allerdings eine umfangreiche Reiseversicherung, 200€ Reiseguthaben pro Jahr, Goldstatus in vielen Hotelketten wie Hilton, viele Rabatte bei Unternehmen der Autovermietung wie „Sixt" und „Hertz" und – das allerwichtigste – einen *PriorityPass* + Guest, inklusive Zugang zu den Centurion Lounges und anderer Premium Produkte. Mein Referral Link: **americanexpress.com/de-de/referral/lUCAPlXNY?XLINK=MYCP**

Merke: *Vor der Reise machen wir uns oftmals mehr Stress, als es nötig wäre. Während wir beim Visum und der Einreiseprozedur tatsächlich die geforderte Sorgfalt an den Tag legen sollten, müssen wir bei Planänderungen während der Reise nicht allzu traurig sein. Jeder Plan, welcher uns verbaut wird, öffnet Raum für neue Ideen und Möglichkeiten, welche wir wahrnehmen können. Im Vorfeld der Reise empfiehlt es sich, die Impfhinweise zu checken. Ein Nachweis der Gelbfieberimpfung wird in einigen Staaten offiziell vorausgesetzt, wenn auch nicht immer kontrolliert. Was Stechmücken betrifft, versuchen wir durch Expositionsprophylaxe deren Einstiche möglichst zu verhindern. Manchmal ist die Einnahme einer Prophylaxe in Form von Tabletten sinnvoll. Falls die Reiseroute jedoch hauptsächlich darin besteht, Großstädte abzuklappern, empfehlen wir meist, lediglich eine Flasche Mückenspray mitzubringen. Mit der richtigen Kreditkarte und Bank kann man im Ausland einiges sparen und sicherer reisen.*

Lebe dein Leben

Weil das Leben viel zu kurz ist, um seine Zeit daheim auf der Couch zu verbringen (es sei denn, Blumen der Blamage schafft es irgendwann ins Fernsehen...), hier unser Appell an dich: Mach das Beste aus deiner Zeit. Werde die produktivste Version deiner selbst! Produktivität begrenzen wir hierbei nicht ausschließlich auf die Arbeit, mit welcher du Geld verdienst. Die Zeit, in der für uns persönliche Produktivität stattfindet, ist die Zeit, in der wir das tun, was wir wirklich wollen. In denen wir unserer inneren Stimme folgen, die tief in uns verankert ist und welche uns genau sagt, was das für uns Beste ist. Dies gilt sowohl auf Reisen wie auch überall im Leben. Wenn du dich wunderst, ob du eine bestimmte Aktion wirklich durchführen solltest und dir noch unsicher bist, liefern wir hier einige Entscheidungshilfen.

Falls du am Ende des Lebens stehen würdest, wie würdest du auf dein Leben zurückschauen? Würdest du sagen, dass du alles, was du tun wolltest, ausprobiert hast und zufrieden sterben kannst? Gäbe es bestimmte Dinge, die du bereuen würdest, dass du sie getan hast? Gibt es etwas, was dich unglücklich machen würde, weil du es nie getan hast? Dies ist sicherlich eine sehr persönliche Frage, bei welcher jeder auf eine andere Antwort kommt. Wir für uns sind jedoch der Meinung, dass man tendenziell nur die Dinge bereut, welche man nicht getan hat. Da wir tatsächlich laut wissenschaftlichen Erkenntnissen und den meisten Religionen nur einmal leben, verfügen wir nur über eine begrenzte Zeit auf dieser Erde. Wir stellen fest, dass die Zeit immer schneller vergeht. Trotzdem schieben wir die Dinge, welche wir wirklich gerne tun wollen, auf. Wir nehmen uns vor, ab morgen die beste Version unserer Selbst zu werden. Die Nacht vergeht und am Morgen darauf haben wir nichts geändert. Der Grund ist, dass unsere innere Uhr in der Nacht mitgelaufen ist und ein „morgen" auch am nächsten Tag immer noch ein „morgen" bleibt. Deshalb der Appell an jeden, an uns und alle Menschen in der Welt, welche wirklich etwas verändern möchten und auf ihre innere Stimme hören wollen: Jetzt ist der Moment, die Dinge, welche sich wirklich richtig anfühlen, zu unternehmen. Es hat keinen Sinn, weiter Prokrastination zu betreiben und die Dinge aufzuschieben. Mache das Beste aus deinem Leben und lebe deinen Traum!

Genau jetzt.

PriorityPass
Wo wir gerade von Aufwertungen des eigenen Seins sprechen, hier noch ein Appel an dich: Wenn du viel fliegst, ergibt es definitiv Sinn, sich einen *PriorityPass* zu kaufen, auch wenn du mit niedrigem Budget reist. PriorityPass ist ein Programm, welches dir Zugang zu Lounges an den meisten Flughäfen weltweit verschafft. Lounges sind Räumlichkeiten an Airports, in denen du gratis (!) soviel essen & trinken kannst, wie du magst. Meistens gibt es designierte Arbeits- und Entspannungsräume, manchmal sogar Extras wie Schlafkabinen. Für ein gesamtes Jahr kostet der normale Pass auf prioritypass.com im Moment 399€. Das inkludiert unlimitierte Loungebesuche. Mit einer Amex Platinum (siehe vorheriges Kapitel) kommt dieser Pass inklusive UND du kannst dann sogar immer einen Gast gratis mitnehmen!

Es gibt keine Fails

Wenn ich an die Momente denke, in denen ich aus meiner Komfortzone ausgetreten bin und mich neue Dinge getraut habe, dann hat es am Anfang durchaus gedauert, bis ich in diesen ordentliche Resultate erzielen konnte. Am Anfang hat man Angst, sich vor der eigenen Gruppe oder der Welt um sich herum zu blamieren. Man ist unsicher und versucht es trotzdem. Durch die Unsicherheit fällt man erst einmal hin und blamiert sich erst recht. Man fällt hin und die anderen lachen einen aus. Doch man steht wieder auf und probiert es noch einmal. Man blamiert sich wieder und wieder. Man versucht es hundert Mal und irgendwann merkt man, dass die anderen einen auslachen, weil sie selbst unsicher werden. Unsicher über ihre Haltung, da sie genau wissen, dass sie nicht die beste Version ihrer selbst werden. Man steht tausend Mal wieder auf und irgendwann lacht niemand mehr. Man ist gut geworden in etwas, was einen hohen Einsatz an Motivation benötigt. Die meisten Menschen haben diese Motivation nicht und geben davor auf. Doch während die Hater noch lachen, merken sie nicht, dass du bereits zum Champion aufsteigst.

Egal, was deine Bestimmung ist, am Anfang wirst du stets dafür belächelt. Oft versuchen die eigenen „Freunde", die Familie und das Umfeld dich herunterzuziehen, weil sie es nicht ertragen können, dass du deiner inneren Stimme folgst und das erreichst, was sie nicht schaffen: Ein wirklich tiefgreifendes Gefühl von Glück und Befriedigung zu erlangen. Insgesamt kann man sagen, dass auch die Momente des Versagens rückblickend interessante Geschichten liefern. Egal wie sehr man denkt zu scheitern, mit jedem Mal lernt man etwas dazu und hat genug Stoff für eine echte Geschichte aus dem wahren Leben. Deine wahren Freunde, welche dich begleiten, egal für welchen

Lebensweg du dich entscheidest, werden deinen Mut zu schätzen wissen. Wie auch ein Sprichwort nicht zuletzt sagt:

„Ships are safe at harbour, but that's not what ships are for"

Die Komfortzone (auch mal physisch) verlassen

Als wir am Bahnhof in Karachi ankamen, ahnten wir schon, dass die geplante 16-stündige Zugfahrt nicht mit westeuropäischem Komfort zu vergleichen sein wird. Die hohen Temperaturen hatten sich mit dem beißenden Smog zu einer undurchdringlichen Nebelschwarte vermengt und wir hatten kaum freie Sicht, als wir zum Hauptgebäude des Bahnhofs vordrangen. Dort angekommen sahen wir Unmengen an Pakistanis, welche mit 10, manchmal 15 Koffern, gestapelt auf kleinen Rollwägen die ganze Familie mit an Bord nehmen wollten. Die erste Aufgabe, die es zu lösen galt, war zuerst einen Fahrkartenschalter zu finden. Während sich dicht gedrängte, schwitzende Bürger vor den wenigen Schaltern an allen Enden des Raumes verteilten, war es nicht einfach, direkt zum eigentlichen Schalter vorzudringen. Eine wirkliche Schlange existierte nicht. Am Schalter selbst sprach nicht nur niemand englisch, sondern wir wurden auch direkt an die andere Seite des Gebäudes verwiesen. Dort angekommen mussten wir uns erneut durch eine Schlange kämpfen. Über uns schwirrten die Scharen an Stechmücken umher und wir waren froh, als wir endlich ein Ticket in den Händen hielten: Ein abgerissener, handgeschriebener Wisch, der aus einer Zahl und Unterschrift bestand. Zudem wurde uns gesagt, dass wir auf Gleis 7 unseren Zug erwarten könnten. Wir machten uns auf dem Weg zu besagtem Gleis, um festzustellen, dass es sich bei Gleis 7 in erster Linie um einen dreckigen Feldweg handelte. Links und rechts von uns reihten sich die grün lackierten Zugwaggons aneinander. Hinter vergitterten Fenstern drängten sich Menschen, Nutztiere und Unmengen von Koffern aneinander. Welcher Zug war nun unserer? Wir wollten verschiedene Pakistanis um uns herum befragen, aber die Ernüchterung war groß. Niemand konnte mit unserem Ticket etwas angefangen und keiner hatte einen derart minimalistisch geprägten Fahrschein wie unseren schonmal gesehen. Deshalb beschlossen wir, nachdem wir etwas planlos gewartet hatten, einfach in einen Zug einzusteigen, der angekündigt durch lautes Pfeifen vermutlich bald ins Rollen kommen würde. Schnell befanden wir uns in einem sechs-Personen-Abteil mit insgesamt 10 Leuten. Es war *sehr* eng. Wir blickten in grimmige, islamisch-konservative Gesichter einer teilweise verschleierten Großfamilie. Hand an Hand und Fuß an Fuß verbrachten wir so irgendwie die nächsten zwei Stunden, ehe wir von einer freundlichen Familie aus dem Abteil herauseskortiert wurden, die uns helfen wollte, neue Sitzplätze zu finden. Dazu wechselten wir den Zugteil und fanden uns alsbald auf einer harten Pritsche übereinandergestapelt wieder. Wir waren im Schlafwagon angekommen! Da die Temperaturen immer mehr sanken, kauerten wir uns an die fahle, harte Pritsche und versuchten irgendwie einzuschlafen. Die fremde Familie gegenüber hatte wohl irgendwann Mitleid mit uns frierenden Westeuropäern und legte prompt eine Decke über jeden von uns. Stell dir mal vor, in Deutschland würden dir fremde Leute ihre Decke leihen – undenkbar, oder? Wir finden diese Art von Gastfreundschaft phänomenal und bedankten uns herzlich bei der Familie. Als wir am nächsten Morgen aufwachten, hatten die meisten Menschen den Zug bereits verlassen. Laut Zeitplan sollten wir bereits bald in Lahore ankommen, aber wir befanden uns noch nicht mal auf halber Strecke. Wir haben wohl aus Versehen den Bummelzug, der wirklich in jedem Dorf Pakistans Halt macht, erwischt. Mir ging es außerdem nicht gut und ich stellte mit Entsetzen fest, dass die Toilette de facto unbrauchbar ist. Das „Wasser“ stand bis an die Knöchel. Nach circa 22 Stunden erreichten wir schließlich unser Ziel Lahore – es war bereits wieder dunkel geworden.

Manchmal musst du eben den Komfort aufgeben, um ein kleines Abenteuer zu erleben. Wir hatten uns bewusst für die niedrigste Zugklasse (Economy) entschieden, um einen authentischen Einblick in das Leben der Menschen zu erhalten. Dass das nicht immer komfortabel ist, muss hier nicht weiter gesagt werden. Doch wie wir schon oft erwähnt haben, die besten Dinge warten außerhalb deiner Komfortzone.

Wenn du dir unsicher bist, mach es!

Da ich in der Schule lange der Kleinste im Jahrgang war und mich physisch nicht wehren konnte, wurde ich von meinen Mitschülern relativ lange gehänselt, was sich erst zum Abitur hin änderte. Durch das Jonglieren lernte ich, Selbstbewusstsein aufzubauen. Dies geschah aber nur sehr langsam und gleichwohl hatte ich nie wirklich Erfahrungen mit Mädchen gemacht. Stattdessen hatte ich für viele Jahre einem Mädchen aus dem Nachbardorf nachgeeifert und sie wusste es noch nicht mal. Wenn ich zurückdenke, ist es eigentlich unglaublich, wie viel Zeit ich dafür aufgebracht habe, mir abends nach den Hausaufgaben ihre Nachrichten durchzulesen und diese auf jedes Wort hin zu analysieren. Da sie irgendwann in einer größeren Stadt im Südwesten Deutschlands wohnte und ich zu der Zeit regelmäßig nach Mönchengladbach zu Luca pendelte, hatte ich mir nächtelang den Kopf zerbrochen, was ich tun sollte. Ich hatte einen Plan entworfen, welcher vorsah, ihr zu schreiben, ob ich auf dem Weg nach Mönchengladbach bei ihr für eine Nacht vorbeikommen könnte. Schon allein der Gedanke, sie danach zu fragen, ließ mich erzittern. Ich wägte ab: Ich könnte einfach weiter nichts machen, außer ihr aus der Ferne Nachrichten zu schreiben und zu hoffen, dass sie irgendwann auf mich aufmerksam wird. Oder ich könnte in Aktion treten und meinen Plan durchziehen. Allerdings bestünde dann die Gefahr, abgewiesen zu werden. Ich entschied mich, es zu versuchen.

Als ich dann irgendwann bei ihr übernachtet habe, haben wir sogar im selben Bett geschlafen. Allerdings hatte ich so viel Angst, abgewiesen zu werden, dass ich die ganze Nacht in Schockstarre neben ihr an die Wand gekauert war. Wir wechselten kein Wort miteinander und ich habe mich für meine Schüchternheit extrem geschämt. Aus heutiger Sicht gibt es keine Gründe mehr, mich für diesen Moment zu schämen, weil ich es als normalen und richtigen Schritt meiner Entwicklung hin zu mehr Selbstbewusstsein sehe. Stattdessen freue ich mich, dass ich damals wegen der Übernachtung angefragt habe und tatsächlich hingefahren bin. Somit habe ich meine Komfortzone erweitert.

Was wir also klar sagen können: *Wenn du dir unsicher bist, mach es! Im schlechtesten Fall hast du direkt Erfolg und im besten Fall lernst du dazu!*

Wenn du vor einer Reise oder irgendeiner anderen Lebensentscheidung stehst, welche dich hin in das Unbekannte führt: Es ist meistens eine gute Entscheidung, es einfach zu tun, wenn es deine innere Stimme sagt. Selten ist es der bequemste Weg, welcher langfristig zum besten Ziel führt. Als wir Mitte Oktober 2021 einen günstigen Flug nach Baghdad, Irak gefunden haben, hatten wir tausende Einwände, Ausreden und Sicherheitsbedenken warum wir die Reise nicht durchführen sollten. Die innere Stimme sagte uns jedoch, wir sollten es einfach tun.

Wir buchten den Flug für 23 Stunden später.

Jetzt gab es kein Zurück mehr und wir mussten uns um Kontaktpersonen kümmern, obwohl wir weniger als einen Tag Zeit hatten. Durch Instagram fanden wir schnell hilfsbereite Menschen – hatten eine wahnsinnig tolle Zeit im Irak – und bis heute bereuen wir unsere Reise nicht.

Ganz im Gegenteil: Unsere Reisevideos aus Baghdad wurden von lokalen Medien sogar ins Arabische übersetzt und allein auf Facebook hunderttausende Male geklickt. In gewisser Weise wurden wir für kurze Zeit berühmt im Irak…

Brich aus dem sicheren Hafen deiner Gewohnheiten aus und kümmere dich um die Dinge, welche dich betreffen. Fordere dich jeden Morgen aufs Neue und versuche jeden Tag, auch nur ein Prozent besser zu sein. Großartige Dinge kommen nie aus der Komfortzone.

Und außerdem: *Magical Things happen to people who take action…*

Produktivität auf Reisen und Reflexion

In diesem Kapitel schließen wir das Buch mit einem Thema ab, welches uns noch wichtig ist und einen speziellen Platz in unserem Herzen innehat. Seit einiger Zeit versuchen wir, Wartezeiten im täglichen Leben sinnvoll zu füllen und ihnen somit besondere Berechtigung und Relevanz zukommen zu lassen, welche sie verdienen. Wer kennt es nicht: Hier fünf Minuten auf den Zug warten, dort die Verzögerung des Startes einer Veranstaltung, welche man besucht. Die meisten Menschen tippen lustlos auf ihrem Handy herum. In solchen Fällen versuchen wir, die Zeit bewusst und sinnvoll zu nutzen. Gerade auf Reisen werden unglaublich viele dieser kleinen Zeitslots frei. Schon allein am Flughafen verbringt man viel Zeit mit dem Warten in einer Schlange oder auf dem Weg zum Gate. In diesem letzten Kapitel gehen wir deshalb darauf ein, wie wir diese Zeit füllen und welche grundsätzlichen Ideen es für die Verwendung dieser Momente gibt.

Erfahrungen verarbeiten

Unser absolutes Allzweck-Tool, welches wir mittlerweile immer mit uns herumtragen, ist ein kleiner Notizblock bzw. ein Tagebuch. Dort können wir unsere Eindrücke und Erfahrungen kurz festhalten, damit wir sie nicht vergessen. Wenn uns eine Idee einfällt, schreiben wir sie sofort auf, damit wir sie nicht vergessen. Abends tragen wir dann die wesentlichen Erkenntnisse des Tages zusammen, um den Tag noch einmal Revue passieren zu lassen und aus unseren Fehlern zu lernen. Besonders gut gefällt es mir, dem Tag ein „Overall-Rating" von 0,0 bis 10 zu geben. So kannst du am Ende des Jahres genau einsehen, an welchen Tagen du am meisten erlebt hast und wann du insgesamt am glücklichsten warst.

Ein kleiner Notizblock hat gegenüber dem Handy den Vorteil, dass er zum einen physisch greifbarer ist. Zum anderen besteht keine Gefahr von Ablenkung und wir können uns ganz auf unsere Reflexion fokussieren und andere Dinge ausblenden. Oftmals haben wir kein wirkliches Schema, was wir genau notieren. Manchmal sind es lediglich Gedankenfetzen, manchmal zusammenhängende Ideen für größere Projekte. Insgesamt sind wir immer wieder erstaunt, wie viele lose herumfliegende Anregungen in unseren Köpfen umher schweben. Wir sorgen dafür, dass wir uns die Zeit für die einzelnen Gedanken nehmen, damit sie wie Schneeflocken sanft aus dem Mikrouniversum des menschlichen Gehirns herausgeholt werden und ihren wohlverdienten Platz in der Agenda bekommen.

Vokabeln lernen

Wenn du gerade eine Sprache lernst, ist es immer sinnvoll ein paar Seiten mit Vokabeln dabei zu haben. In allen Pausen, in Verkehrsmitteln, in Schlangen und generell bei Wartezeiten kannst du dann Vokabeln lernen und die Zeit sinnvoll nutzen. Das Gute ist, dafür brauchst du echt nicht viel. Es reicht ein Blatt Papier und 2 Minuten.

Unser Tipp zum Lernen von Sprachen: *Duolingo*

Zusammen sprechen Jan und ich Deutsch, Englisch, Französisch, Spanisch, Hebräisch, Japanisch und ein bisschen Indonesisch & Arabisch sowie Niederländisch. Einen erheblichen Teil (zumindest auf meiner Seite) habe ich mittels Duolingo gelernt. Es ist absolut gratis. Ich empfehle dir, zumindest zu Hause, die Desktop-Version zu nutzen. Die Handy-App ist zwar auch sehr nützlich, ich mag es jedoch, am Laptop zu arbeiten – und es gibt weniger Werbung. Auf duolingo.com kannst du dann einfach Lektionen durchspielen und unbekannte Wörter in einer Vokabelliste vermerken. Genau diese Liste nimmst du dann im Alltag und auf Reisen mit, um das Gelernte zu wiederholen. Du brauchst also keine Vokabellisten im Internet zu suchen, du schreibst sie einfach selbst. Am Ende des Tages wirst du dich extrem gut fühlen: Anstatt Zeit an langweiligen Orten Zeit zu verschwenden, hast du deine Zeit möglichst produktiv genutzt. Idealerweise lernst du sogar die Landessprache, die du gerade zum Reisen benötigst. Somit kann die langweilige Wartezeit heute an der Bushaltestelle dazu beitragen, dass du dich schon morgen besser verständigen kannst.

Das Handy

Viele kritische Stimmen sprechen sich generell gegen häufige Handynutzung aus. Für uns ist das Smartphone aber ein wertvolles Tool, welches wir während der Reise für vielfältige Aufgaben nutzen. Zum einen haben wir die Bordkarte für das Flugzeug mobil gespeichert und können durch einfaches Scannen völlig papierlos bis in dem Sitzraum des Flugzeuges vordringen. Auf der anderen Seite benutzen wir es für die Buchung von Unterkünften. Während die Couchsurfing-App manchmal etwas hinterherhinkt und verspätet Nachrichten anzeigt, funktioniert die Booking-App tadellos und erweist uns gute Dienste. Wir benutzen unser Handy, um während der Reise mit zahllosen Kontakten in nah und fern in Verbindung zu bleiben. Wir können offline mit einer Währungs-App die momentan etwa gültigen Wechselkurse nachvollziehen und haben einen Rechner, den wir bei schwierigen Umrechnungskursen und Preisen konsultieren können. Momente des Wartens füllen wir außerdem manchmal mit dem Lernen von neuen Sprachen mittels Apps wie Duolingo. Unser Handy ist schlichtweg *das* Multifunktionstool, welches unser Leben auf Reisen enorm erleichtert. Zum anderen ist trotzdem festzustellen, dass durch das Handy die Aufmerksamkeit auf die Welt um einen herum gesenkt wird. Grundsätzlich raten wir deshalb dazu, das Handy bewusst einzusetzen. Wenn einfach nur Wartezeit überbrückt werden muss, ist die Gefahr sehr groß, im Instagram-Feed etc. zu stranden. Deshalb versuchen wir uns vor Benutzung des Handys immer kurz zu überlegen, wofür wir es jetzt gerade einsetzen, um diesen Fokus nicht aus den Augen zu verlieren.

Meditation

Meditation ist ebenfalls eine sehr sinnvolle Beschäftigung, nicht nur um Wartezeiten zu überbrücken. Sie hilft, den eigenen Körper besser zu verstehen und die Konzentrationsfähigkeit zu erhöhen. Sie sensibilisiert den Geist und die Achtsamkeit. Wenn wir beispielsweise beim Gate am Flughafen warten, meditieren wir, indem wir uns bewusst auf unseren Atem fokussieren. Wenn wir wollen, können wir die Augen dabei schließen. Nun versuchen wir, in einen möglichst entspannten Zustand zu kommen. Indem wir lange durch die Nase einatmen und durch den Mund ausatmen, stellt sich irgendwann eine innere Ruhe ein. In diesen Zustand möchten wir gelangen. Falls wir anfangen, andere Gedanken, wie bestimmte Probleme, wahrzunehmen, welche uns durch den Kopf geistern, ist dies kein

Zeichen von Versagen. Stattdessen ist dies ein normaler Prozess, welchen wir bewusst aus der Perspektive eines Beobachters wahrnehmen. Meditation hilft uns, die Welt um uns herum intensiver wahrzunehmen aber gleichzeitig den Kopf frei zu bekommen. Gerade in stressigen Situationen auf Reisen, in denen es sich um viel zu kümmern gilt, kann man durch diese kleinen Pausen neue Energie schöpfen und Kraft tanken.

Unser Tipp für Meditation: Headspace oder andere Apps

Headspace ist eine App, die sich auf geführte Meditation spezialisiert hat. Die Audiodateien haben verschiedene Themen (z.B. Einsamkeit oder Stress im Alltag) und eine wählbare Dauer von 3-20 Minuten. Auf Headspace aufmerksam geworden bin ich, als ich vor einigen Jahren den Manager von Wladimir Klitschko getroffen habe. Dieser hat mir die App damals ans Herz gelegt. Seitdem verwende ich sie ab und zu für geführte Meditationen.

Merke: *Falls du dich auf Reisen befindest, wirst du unweigerlich merken, dass es Perioden des Stillstandes gibt. Hier kann man oft nicht sinnvoll an einem Projekt weiterarbeiten, da man auf jemanden warten muss oder es ohnehin gleich weiter geht. In dieser Zeit schöpfen wir neue Kraft, indem wir unsere Gedanken durch Meditation oder dem Aufschreiben unserer Ideen und Gefühle neu ordnen. Eine andere Möglichkeit birgt das Lernen von Sprachen und Vokabeln. Insgesamt lässt sich sagen, dass wir Produktivität als Begriff sehr weit fassen. Während auch Schlaf absolut sinnvoll und notwendig ist, versuchen wir im wachen Stadium unsere Zeit möglichst effektiv einzuteilen. Dazu gehört auch, dass wir uns genau überlegen, wann wir unser Handy für verschiedene Aufgaben verwenden. Wenn wir jedoch keine unmittelbare Aufgabe haben, für die wir das Handy benötigen, kann es sinnvoll sein, lieber zu meditieren oder die Zeit anderweitig zur Entspannung zu nutzen.*

Fazit

Es besteht kein Grund, sich im Leben allzu große Sorgen zu machen. Sich zu sehr von seinen Ängsten leiten zu lassen, ist nicht zielführend und stattdessen ist es oft besser, auf seine innere Stimme zu hören. Gerade auf Reisen ist endlich Zeit dafür, den Kopf auszuschalten und das Leben zu genießen. Egal ob leckeres Essen, Shopping, dem Abhängen mit Locals oder der Besichtigung der Stadt: Die Möglichkeiten, welche sich auf Reisen auftun, sind schier unendlich. Die Komfortzone zu verlassen wird mit unglaublichen Erfahrungen belohnt. Meditation und Reflexion können dabei helfen, sich zwischen all den anstrengenden und wunderschönen Erlebnissen wieder zu sammeln und den Kopf frei zu bekommen.

Wir haben nun von unserer Seite alle unsere Ressourcen und Erfahrungen weitergegeben und alle Informationen zum günstigen Reisen zusammengetragen. Nun liegt es an dir, was du mit diesem Wissen anstellst. Erkunde die weite Welt und finde heraus, was dich im Innersten antreibt. Viel Erfolg auf *deinem* Weg.

Luca & Jan

Glossar

Airport Siehe *Flughafen.*

Airport Tax Gebühr, welche an manchen außereuropäischen Flughäfen verlangt wird. Meist im Ticketpreis bereits enthalten.

Annullierung Ausfall eines Flugzeugs. Kann dank *Passagierrechten* eine finanzielle Entschädigung für den Fluggast zur Folge haben. Außerdem ist die Fluggesellschaft verpflichtet, den Kunden umzubuchen oder eine Ersatzmaschine bereitzustellen.

Aufgabegepäck Siehe *Checked-in baggage.*

Autoren Luca Pferdmenges und Jan Daumin sind zwei Jongleure, welche in ihrer Freizeit gerne die Welt bereisen. Durch jahrelange Erfahrung im Buchen von Reisen haben sie viele Tricks über das Auffinden günstiger Flüge gelernt.

BDB Ein Videoprojekt der *Autoren,* in welchem sie ihre Reiseerfahrungen dokumentieren.

Billigfluggesellschaft Siehe *Low-cost Airline.*

Boarding Das Einsteigen in ein Flugzeug. Geht oftmals mit großem Gedränge am *Gate* einher.

Boarding Pass Papier, welches man traditionell beim *Check-in* ausgehändigt bekommt und zum Einsteigen ins Flugzeug befähigt. Mittlerweile meistens auf dem Handy abrufbar.

Booking.com Onlinedienst, welcher die Buchung von Unterkünften erleichtert.

Business Class Ein gehobenes und meist teures Produkt, welches einen besseren Komfort und Service sowie einen Zugang zur *Lounge* beinhaltet.

Cabin bag Das Gepäck, welches mit in die Kabine genommen werden darf. Darf normalerweise bestimmte Maße nicht überschreiten, in der Praxis wird dies jedoch nicht immer kontrolliert.

Checked-in baggage Größeres Gepäckstück, welches beim *Einchecken* abgegeben und später von Flughafenmitarbeitern in die Maschine verladen wird

Discount Preisnachlass, bei dem Fluggesellschaften ihre Tickets günstiger anbieten, als normalerweise.

Drittanbieter Unternehmen, welches Tickets verkauft, ohne selbst Flüge durchzuführen.

Economy Die „normale“ Klasse im Flugzeug. Günstigste Art zu reisen.

Einchecken Prozedur, bei der man sich am Flughafenschalter einfindet und seine Anwesenheit bestätigt. Außerdem können größere Gepäckstücke hier abgegeben werden. Bei *Low-cost Carriern* meist online verfügbar.

Einreise Das Betreten des Staatsgebietes eines anderen Landes. Kann durch Fehlen eines *Visums* oder einer *Pflichtimpfung* verweigert werden.

Error Fare Besonders günstiger Ticketpreis, welcher durch fehlerhafte Berechnungen bei der Fluggesellschaft oder Drittanbietern erzeugt wird.

E-Ticket Mobil abrufbares Ticket

First Class Die hochwertigste Klasse im Flugzeug. Wartet im Vergleich zur *Economy* und *Business Class* mit besonderen Sitzplätzen, Services und Lounges auf. Meist sehr teuer.

Flughafen Ort, an dem Flugzeuge starten und landen. Reisende sollten sich hier je nach Land zwischen einer und vier Stunden vor Abflug einfinden.

Full-cost carrier Traditionelle Fluggesellschaft, bei der Essen und *Aufgabegepäck* im Flugpreis mit inbegriffen sind.

Frachtgepäck Anderes Wort für *Aufgabegepäck.*

Gate Flugsteig, an welchem sich die Passagiere vor dem Einsteigen versammeln.

Handgepäck Siehe *Cabin bag.*

Last Call Der letzte Aufruf an fehlende Passagiere, ins Flugzeug einzusteigen, bevor sich die Türen schließen.

Lounge Ort, in welchem meist wohlhabendere Reisende auf den Flug warten. Hier können gratis Speisen & Getränke konsumiert werden. Zugang bekommen wir durch einen PriorityPass oder eine Buchung in der *Business-* oder *First Class.*

Low-cost Carrier Fluggesellschaft, welche sich darauf spezialisiert hat, günstige Flüge anzubieten.

Meta-Suchmaschine Flugsuche, welche Ergebnisse von allen einzelnen Fluglinien sowie *Drittanbietern* vergleicht.

Mile Hacker Person, welche durch das Sammeln von Flugmeilen durch Flüge, Kreditkartennutzung oder Zeitschriftenabonnements Freiflüge in der *Economy, Business Class* oder *First Class* erhalten kann.

Mile High Club Scherzhafte Bezeichnung für Personen, welche bereits Sex im Flugzeug hatten.

Passagierrechte Entschädigen den Kunden bei *Annulierungen* oder *Verspätungen.*

Passport Wichtiges Dokument, welches zur *Einreise* benötigt wird. Muss eine ausreichend lange Gültigkeitsdauer besitzen.

Pflichtimpfung Impfung, welche im Vorfeld der Reise vorgenommen werden muss, um in bestimmte Länder einreisen zu dürfen.

Premium Economy Die etwas teurere Version der *Economy*. Liegt preislich zwischen Economy und Business Class. Bietet meist leicht gesteigerten Komfort wie einen größeren Sitzabstand.

Priority Käufliches Recht, bei der *Sicherheitskontrolle* und beim Einsteigen ins Flugzeug an einer kürzeren Schlange zu warten.

PriorityPass Programm, welches einem Zugang zu *Lounges* verschafft

Rauchen Ist auf Flügen nicht erlaubt.

Reiseplanung Aktion im Vorfeld, bei der wichtige Fragen wie *Visum* und *Pflichtimpfungen* geklärt werden.

Reisewarnung Meldung des Auswärtigen Amtes, welche vor der Reise in ein bestimmtes Land warnt. Versicherungen verlieren dann oft ihre Gültigkeit.

Ryanair Bekannte günstige *Low-cost Airline*, welche zahlreiche Strecken innerhalb Europas bedient.

Sale Verkauf von Flugtickets zu häufig günstigeren Preisen.

Sicherheitskontrolle Prozedur vor dem Einsteigen, bei der jeder Fluggast auf verbotene Substanzen wie Waffen oder Flüssigkeiten durchsucht wird.

Skyscanner Onlinedienst, welcher eine *Meta-Suchmaschine* darstellt und günstige Flüge findet.

Travel Hacker Person, welche durch bestimmte Tricks möglichst günstig reisen möchte.

Treibstoffzuschlag Abzuführende Gebühr, welche bereits im Ticketpreis enthalten ist. Kann bei *Mile Hackern* die Flüge erheblich verteuern.

Überbuchung Situation, in der mehr Passagiere mitfliegen wollen, als es Plätze im Flugzeug gibt. Fluggesellschaften überbuchen für gewöhnlich, um eine bessere Auslastung zu erzielen.

Unruly passenger Passagier, welcher durch betrunkenes und/oder störendes Verhalten negativ auffällt. Kann ein Flugzeug zum Umkehren zwingen.

Upgrade Prozess, bei dem im Falle einer *Überbuchung* freie Plätze aus der *Business-* und *First Class* an Passagiere der *Economy* vergeben werden.

Verspätungen Treten sehr häufig auf und können eine finanzielle Entschädigung durch *Passagierrechte* zur Folge haben.

Visum Schein, welcher zur *Einreise* in ein bestimmtes Land befähigt. Je nach Land unterschiedlich schwer zu erhalten.

Wizz Air Bekannte *Low-cost Airline*, welche vor allem im osteuropäischen Raum operiert.

Über die Autoren

Luca Pferdmenges ist ein deutscher Entertainer, Jongleur und Social Media-Influencer, hält 5 Guinness-Weltrekorde im Jonglieren und konnte zahlreiche Goldmedaillen in internationalen Wettbewerben für sich entscheiden. Auch bekannt als „The German Travel Guy", lädt er Kurzvideos von seinen Reisen auf TikTok hoch und begeistert dort seine über 2,5 Millionen Follower. Luca hat weit über 100 Länder bereist und sich sein Wissen über billiges Reisen selbst angeeignet. Er verfolgt das klare Ziel, als jüngster Mann überhaupt, jedes Land der Welt zu besuchen. Luca Pferdmenges wurde am 24.08.2001 in Mönchengladbach geboren und lebt in Deutschland.

Instagram & TikTok: @thegermantravelguy

Jan Daumin ist deutschfranzösisch-tschechischer Abstammung und wurde 1997 in Dresden geboren. Er ist ebenfalls Weltrekordhalter und tritt mit seiner Jonglage im In- und Ausland auf. Neben seiner freiberuflichen Tätigkeit als Jongleur studierte er Kulturgeographie und Ökonomie in Erlangen. Bei seinen Reisen genießt er die neuen Erfahrungen und hofft besonders auf sonniges Wetter.

Instagram & TikTok: @jandaumin

Printed in Germany
by Amazon Distribution
GmbH, Leipzig

27669187R00149